AF450319

EL CHISTE Y SU RELACIÓN
CON LO INCONSCIENTE

Obras Completas de Sigmund Freud
Tomo III

EL CHISTE Y SU RELACIÓN CON LO INCONSCIENTE

(El delirio y los sueños en la *Gradiva* de W. Jensen)

Traducción directa del alemán por
Luis López-Ballesteros y de Torres

Editorial Iztaccíhuatl, S. A. de C. V.

OBRAS COMPLETAS DE SIGMUND FREUD. TOMO III
El chiste y su relación con lo inconsciente

Sigmund Freud
ISBN (obra completa): 978-607-8688-54-8
ISBN (tomo III): 978-607-8688-72-2
Segunda edición: julio de 2022

© Sigmund Freud
© Luis López-Ballesteros y de Torres (traducción directa del alemán)
© Editorial Iztaccíhuatl S.A. de C.V.

© Editorial Iztaccíhuatl S.A. de C.V.
Miguel Schultz #21, Col. San Rafael,
Del. Cuauhtémoc, Ciudad de México

Corrección de estilo: Yoali E. Crespo López
Diseño y maquetación: Cecilia Neria Anaya
Licencia de impresión a Grupo Editorial Neisa
Impresión: Master Copy, S.A. de C.V. (DocuMaster)

Impreso en México

I

EL CHISTE Y SU RELACIÓN CON LO INCONSCIENTE

I
Introducción

Todo aquel que haya buceado en las obras de Estética y de Psicología a la rebusca de una aclaración sobre la esencia y las relaciones del chiste, habrá de confesar que la investigación filosófica no ha concedido al mismo, hasta el momento, toda aquella atención a que se hace acreedor por el importante papel que en nuestra vida anímica desempeña. Sólo una escasísima minoría de pensadores se ha ocupado seriamente de los problemas que a él se refieren. Cierto es que, entre los investigadores del chiste, hallamos los brillantes nombres del poeta Jean Paul (F. Richter) y de los filósofos Th. Vischer, Kuno Fischer y Th. Lipps; mas también todos estos autores relegan a un segundo término el tema del chiste y dirigen su interés principal a la investigación del problema de lo cómico, más amplio y atractivo.

La literatura existente sobre esta materia nos produce al principio la impresión de que no es posible tratar del chiste sino en conexión con el tema de lo cómico.

Según Th. Lipps (*Komik und Humor*, 1898)[1], el chiste es "la comicidad privativamente subjetiva"; esto es, aquella comicidad "que nosotros hacemos surgir, que reside en nuestros actos como tales, y con respecto a la cual nuestra posición es la de

---

[1] *Beitraege zur Aesthetik*, Theodor Lipps y Richard María Werner, VI. Este libro es el que me ha dado valor para acometer la presente investigación y, al mismo tiempo, el que ha hecho posible el intentarla.

sujeto que se halla por encima de ella y nunca la de objeto, ni siquiera voluntario" (pág. 80). La siguiente observación aclara un tanto estos conceptos: Se denomina chiste "todo aquello que hábil conscientemente hace surgir la comicidad, sea de la idea o de la situación" (pág. 78).

K. Fischer explica la relación del chiste con lo cómico por medio de la caricatura, a la que sitúa entre ambos (*Ueber den Witz*, 1889). Lo feo, en cualquiera de sus manifestaciones, es objeto de la comicidad: "Donde quiera que se halle escondido, es descubierto a la luz de la observación cómica, y cuando no es visible o lo es apenas, queda forzado a manifestarse o precisarse, hasta surgir clara y francamente a la luz del día... De este modo nace la caricatura" (pág. 45). "No todo nuestro mundo espiritual, el reino intelectual de nuestros pensamientos y representaciones, se desarrolla ante la mirada de la observación exterior, ni se deja representar inmediatamente de una manera plástica y visible. También él contiene sus estancamientos, fallos y defectos, así como un rico acervo de ridículo y de contrastes cómicos. Para hacer resaltar todo esto y someterlo a la observación estética será necesaria una fuerza que sea capaz no sólo de representar inmediatamente objetos, sino también de arrojar luz sobre tales representaciones, precisándolas; esto es, una fuerza que ilumine y aclare las ideas. Tal fuerza es únicamente el *juicio*. El juicio generador del contraste cómico es el *chiste*, que ha intervenido ya calladamente en la caricatura, pero que sólo en el juicio alcanza su forma característica y un libre campo en que desarrollarse" (pág. 49).

Como puede verse, para Lipps es la actividad, la conducta activa del sujeto el carácter que distingue al chiste dentro de lo cómico, mientras que Fischer caracteriza el chiste por la relación a su objeto, debiendo considerarse como tal todo lo feo que en nuestro mundo intelectual se oculta. La verdad de estas definiciones escapa a toda comprobación, y ellas mismas resultan casi ininteligibles, considerándolas, como aquí lo hacemos, aisladas del contexto al que pertenecen. Será, pues, preciso estudiar en su totalidad la exposición que de lo cómico hacen estos autores para hallar en ella lo referente al chiste. No obstante, podrá observarse que en determinados lugares de su obra saben también estos investigadores indicar caracteres generales y esenciales del chiste, sin tener para nada en cuenta su relación con lo cómico.

Entre todos los intentos que K. Fischer hace de fijar el concepto del chiste, el que más le satisface es el siguiente: "El chiste es un juicio desinteresado" (pág. 51). Para explicar esta definición nos recuerda el autor su teoría de que "la libertad estética consiste en la observación desinteresada de las cosas" (pág. 50). En otro lugar (pág. 20) caracteriza Fischer la conducta estética ante un objeto por la condición de que no demandamos nada de él; no le pedimos, sobre todo, una satisfacción de nuestras necesidades, sino que nos contentamos con el goce que nos proporciona su contemplación. En oposición trabajo, la conducta estética no es sino un juego. "Podría ser que de la libertad estética surgiese un juicio de peculiar naturaleza, desligado de las generales condiciones de limitación y orientación, al que por su origen llamaremos *juicio desinteresado*". En este concepto se hallaría contenida la condición primera para la solución de nuestro problema, o quizá dicha solución misma. "La libertad produce el chiste, y el chiste da libertad", dice Jean Paul. "El chiste es un simple juego con ideas" (pág. 24).

Se ha definido con preferencia el chiste diciendo que es la habilidad de hallar analogías entre lo disparejo; esto es, analogías ocultas. Jean Paul expresó chistosamente este mismo pensamiento: "El chiste —escribe— es el cura disfrazado que desposa a toda pareja", frase que continuó Th. Vischer, añadiendo: "Y con preferencia a aquellas cuyo matrimonio no quieren tolerar sus familias". Mas al mismo tiempo objeta Vischer que existen chistes en los que no aparece la menor huella de comparación, o sea, de hallazgo de una analogía. Por lo tanto, define el chiste, separándose de la teoría de Jean Paul, como la habilidad de ligar con sorprendente rapidez, y formando una unidad, varias representaciones, que por su valor intrínseco y por el nexo a que pertenecen son totalmente extrañas unas a otras. K. Fischer observa que en una gran cantidad de juicios chistosos no hallamos analogías, sino, por el contrario, diferencias; y Lipps, a su vez, hace resaltar el hecho de que todas estas definiciones se refieren a la cualidad propia del sujeto chistoso, pero no al chiste mismo, fruto de dicha cualidad.

Otros puntos de vista, relacionados entre sí en un cierto sentido, y que han sido adoptados en la definición o descripción del chiste, son los del *contraste de representaciones*, del *sentido en lo desatinado* y del *desconcierto y esclarecimiento*.

Varias definiciones establecen como factor principal el contraste de representaciones. Así, Kraepelin considera el chiste como "la caprichosa conexión o ligadura, conseguida generalmente por asociación verbal, de las representaciones que contrastan entre sí de un modo cualquiera". Para un crítico como Lipps no resulta nada difícil la grave insuficiencia de tal fórmula, pero tampoco excluye el factor contraste, sino que se limita a situarlo, por desplazamiento, en un lugar distinto. "El contraste continúa existiendo, pero no es un contraste determinado de las representaciones ligadas por medio de la expresión oral, sino contraste o contradicción de la significación y falta de significación de las palabras" (pág. 87). Con varios ejemplos aclara Lipps el sentido la última parte de su definición: "Nace un contraste cuando concedemos... a sus palabras un significado que, sin embargo, vemos que es imposible concederles".

En el desarrollo de esta última determinante aparece la antítesis de *sentido y desatino*. Lo que un momento hemos aceptado como sensato se nos muestra inmediatamente falto de todo sentido. Tal es la esencia, en este caso, del proceso cómico (pág. 85 y siguientes). "Un dicho nos parece chistoso cuando le atribuimos una significación con necesidad psicológica y en el acto de atribuírsela tenemos que negársela. El concepto de tal significación puede fijarse de diversos modos. Prestamos a un dicho un *sentido* y sabemos que lógicamente no puede corresponderle. Encontramos en él una *verdad*, que luego, ciñéndonos a las leyes de la experiencia o a los hábitos generales de nuestro pensamiento, nos es imposible reconocer en él. Le concedemos una consecuencia lógica o práctica que sobrepasa su verdadero contenido, y negamos en seguida tal consecuencia en cuanto examinamos la constitución del dicho en sí. El proceso psicológico que el dicho chistoso provoca en nosotros y en el que reposa el sentimiento de la comicidad consiste siempre en el inmediato paso de los actos de prestar un sentido, tener por verdadero o conceder una consecuencia a la conciencia o impresión de una relativa nulidad".

A pesar de lo penetrante de este análisis, cabe preguntar si la contraposición de lo significativo y lo falto de sentido, en la que reposa el sentimiento de la comicidad, puede contribuir en algo a la fijación del concepto del chiste en tanto en cuanto este último se halla diferenciado de lo cómico.

También el factor *desconcierto y esclarecimiento* nos hace penetrar profundamente en la relación del chiste con la comicidad. Kant dice que constituye una singular cualidad de lo cómico el no podernos engañar más que por un instante. Heymans (*Zeitschr. f. Psychologie*, XI, 1896) expone cómo el efecto de un chiste es producido por la sucesión de desconcierto y esclarecimiento, y explica su teoría analizando un excelente chiste que Heine pone en boca de uno de sus personajes, el colector de lotería Hirsch-Hyacinth, pobre diablo que se vanagloria de que el poderoso barón de Rothschild, al que ha tenido que visitar, le ha cogido como a un igual y le ha tratado muy *famillionarmente*[2]. En este chiste nos aparece al principio la palabra que lo constituye simplemente como una defectuosa composición verbal, incomprensible y misteriosa. Nuestra primera impresión es, pues, la de desconcierto. La comicidad resultaría del término puesto a tal desconcierto, por la comprensión de la singular formación verbal. Lipps añade que este primer estadio del esclarecimiento, en el que comprendemos la doble significación de la palabra, sigue otro, en el que vemos que la palabra falta de sentido nos ha asombrado primero y revelado luego su justa significación. Este segundo esclarecimiento, la comprensión de que todo el proceso ha sido debido a un término que en el uso corriente del idioma carece de todo sentido, es lo que hace nacer la comicidad (pág. 95).

Sea cualquiera de estas dos teorías la que nos parezca más luminosa, el caso es que el punto de vista del *desconcierto y esclarecimiento* nos proporciona una determinada orientación. Si el efecto cómico del chiste de Heine, antes expuesto, reposa en la solución de la palabra aparentemente falta de sentido, quizá deba buscarse el "chiste" en la formación de tal palabra y en el carácter que presenta.

Fuera de toda conexión con los puntos de vista antes consignados, aparece otra singularidad del chiste que es considerada como esencial por todos los autores. "La brevedad es el cuerpo y el espíritu de todo chiste, y hasta podríamos decir que es lo que precisamente lo constituye", escribe Jean Paul (*Volrschule der Aesthik*, I, párr. 45), frase que no es sino una modificación de la que Shakespeare pone en boca del charlatán Polonio (*Hamlet*, acto II, esc. II): "Como la brevedad es el alma del ingenio, y la prolijidad, su cuerpo y ornato exterior, he de ser breve".

---

[2] En subsecuentes páginas se explicará lo intencionado de esta grafía.

Muy importante es la descripción que de la brevedad del chiste hace Lipps (pág. 90): "El chiste dice lo que ha decir; no siempre en pocas palabras, pero sí en menos de las necesarias; esto es, en palabras que conforme a una estricta lógica o a la corriente manera de pensar y expresarse no son las suficientes. Por último, puede también decir todo lo que se propone silenciándolo totalmente".

Ya en la yuxtaposición del chiste y la caricatura se nos hizo ver "que el chiste tiene que hacer surgir algo *oculto* o *escondido*" (K. Fischer, pág. 51). Hago resaltar aquí nuevamente esta determinante por referirse más a la esencia del chiste que a su pertenencia a la comicidad.

Sé muy bien que con las fragmentarias citas anteriores, extraídas de los trabajos de investigación del chiste, no se puede dar una idea de la importancia de los mismos ni de los altos merecimientos de sus autores. A consecuencia de las dificultades que se oponen a una exposición, libre de erróneas interpretaciones, de pensamientos tan complicados y sutiles, no puedo ahorrar a aquellos que quieran conocerlos a fondo el trabajo de documentarse en las fuentes originales. Mas tampoco me es posible asegurarles que hallaran en ellas una total satisfacción de su curiosidad. Las cualidades y caracteres que al chiste atribuyen los autores antes citados —la actividad, la relación con el contenido de nuestro pensamiento, el carácter de juicio desinteresado, el apareamiento de lo heterogéneo, el contraste de representaciones, el *sentido en lo desatinado*, la sucesión de asombro y esclarecimiento, el descubrimiento de lo escondido y la peculiar brevedad del chiste— nos parecen a primera vista tan verdaderos y tan fácilmente demostrables por medio del examen de ejemplos, que no corremos peligro de negar la estimación debida a tales concepciones; pero son estas *disjecta membra* que desearíamos ver reunidos en una totalidad orgánica. No aportan, en realidad, más material para el conocimiento del chiste que lo que aportaría una serie de anécdotas a la característica de una personalidad, cuya biografía quisiéramos conocer. Fáltanos totalmente el conocimiento de la natural conexión de las determinantes aisladas y de la relación que la brevedad del chiste pueda tener con su carácter de juicio desinteresado. Tampoco sabemos si el chiste debe, para serlo realmente, llenar todas las condiciones expuestas o sólo algunas de ellas, y en este caso, cuáles son las imprescindibles y cuáles las que pueden ser sustituidas por otras. Desearíamos, por último, obtener una agrupación y una división de los chistes en función de las cualidades señaladas. La clasificación hecha hasta ahora se basa, por un lado, en los medios técnicos, y por otro, en empleo del chiste en el discurso oral (chiste por efecto del sonido, juego de palabras, chiste caricaturizante, chiste caracterizante, satisfacción chistosa).

No nos costaría, pues, trabajo alguno indicar sus fines a una más amplia investigación del chiste. Para poder esperar algún éxito tendríamos que introducir nuevos puntos de vista en nuestra labor o intentar adentrarnos más en la materia intensificando nuestra atención y agudizando nuestro interés. Podemos, por lo menos, proponernos no desaprovechar este último medio. Es singular la escasísima cantidad de ejemplos reconocidamente chistosos que los investigadores han considerado suficientes para su labor, y es asimismo un poco extraño que todos hayan tomado como base de su trabajo los mismos chistes utilizados por sus antecesores. No queremos nosotros tampoco sustraernos a la obligación de analizar los mismos ejemplos de que se han servido los clásicos de la investigación de estos problemas, pero sí nos proponemos aportar, además, nuevo material para conseguir una más amplia base en que fundamentar nuestras conclusiones. Naturalmente, tomaremos como objeto de nuestra investigación aquellos chistes que nos han hecho mayor impresión y provocado más intensamente nuestra hilaridad.

No creo puede dudarse de que el tema del chiste sea merecedor de tales esfuerzos. Prescindiendo de los motivos personales que me impulsan a investigar el problema del chiste y que ya se irán revelando en el curso de este estudio, puedo alegar el hecho innegable de la íntima conexión de todos los sucesos anímicos, conexión merced a la que un descubrimiento realizado en un dominio psíquico cualquiera adquiere, con relación a otro diferente dominio, un valor extraordinariamente mayor que el que en un principio nos pareció poseer aplicado al lugar en que se nos reveló. Débese también tener en cuenta el singular y casi fascinador encanto que el chiste posee en nuestra sociedad. Un nuevo chiste se considera casi como un acontecimiento de interés general y pasa de boca en boca como la noticia de una recientísima victoria. Hasta importantes personalidades que juzgan digno de comunicar a los demás cómo han llegado a ser lo que son, qué ciudades y países han visto y con qué otros hombres de relieve han tratado no desdeñan tampoco acoger en su biografía tales o cuales excelentes chistes que han oído[3].

---

[3] F. v. Falke: *Lebenseinnerungen*, 1897.

II

La técnica del chiste

Escojamos el primer chiste que el azar hizo acudir a nuestra pluma al escribir el capítulo anterior.

En el fragmento de los *Reisebilder* titulado "Los baños de Lucca", nos presenta Heine la regocijante figura de Hirsch-Hyacinth, colector de lotería y callista hamburgués, que, vanagloriándose de sus relaciones con el opulento barón de Rothschild, exclama: "Tan cierto como que de Dios proviene todo lo bueno, señor doctor, es que una vez me hallaba yo sentado junto a Salomón Rothscild y que me trató como a un igual suyo, muy *famillionarmente (famillonär)*".

Este excelente chiste ha sido utilizado como ejemplo, por Heymans y Lipps para explicar el efecto cómico del chiste en función del proceso de *desconcierto y esclarecimiento*. Mas dejemos por ahora esta cuestión para plantearnos la de qué es lo que hace que el dicho de Hirsch-Hyacinth constituya un chiste. Pueden suceder dos cosas: o es el pensamiento expresado en la frase lo que lleva en sí el carácter chistoso, o el chiste es privativo de la expresión que el pensamiento ha hallado en la frase. Tratemos, pues, de perseguir el carácter chistoso y descubrir en qué lugar se oculta.

Un pensamiento puede ser expresado por medio de diferentes formas verbales —o palabras— que todas ellas lo reproducen con igual fidelidad. En la frase Hirsch-Hyacinth tenemos una determinada expresión de un pensamiento, expresión que sospechamos es un tanto singular y desde luego no la más fácilmente comprensible. Intentemos expresar con la mayor fidelidad el mismo pensamiento en palabras distintas.

Esta labor ya ha sido llevada a cabo por Lipps a manera de explicar hasta cierto punto la idea de Heine. "Comprendemos —escribe Lipps— que Heine quiere decir que la acogida de Rothschild a Hirsch-Hyacinth fue harto familiar; esto es, de aquella naturaleza poco corriente en los millonarios" (pág. 87). No alteraremos en nada este sentido dando al pensamiento otra forma que quizá se adapta más a la frase de Hirch-Hyacinth. "Rothschild me trató como a su igual, muy *familiarmente*, aunque claro es que sólo en la medida en que esto es posible a un *millonario*". "La benevolencia de un rico es siempre algo dudosa para aquel que es objeto de ella", añadiríamos nosotros[4].

Con cualquiera de estas dos versiones del mismo pensamiento que demos por buena vemos que la interrogante que nos planteamos ha quedado resuelta. El carácter chistoso no pertenece en este ejemplo al pensamiento. Lo que Heine pone en labios de Hirsch-Hyacinth es una justa y penetrante observación, que entraña una innegable amargura y nos parece muy comprensible en un pobre diablo que se encuentra ante la enorme fortuna de un plutócrata, pero que nunca nos atreveríamos a calificar de chistosa. Si alguien, no pudiendo olvidar la forma original de la frase, insistiera en que el pensamiento en sí era también chistoso, no habría más que hacerle ver que si la frase de Hirsch-Hyacinth nos hacía reír, en cambio, la fidelísima versión del mismo pensamiento hecho por Lipps o la que nosotros hemos después efectuado pueden movernos a reflexionar, pero nunca excitar nuestra hilaridad.

Mas si el carácter chistoso de nuestro ejemplo no se esconde en el pensamiento, tendremos que buscarlo en la forma de la expresión verbal. Examinando la singularidad de dicha expre-

---

[4] En otro lugar volveremos a ocuparnos de este mismo chiste y hallaremos entonces ocasión de corregir la interpretación de Lipps, que ahora aceptamos integra. Pero dicha corrección, efectuada aquí, perturbaría la discusión que sigue.

sión, descubrimos en seguida lo que podemos considerar como técnica verbal o expresiva de este chiste, la cual tiene que hallarse en íntima relación con la esencia del mismo, dado que todo su carácter y el efecto que produce desaparecen en cuanto se lleva a cabo su sustitución. Concediendo un tan importante valor a la forma verbal del chiste, nos hallamos de perfecto acuerdo con los que en la investigación de esta materia nos han precedido. Así, dice K. Fischer (pág. 72): "En principio, es simplemente la forma lo que convierte al juicio en chiste". Recordamos aquí una frase de Jean Paul en la que se expone y demuestra esta naturaleza del chiste: "Hasta tal punto vence simplemente la colocación, sea de los ejércitos, sea de las frases".

¿En qué consiste, pues, la "técnica" de este chiste? ¿Por qué proceso ha pasado el pensamiento descubierto por nuestra interpretación hasta convertirse en un chiste que nos mueve a risa? Comparando nuestra interpretación con la forma en que el poeta ha encerrado el tal pensamiento, hallamos una doble elaboración. En primer lugar, ha tenido efecto una abreviación. Para expresar totalmente el pensamiento contenido en el chiste teníamos que añadir a la frase "R. me trató como a un igual, muy familiarmente", una segunda proposición, "hasta el punto en que ello es posible a un millonario", y hecho esto, sentimos todavía la necesidad de otra sentencia aclaratoria[5]. El poeta expresa el mismo pensamiento con mucha mayor brevedad:

"R. me trató como a un igual, muy *famillionarmente (famillionar)*". Toda la limitación que la segunda frase impone a la primera, en la que se señala lo familiar del trato, desaparece en el chiste.

Mas no queda excluida sin dejar un sustitutivo por el que nos es posible reconstruirla. Ha tenido lugar una segunda

---

[5] Estas consideraciones son igualmente aplicables a la interpretación de Lipps.

modificación. La palabra *familiarmente* (*familiär*), que aparece
en la interpretación no chistosa del pensamiento, se muestra en
el chiste transformada en *famillionarmente*. Sin duda alguna es
en esta nueva forma verbal donde residen el carácter chistoso y
el efecto hilarante del chiste. La palabra así formada coincide
en sus comienzos con la palabra 'familiarmente' (*familiär*),
que aparece en la primera frase, y luego con la palabra 'millonario' (*millionär*), que forma parte de la segunda; representa
así a esta última y nos permite adivinar su texto, omitido en
el chiste. Es, pues, la nueva palabra una formación mixta de
los dos componentes 'familiarmente' y 'millonario' y podemos
representar gráficamente su génesis en la forma que sigue:

$$\begin{array}{c} \text{FAMILI} \qquad \text{ÄR} \\ \textit{MILIONÄR} \\ \hline \textit{FAMILIONÄR} \end{array}$$

El proceso que ha convertido en chiste el pensamiento
podemos también representarlo en una forma que, aunque al
principio parece un tanto fantástica, reproduce exactamente
el resultado real:

"R. me trató muy familiarmente (*familiär*), aunque claro
es que sólo en la medida
en que esto es
posible a un   millonario (millionär)".

Imagínese ahora una fuerza compresora que actuara sobre
esta frase y supóngase que por una cualquier razón sea su segundo
trozo el que menos resistencia puede oponer a dicha fuerza. Tal
segundo trozo se vería entonces forzado a desaparecer, y su más
valioso componente, la palabra 'millonario' (*millionär*), único

que presentaría una mayor resistencia, quedaría incorporado a la primera parte de la frase por su fusión con la palabra 'familiarmente'(*familiär*), análoga a él. Precisamente esta casual posibilidad de salvar lo más importante del segundo trozo de la frase favorece la desaparición de los restantes elementos menos valiosos. De este modo nace entonces el chiste:

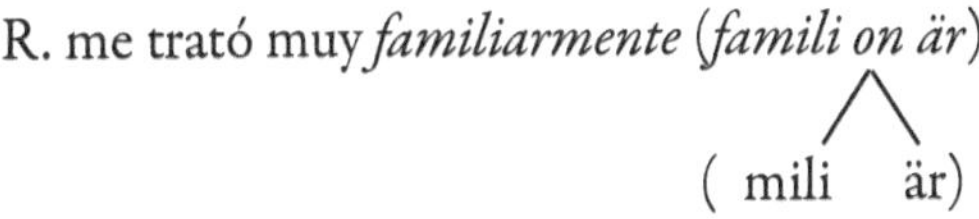

Aparte de esta fuerza comprensiva, que nos es desconocida, podemos describir en este caso el proceso de la formación del chiste, o sea, la técnica del mismo, como una *condensación con formación de sustitutivo*. Esta formación consistiría en nuestro ejemplo en la constitución de una *palabra mixta* —'famillionar'— incomprensible en sí, pero cuyo sentido nos es descubierto en el acto por el contexto en el que se halla incluida. Esta palabra mixta es la que entraña el efecto hilarante del chiste, efecto de cuyo mecanismo nada hemos logrado averiguar con el descubrimiento de la técnica. ¿Hasta qué punto puede regocijarnos y forzarnos a reír un proceso de condensación verbal acompañado de una formación sustitutiva? Este es otro problema muy distinto y del que no podemos ocuparnos hasta hallar un camino por el que aproximarnos a él. Permaneceremos, pues, por ahora en lo respecta a la técnica del chiste.

Nuestra esperanza de que la técnica del chiste no podía por menos de revelarnos la íntima esencia del mismo nos mueve, ante todo, a investigar la existencia de otros chistes de formación semejante a la del anteriormente examinado. En realidad, no existen muchos chistes de este tipo, mas sí los suficientes para formar un pequeño grupo caracterizado por la formación de una palabra mixta. El mismo Heine, copiándose a sí mismo, ha utilizado por segunda vez la palabra 'millonario' (*millionär*) para hacer otro chiste. Habla, en efecto, en uno de sus libros (*Idem*, cap. XIV) de un '*Millionarr*', transparente condensación de las palabras 'millonario' (*millionär*) y 'loco' (*narr*), que expresa, como en el primer ejemplo, un oculto pensamiento accesorio.

Expondré aquí otros ejemplos del mismo tipo que hasta mí han llegado. La malicia europea transformó en *Cleopoldo* el verdadero nombre —Leopoldo— de un alto personaje, de quien se murmuraba mantenía íntimas relaciones con una bella dama llamada *Cleo*. De este modo, el rendimiento de un sencillo proceso de condensación en el que no entraba en juego sino una sola letra, conservaba siempre viva una maligna alusión. Los nombres propios caen con especial facilidad bajo este proceso de la técnica del chiste. En Viena existían dos hermanos, *Salinger* de apellido, uno de los cuales era corredor de Bolsa (*Bönsensenseal*). Esta circunstancia dio pie para que a este último se le conociera con el nombre de *Sensalinger* (condensación de *Sensal*, corredor, y *Salinger*—, su apellido) y a su hermano con el menos agradable de *Scheusalinger* (condensación de *Scheusal*, espantajo, y el apellido común). La ocurrencia es fácil e ingeniosa, aunque ignoro si estaría justificada. Mas el chiste no suele preocuparse mucho de tales justificaciones.

En una conversación proporcioné yo mismo, involuntariamente, el material para la formación de un chiste por completo análogo al primero que de Heine hemos reproducido. Relataba yo a una señora los grandes merecimientos de un investigador cuyo valer creía yo injustamente desconocido por sus contemporáneos. "Pero ese hombre merece un monumento", me replicó la señora. "Y es muy probable que alguna vez lo tenga —repuse yo—, pero, momentáneamente, su éxito es bien escaso". 'Monumento' y 'momentáneo' son dos conceptos opuestos. Mi interlocutora los reunió en su respuesta, diciendo: "Entonces le desearemos un éxito *monumentáneo*".

En un excelente trabajo inglés sobre este mismo tema (A. A. Brill, "Freud's Theory of wit", en *Journal of abnormal Psychologie*, 1911) se incluyen algunos ejemplos en idiomas diferentes del alemán, que muestran todos el mismo mecanismo de condensación que el chiste de Heine.

El escritor inglés De Quincey —relata Brill— escribe en una ocasión, que los ancianos suelen caer con frecuencia en el *anecdotage*. Esta palabra es una formación mixta de otras dos, coincidentes en parte:

anec*dote* (anécdota) y
dotage (charla pueril).

En una historieta anónima halló Brill calificadas las Navidades como *the alcoholidays*, igual fusión de:

alco*hol* y
holidays (días festivos).

Hablando Sainte-Beuve de la famosa novela de Flaubert, *Salambó*, cuya acción se desarrolla en la antigua Cartago, la califica irónicamente de *Carthaginoiserie*, aludiendo a la paciente minuciosidad con que el autor se esfuerza en reproducir el ambiente y costumbres del antiguo pueblo africano:

Cartha*ginois*
chinoiserie.

El mejor chiste de este tipo se debe a una de las personalidades austríacas de mayor relieve, que, después de una importante actividad científica y pública, ocupa actualmente uno de los más altos puestos del Estado. He de tomarme la libertad de utilizar para estas investigaciones los chistes atribuidos a esta personalidad y que, en efecto, llevan todos un mismo inconfundible sello. Sírvame de justificación el hecho de que difícilmente hubiera podido hallar un mejor material[6].

Se hablaba un día, delante de esta persona, de un escritor al que se conocía por una aburrida serie de artículos, publicados en un diario vienés, sobre insignificantes episodios de las relaciones políticas y guerreras entre Napoleón I y el Austria. El autor de estos artículos ostenta una abundante cabellera de un espléndido color rojo. Al oír su nombre exclamó el señor N.: *¿No es ese el rojo Fadian[7] que se extiende por toda la historia de los Napoleónidas?*

Para hallar la técnica de este chiste le someteremos a aquel método de reducción que hace desaparecer su carácter chistoso, variando su forma expresiva, y restaura, en cambio, su primitivo sentido, fácilmente adivinable en todo buen chiste. El presente ejemplo ha surgido de dos componentes: un juicio adverso al escritor en cuestión y una reminiscencia de la famosa comparación con que Goethe encabeza, en *Las afinidades electivas*, los extractos del *Diario de Otilia*[8]. La adversa crítica

---

[6] No creo se me juzgue sin derecho a la reproducción y aprovechamiento de tales chistes. He llegado a conocerlos, no por una indiscreción, sino por ser en Viena del dominio público y andar en boca de todo el mundo. Varios de ellos han sido publicados por Ed. Hanslick en el *Neue Freie Presse* y en su *Autobiografía*. Por la deformación que otros hayan sufrido, inevitable en la tradición oral, pido desde luego se me excuse.

[7] N. del Traductor. —*Fadian*, palabra intraducible, cuyo significado quedará en claro al verificar el análisis del chiste.

[8] "En la Marina inglesa existe una disposición especial. Todo el cordaje de la Flota real, desde el calabrote más grueso a la driza más fina, se halla tejido de tal modo, que queda atravesado en el sentido de su longitud por un hilo rojo, imposible de hacer desaparecer sin destejer toda la pieza. De este modo, hasta en el más pequeño trozo de cordaje se reconoce en el acto su pertenencia a la Corona. Igualmente se extiende por todo el *Diario de Otilia* un hilo de ternura y fidelidad que todo lo une y caracteriza la totalidad".

podría expresarse en la forma siguiente: "¡De modo que es este el sujeto que no sabe escribir una y otra vez más que aburridos folletones sobre Napoleón en Austria!" Esta manifestación no tiene nada de chistosa. Tampoco puede movernos a risa la bella comparación de Goethe. Sólo cuando ambos conceptos son puestos en relación y sometidos a un singular proceso de condensación y fusión es cuando surge un chiste, excelente por cierto[9]. La conexión entre el adverso juicio sobre el tedioso historiador y la bella metáfora goethiana se ha constituido aquí, por razones que aún no me es dado hacer comprensibles, de un modo harto menos sencillo que en otros casos análogos. Intentaré, por lo menos, sustituir el probable proceso de génesis de este chiste, por la construcción siguiente: en primer lugar, la circunstancia del constante retorno del mismo tema en los artículos del insulso escritor debió despertar en N. una ligera reminiscencia de la conocida comparación goethiana de *Las afinidades electivas*, comparación que es erróneamente citada casi siempre con las palabras "se extiende como un rojo hilo". El "rojo hilo" de la comparación ejerció una acción modificadora sobre la expresión de la primera frase merced a la circunstancia casual de ser también *rojo*; esto es, poseer rojos cabellos, el escritor criticado. Llegado el proceso a este punto, la expresión del pensamiento sería quizá la siguiente: *De modo que ese individuo rojo es el que escribe unos artículos tan aburridos sobre Napoleón*. Entra ahora en juego el proceso que condensó en uno ambos trozos. Bajo la presión de este proceso, que encuentra su primer punto de apoyo en la igualdad proporcionada por el elemento "rojo", se asimiló 'aburrido' (*langweiling*) a 'hilo' (*Faden*), transformándose en

---

[9] No necesitaré casi indicar cuán distante se halla esta observación, aplicable a todos los casos, de la afirmación de que el chiste es un juicio desinteresado.

un sinónimo *fad* (aburrido, insulso), y entonces pudieron ya fundirse ambos elementos para constituir la expresión verbal del chiste, en la que esta vez tiene mayor importancia la cita goethiana que el juicio despectivo, el cual seguramente fue el primero en surgir aisladamente en el pensamiento de N.

De modo que ese *rojo* individuo es el que
       El rojo
escribe los insulsos (*fade*) artículos sobre N.
  hilo   (*Faden*) que se extiende...

¿No es ese el rojo Fadian que se extiende por toda la historia de los Napoleónidas?

Más adelante, cuando nos sea posible analizar este chiste desde otros puntos de vista distintos de los puramente formales, justificaremos esta representación gráfica y, al mismo tiempo, la someteremos a una necesaria rectificación. Lo que en ella pudiera ser objeto de duda, el hecho de haber tenido lugar una condensación, aparece con evidencia innegable. El resultado de la condensación es nuevamente, por un lado, una considerable abreviación, y por otro, en lugar de una singular formación verbal mixta, más bien una infiltración de los elementos constitutivos de ambos componentes. La expresión *roter Fadian* sería siempre viable por sí misma con una calificación peyorativa; mas en nuestro caso es, con seguridad, el producto de una condensación.

Si al llegar a este punto se sintiera el lector disgustado ante nuestra manera de enfocar esta cuestión, que amenaza destruir el placer que en el chiste pudiera hallar, sin explicarle, en cambio, ni siquiera la fuente de que dicho placer emana, yo le ruego reprima su impaciencia. Nos hallamos ahora ante el problema de la técnica del chiste, cuya investigación nos promete, cuando lleguemos a profundizar suficientemente, interesantes descubrimientos.

Por el análisis del último ejemplo nos hallamos preparados a hallar, cuando en otros casos encontremos de nuevo un proceso de condensación, la sustitución de lo suprimido no en una formación verbal mixta, sino también en una distinta modificación de la expresión. Los siguientes chistes, debidos asimismo al fértil ingenio del señor N., nos indicarán en qué consiste este distinto sustitutivo:

"Sí; he viajado con él *tête-à-bête*". Nada más fácil que reducir este chiste. Su significación tiene que ser: "He viajado *tête-à-tête* con X., y X. es un *animal*".

Ninguna de las dos frases es chistosa. Reduciéndolas a una sola: "He viajado *tête-à-tête* con el animal de X.", tampoco encontramos en ella nada que nos mueva a risa. El chiste se constituye en el momento en que se hace desaparecer la palabra 'animal', y para sustituirla se cambia por una *b* la *t* de la segunda *tête*, modificación pequeñísima, pero suficiente para que vuelva surgir el concepto 'animal' antes desaparecido. La técnica de este grupo de chistes puede describirse como *condensación con ligera modificación*, y sospechamos que el chiste será tanto mejor cuanto más pequeña sea la modificación sustitutiva.

Análoga, aunque no exenta de complicación, es la técnica de otro chiste. Hablando de una persona que al lado de excelentes cualidades presentaba grandes defectos, dice N.: "Sí, la vanidad es uno de sus *cuatro talones de Aquiles*"[10]. La pequeña modificación consiste aquí en suponer que la persona a la que el chiste se refiere posee *cuatro* talones, o sea, *cuatro*

---

[10] Este mismo chiste se atribuye a Heine, hablando de Alfredo de Musset.

pies, como los animales. Así, pues, las dos ideas condensadas en el chiste, serían:

"X. es un hombre de sobresalientes cualidades, fuera de su extremada vanidad; pero no obstante, no es una persona que me sea grata, pues me parece un animal".

Muy semejante, pero mucho más sencillo, es otro chiste del que fui testigo en un pequeño círculo familiar, al que pertenecían dos hermanos, uno de los cuales era considerado como modelo de aplicación en sus estudios, mientras que el otro no pasaba de ser un medianísimo escolar. En una ocasión, el buen estudiante sufrió un fracaso en sus exámenes, y su madre, hablando del suceso, expresó su preocupación de que constituyera el comienzo de una regresión en las buenas cualidades de su hijo. El hermano holgazán, que hasta aquel momento había permanecido obscurecido por el buen estudiante, acogió con placer aquella excelente ocasión de tomar su revancha, y exclamó: "Sí; Carlos va ahora hacia atrás *sobre sus cuatro pies*".

La modificación consiste aquí en un pequeño agregado a la afirmación de que también, a su juicio, retrocede el hermano abandonando el buen camino. Mas esta modificación aparece como el sustitutivo de una apasionada defensa de la propia causa: "No creáis que él es más inteligente que yo porque obtiene éxitos en la escuela. No es más que un animal; esto es, más estúpido aún que yo".

Otro chiste muy conocido de N. nos da un bello ejemplo de condensación con ligera modificación. Hablando de una personalidad política, dijo: "Ese hombre tiene *un gran porvenir detrás de él*". Tratábase de un joven que por su apellido, educación y cualidades personales pareció durante algún tiempo llamado a llegar a la jefatura de un gran partido político y con ella al Gobierno de la nación. Mas las circunstancias cambiaron de repente y el partido de referencia se vio imposibilitado de llegar al Poder, siendo sospechable que el hombre predestinado a asumir su jefatura no llegue ya a los altos puestos que se creía. La más breve interpretación reducida de este chiste sería: "Ese hombre ha tenido ante sí un gran porvenir, pero ahora ya no lo tiene". En lugar del "ha tenido" y de la frase final, aparece en la frase principal la modificación de sustituir el *ante sí* por su contrario *detrás de él*"[11].

De una modificación casi idéntica se sirvió N. en otra de sus ocurrencias. Había sido nombrado ministro de Agricultura un caballero, al que no se reconocía otro mérito para ocupar dicho puesto que el de explotar personalmente sus propiedades agrícolas. La opinión pública pudo comprobar, durante su gestión ministerial, que se trataba del más inepto de cuantos ministros habían desempeñado aquella cartera. Cuando dimitió y volvió a sus ocupaciones agrícolas particulares, comentó N.: "Como Cincinato, ha vuelto a su puesto *ante* el arado".

El ilustre romano, al que se apartó de sus faenas agrícolas para conferirle la investidura de dictador, volvió, al abandonar la vida pública, a su puesto *detrás* del arado. *Delante* del mismo no han ido nunca, ni en la época romana ni en la actual, más que los bueyes.

Otro caso de condensación con modificación es un chiste de Karl Kraus que, refiriéndose a un periodista de ínfima categoría dedicado al *chantaje*, dijo que había salido para los Balcanes en el *Orienterpresszug*, formación verbal producto de la condensación de dos palabras: *Orientexpresszug* (tren expreso del Oriente) y *Erpressung* (chantaje).

---

[11] En la técnica de este chiste actúa todavía otro factor, del que me ocuparé más adelante. Refiérese al carácter del contenido de la modificación (representación antinómica, contrasentido) Nada impide a la técnica del chiste servirse simultáneamente de varios medios, pero nosotros queremos ir exponiendo estos medios ordenadamente, uno por uno.

Podríamos aumentar grandemente la colección de ejemplos de esta clase; mas creo que con los expuestos quedan suficientemente aclarados los caracteres de la técnica del chiste —condensación con modificaciones— en este segundo grupo. Comparándolo ahora con el primero, cuya técnica consistía en la condensación con formación de una expresión verbal mixta, vemos con toda claridad que sus diferencias no son esenciales y la transición de uno a otro se efectúa sin violencia alguna. Tanto la formación verbal mixta como la modificación se subordinan al concepto de la formación de sustitutivos, y si queremos podemos describir la formación de palabra mixta también con modificación de la palabra fundamental por el segundo elemento.

Hagamos aquí un primer alto para preguntarnos con qué factor expuesto ya en la literatura existente sobre esta materia coincide total o parcialmente este primer resultado de nuestra labor. Desde luego con el de la brevedad, a la que Jean Paul califica de alma del chiste. La brevedad no es en sí chistosa; si no, toda sentencia lacónica constituiría un chiste. La brevedad del chiste tiene que ser de una especial naturaleza. Recordamos que Lipps ha intentado describir detalladamente la peculiaridad de la abreviación chistosa. Nuestra investigación ha demostrado, partiendo de este punto, que la brevedad del chiste es con frecuencia el resultado de un proceso especial que en la expresión verbal del mismo ha dejado una segunda huella: la formación sustitutiva. Empleando el procedimiento de reducción, que intenta recorrer en sentido inverso el camino seguido por el proceso de condensación, hallamos también que el chiste depende tan sólo de la expresión verbal resultante del proceso de condensación. Naturalmente, nuestro interés se dirigía en el acto hacia este proceso tan singular como poco estudiado hasta el momento, pero no llegamos a comprender cómo puede surgir de él lo más valioso del chiste: la consecución de placer que el mismo trae consigo.

Veamos si en algún otro dominio psíquico se han descubierto ya procesos análogos a los que aquí describimos como técnica del chiste. Únicamente, en uno muy distante en apariencia. En 1900 publiqué una obra titulada *La interpretación de los sueños*, en la cual, como su título indica, intenté aclarar el misterio de los sueños y presentarlos como un producto de la normal función anímica. En esta obra opongo repetidamente el *contenido manifiesto del sueño*, con frecuencia harto singular, a las *ideas latentes* del mismo, totalmente correctas, de las que procede, y emprendo la investigación de los procesos que, partiendo de dichas ideas, hacen surgir el sueño, y de las fuerzas psíquicas que toman parte en esta transformación. El conjunto de los procesos de transformación es denominado por mí *elaboración del sueño*, y como un fragmento de la misma he descrito un proceso de condensación que muestra la mayor analogía con el que aparece en la técnica del chiste, pues produce como este una abreviación y crea formaciones sustitutivas de idéntico carácter. Todos conocemos por nuestros propios sueños las formaciones mixtas de personas y hasta de objetos que en ellos aparecen. El sueño llega también a crear formaciones mixtas de palabras que luego podemos descomponer en el análisis (por ejemplo, Autodidasker = autodidacta + Lasker)[12]. Otras veces, y con mayor frecuencia, el proceso de condensación del sueño no crea formaciones mixtas, sino imágenes que, salvo en una modificación o agregación procedente de distinta fuente, coinciden por completo con una persona o un objeto determinados. Son, por lo tanto, tales modificaciones idénticas a las

---

[12] *La interpretación de los sueños* constituye los volúmenes VI y VII de estas *Obras Completas*.

que nos muestran los chistes de N., y no podemos ya poner en duda que en ambos casos tenemos ante nosotros el mismo proceso psíquico, reconocible por su idéntico resultado. Una tan amplia analogía de la técnica del chiste con la elaboración del sueño no dejará de intensificar nuestro interés por la primera, haciéndonos concebir la esperanza de que una comparación entre el chiste y los sueños contribuya extraordinariamente a descubrirnos la esencia de aquel. Mas antes de emprender esta labor comparativa tenemos aún que investigar más ampliamente la técnica del chiste, pues el número de análisis que hasta ahora hemos llevado a cabo es todavía insuficiente para dejar perfectamente establecida, con un carácter general, la analogía descubierta en los hasta ahora examinados. Abandonaremos, pues, por ahora, la comparación con el sueño y tornaremos a la técnica del chiste, dejando suelto en este punto de nuestra investigación un cabo, que más adelante recogeremos.

Lo primero que necesitamos saber es si el proceso de condensación con formación sustitutiva aparece en todos los chistes y puede, por tanto, considerarse como el carácter general de la técnica que investigamos.

Recuerdo aquí un chiste que a consecuencia de especiales circunstancias permanece grabado en mi memoria, a pesar del tiempo transcurrido desde que lo oí. Un reputado catedrático, a cuya clase asistía yo en mi primera juventud y al que todos creíamos tan incapaz de estimar el valor de un chiste oportuno como de hacerlo por su cuenta, llegó un día muy regocijado al Instituto, y mostrándose más asequible que de costumbre, nos explicó lo que motivaba su buen humor: "He leído —dijo— un excelente chiste. En una reunión de París fue presentado un joven al que por llevar el apellido *Rousseau* se suponía pariente del gran Jean-Jacques. Una de las particularidades de este joven era el rojo color de su pelo. Mas sus atractivos espirituales se demostraron tan escasos, que al despedirse su introductor de la dueña de la casa, le dijo esta: *Vous m'avez fait connaître un jeune homme* roux *et* sot, *mais non pas un* Rousseau. Y nuestro buen profesor siguió riendo alborozadamente.

Es este, según la nomenclatura establecida por los autores que nos han precedido en la investigación de estas materias, un chiste por similicadencia, y, por cierto, de la más baja categoría, pues es de aquellos que juegan con un nombre propio, a semejanza del que pone término al parlamento del capuchino en la primera parte del *Wallenstein*, de Schiller:

"Se hace llamar *Wallenstein* (*Stein*-piedra), y es ciertamente para todos nosotros *piedra de escándalo* (*allen*-todos; *Stein*-piedra)..."[13].

Mas, ¿cuál es la técnica del chiste que tanto hizo reír a nuestro profesor?

Vemos en seguida que aquel carácter que quizá esperábamos hallar generalmente no aparece ya en este primer nuevo ejemplo. No existe en él omisión alguna; apenas una abreviación. La señora dice en el chiste todo lo que podemos suponer en su pensamiento. "Me ha hecho usted esperar con gran interés el reconocimiento de un pariente de J. J. Rousseau, incitándome a suponer que habría heredado algo de la inteligencia de su genial antepasado. Y resulta que el tal individuo es un joven de cabellos rojos y completamente tonto (*roux et sot*)". En esta interpretación podremos añadir o intercalar algo por cuenta propia, pero tal intento de reducción no hace desaparecer el chiste, que permanece intacto, basado en

la similicadencia $\dfrac{Roux\ sot}{Rousseau}$. Queda, pues, demostrado que la

____

[13] Más adelante veremos que este chiste es digno de mayor consideración a causa de varios otros factores que en él actúan.

condensación con formación sustitutiva no toma parte alguna en la constitución de este chiste.

¿Cuál es, pues, el proceso de su génesis? Nuevos intentos de reducción nos prueban que el chiste continuará subsistiendo mientras el nombre *Rousseau* no sea sustituido por otro. Así, sustituyéndolo por el de *Racine*, la crítica expresada por la señora permanece intacta, pero pierde todo carácter de chiste. De este modo vemos dónde tenemos que buscar en este caso la técnica del chiste, aunque podamos dudar todavía cómo formularla. Intentemos, sin embargo, definirla: La técnica de este chiste estriba en el hecho de que una misma palabra —el nombre— aparece empleado en dos formas distintas, una vez completo y otra dividido en sus sílabas como en una charada.

Puedo exponer unos cuantos ejemplos de idéntica técnica.

Con un chiste basado en esta técnica del doble empleo hubo de vengarse una dama italiana de una impertinencia de Napoleón I, el cual le dijo en un baile de corte, llamando su atención hacia sus compatriotas: *Tutti gli italiani danzano si male.* Y la señora respondió en el acto: *Non tutti, ma buona parte.* (Brill, *l. c.*).

En ocasión de representarse en Berlín la tragedia griega *Antígona* (*Antigone*), reprochó la crítica que se había despojado a esta obra de todo su carácter antiguo. El ingenio berlinés se apropió esta crítica en la forma siguiente: *Antik? Oh, nee!* (¿Antigua? ¡Oh, no!).

Muy conocido es en los círculos médicos un análogo chiste por división. Un doctor pregunta a un joven paciente si en alguna época ha sido dominado por el vicio de la *masturbación*. La respuesta es: *O na, nie!* (*Onanie* = onanismo; *O na, nie!* = ¡Oh, jamás!).

En todos estos ejemplos, que juzgamos suficientes para dejar caracterizado el grupo a que pertenecen, descubrimos idéntica técnica: un mismo nombre doblemente empleado, una vez en su totalidad y otra dividido en sus sílabas, división que le presta otro sentido diferente.

El múltiple empleo de la misma palabra, íntegra primero y dividida por sílabas después, ha sido el primer caso por nosotros hallado de una técnica en la que no aparece el proceso de condensación. Tras de corta reflexión, tenemos, sin embargo, que ver en la gran cantidad de ejemplos que a nuestro recuerdo acude que la nueva técnica por nosotros descubierta no puede limitarse a este único medio. Existe, seguramente, una gran cantidad, no determinable por el momento, de posibilidades de dar en una frase a la misma palabra o al mismo material verbal más de un empleo. ¿Hemos de considerar como medios técnicos del chiste todas estas posibilidades? Así nos parece a primera vista, y los ejemplos que siguen se encargarán de demostrarlo.

Puede, en primer lugar, tomarse dos veces el mismo material alterando solamente su orden. Cuanto menor sea la alteración y antes se experimente la impresión de que se han dicho cosas distintas con las mismas palabras, tanto más excelente será el chiste por lo que a la técnica se refiere.

Daniel Spitzer, en su obra *Wiener Spaziergaenge* (t. II, página 42):

"El matrimonio X. vive a lo grande. Según unos, el marido *ha ganado mucho y dado poco*; según otros, es la mujer la que *se ha dado un poco y ganado mucho*".

¡Excelente chiste! ¡Verdaderamente diabólico, y conseguido con un mínimo de medios! Ha ganado mucho y dado poco —(se) ha dado (un) poco y ganado mucho[14]. Es tan sólo por

---

[14] N. del Traductor. —Conservamos toda la intención de este chiste, variando algo su expresión verbal, intraducible literalmente. En alemán, las frases aplicadas al marido y a la mujer poseen idénticos elementos, siendo su orden lo único que cambia. La versión castellana se ve obligada a admitir dos nuevos elementos, que son los que colocamos entre paréntesis.

una inversión de estas frases por lo que se distingue lo que se expresa del marido de lo que se sugiere de la mujer.

Un amplio campo se abre a la técnica del chiste extendiendo el *múltiple empleo del mismo material* a aquellos casos en que la palabra o palabras en las que reside el chiste se muestran una vez sin modificación alguna y otra habiendo sufrido una *pequeña modificación*.

Véase, como ejemplo, otro chiste de N.:

Un individuo de origen judío, que hablando con N. se expresó despectivamente sobre los caracteres peculiares a sus correligionarios, obtuvo la siguiente respuesta: "Ya conocía yo su *antesemitismo*, señor Consejero; pero su *antisemitismo* es cosa nueva para mí".

La modificación consiste aquí en el cambio de una sola letra, cambio que apenas es perceptible en la expresión verbal. Recuerda este chiste a otros antes expuestos del mismo personaje, pero a diferencia de ellos, no tiene en él lugar condensación alguna. Expresa todo lo que su autor tenía que decir, o sea: "Sé que usted es de origen judío, y, por lo tanto, me maravilla que hable usted así de los que fueron sus correligionarios".

Otro excelente ejemplo de tal chiste de modificación es la conocida frase: *Traduttore-tradittore!* La analogía de ambas palabras, lindante con la identidad, nos ofrece una precisa representación de la necesidad en que el traductor se halla a veces de pecar contra el autor traducido[15]. Es tan grande en estos chistes la variedad de las pequeñas modificaciones posibles, que ninguno es igual a otro.

Las palabras constituyen un material plástico de una gran maleabilidad. Existen algunas que llegan a perder totalmente su

---

[15] Brill cita un análogo chiste por modificación: Amantes-amentes (amantes-locos).

primitiva significación cuando se emplean en un determinado contexto. Un chiste de Lichtenberg se basa precisamente en esta circunstancia:

"¿Cómo *anda* usted?", preguntó el ciego al paralítico. "Como usted *ve*", respondió el paralítico al ciego.

También existen palabras que pueden ser empleadas en más de un sentido, despojándolas de su primitiva significación. De dos diferentes derivados de la misma raíz puede haberse desarrollado uno hasta formar una palabra llena de significación, y el otro, no constituir más que un afijo, y conservar ambas, sin embargo, idéntico sonido. La identidad del sonido entre una palabra plenamente significativa y una sílaba vacía de sentido puede también ser casual. En ambos casos es dado a la técnica del chiste aprovechar tales peculiaridades del material verbal.

Así, se atribuye a Schleiermacher un chiste que constituye un puro ejemplo del empleo de tales medios técnicos: *Eifersucht ist eine Leidenschaft die mit Eifer sucht, was Leiden schafft*[16].

No puede negarse que esta frase constituye un chiste, aunque no de gran efecto. Desaparece aquí una gran cantidad de factores que en el análisis de otros chistes pueden inducirnos en error al tener que investigar cada uno de ellos por separado. El pensamiento expresado en la frase carece de todo valor, no constituyendo más que una muy insignificante definición de los celos. No puede hablarse en este ejemplo de *sentido en lo desatinado, sentido oculto* o *desconcierto y esclarecimiento*. Asimismo resulta imposible hallar un contraste de representaciones, y sólo con gran esfuerzo puede sospecharse un contraste entre las palabras y lo que significan. No podemos

---

[16] "Los *celos* (*Eifersucht*) son una *pasión* (*Leidenschaft*) que con *celo busca* (mit *Eifer sucht*) lo que dolor produce (was *Leiden schafft*)".

hablar tampoco de contracción; la frase nos hace más bien un efecto de ampulosidad. Y, sin embargo, constituye un excelente chiste. Su única singularidad es, al mismo tiempo, aquel carácter cuya desaparición traería consigo la del chiste; esto es, el hecho de hallarse empleadas las mismas palabras en diferente forma. Podremos entonces escoger entre agregar este chiste a aquella subdivisión en la que las palabras son empleadas una vez completas y otras divididas (Rousseau, Antígona) o a aquella otra en la que la diversidad queda constituida por la posesión o carencia de sentido de partes de las palabras. Además de este factor, hallamos otro digno de tener en consideración para la técnica del chiste. Se constituye aquí una singular conexión, una especie de *unificación* por el hecho de que los celos quedan definidos por su nombre propio; esto es, por sí mismos. También esto constituye, como más adelante veremos, una técnica del chiste. Tales dos factores tienen, por tanto, que ser suficientes para dar a una expresión verbal el buscado carácter chistoso.

Penetrando aún más en la diversidad del "múltiple empleo" de la misma palabra, echamos de ver que tenemos ante nosotros formas de "doble sentido" o del "juego de palabras" que son generalmente conocidas, ha largo tiempo, como medios técnicos del chiste. ¿Para qué, entonces, nos hemos tomado el trabajo de descubrir como nuevo algo que hubiéramos podido hallar en cualquier obra sobre el chiste? Para justificarnos sólo podemos alegar por ahora que en tales fenómenos de la expresión oral hacemos nosotros resaltar una nueva faceta. La que los investigadores anteriores consideran como prueba del carácter "desinteresado" del chiste, lo incluimos nosotros en nuestro punto de vista del "múltiple empleo".

Los casos de múltiple empleo que por su "doble sentido" pueden reunirse para formar un tercer grupo se dejan fácilmente incluir en subdivisiones que, como sucede con todo el tercer grupo con respecto al segundo, no se distinguen unas de otras por diferencias esenciales. De este modo tendremos:

a) Los casos de doble sentido de un nombre propio y su significado objetivo: *Pistola, corre, dispárate, y deja nuestra compañía* (Shakespeare, Enrique IV).

Heine: "Aquí, en Hamburgo, no reina el inicuo Macbeth; aquí reina *Banko (Banquo)*".

Cuando el nombre propio no es utilizable en su forma total para el chiste, puede buscarse el doble sentido por medio de una de las pequeñas modificaciones que ya conocemos.

"¿Por qué los franceses han silbado el *Lohengrin*? (Elsas wegen)". A causa de $\dfrac{Elsa}{Alsacia}$. (*Elsa* = Elsa; *Elsass* = Alsacia).

b) El doble sentido de la significación *objetiva* y *metafórica* de una palabra, el cual es una generosa fuente de la técnica del chiste. Citaremos tan sólo un ejemplo:

Uno de mis colegas, conocido por su fino ingenio, dijo una vez al poeta Artur Schnitzler: "No me maravilla que hayas llegado a ser un gran poeta. Ya tu padre *hizo reflejarse en su espejo* a sus contemporáneos". El espejo usado por el padre de Schnitzler, reputado médico, era el *laringoscopio*. Por otra parte, según una conocida frase shakespeariana (*Hamlet*, acto III, esc. II), el fin de la comedia y, por lo tanto, el del poeta, es presentar un espejo a la naturaleza; mostrar a la virtud sus propios rasgos, su imagen al vicio, y a los tiempos sus caracteres y singularidades.

c) El doble sentido propiamente dicho, o *juego de palabras*, que es, por decirlo así, el caso ideal del múltiple empleo; la palabra no sufre aquí la menor violencia; no es dividida por sílabas ni sometida a modificación ninguna. Tampoco necesita abandonar la esfera a que pertenece —por ejemplo, la de los nombres propios— e incluirse en otra diferente. Tal y como es y se halla dentro de la frase, debe, merced a determinadas circunstancias, expresar dos diferentes sentidos.

No faltan ejemplos de esta clase.

(K. Fischer). Uno de los primeros actos de Napoleón III al asumir el poder fue la confiscación de los bienes de la casa de Orleans, acto que dio origen a un excelente juego de palabras: *C'est le premier* vol *de l'aigle*. (*Vol* = vuelo y robo).

En una ocasión quiso Luis XV poner a prueba el ingenio de uno de sus cortesanos, y le ordenó que hiciera un chiste sobre su propia persona. El mismo monarca quería ser sujeto (*sujet*) del chiste. *Sire* —respondió el cortesano—; *le roi n'est pas sujet*. (*Sujet* = sujeto y súbdito).

Un médico que acababa de reconocer a una señora, dice al marido de la enferma: "No me gusta nada". "Hace mucho tiempo que a mí tampoco", se apresura a confirmar el interpelado. El médico se refiere, naturalmente, al estado de la mujer, pero expresa su preocupación con tales palabras que el marido halla en ellas la confirmación de su desvío matrimonial.

Heine dijo en una comedia satírica: "Esta sátira no hubiese sido tan *mordiente* si el autor hubiese tenido más que *morder*". Este chiste es un ejemplo de doble sentido metafórico y común, más bien que un juego de palabras. Pero, ¿quién puede fijar aquí los límites entre estos grupos?

El mismo escritor dice en el *Viaje por el Harz*: "No recuerdo en este momento los nombres de todos los estudiantes, y entre los profesores hay algunos que todavía no lo tienen". Y más adelante: "El bedel Schäfer me saludó muy afectuosamente, pues también él es escritor y me ha citado muchas veces, llevando su amabilidad hasta dejar escrita la cita con tiza sobre mi puerta cuando no me hallaba en mi casa".

Otro chiste, debido al ingenio de aquel nuestro chistoso colega que citamos en páginas anteriores, nos facilita la transición a una nueva especie de la técnica del doble sentido. En la época en que el asunto Dreyfus se hallaba a la orden del día, dijo nuestro burlón amigo:

"Esa muchacha me recuerda a Dreyfus; el ejército no cree en su *inocencia*".

La palabra *inocencia*, sobre cuyo doble sentido se halla construido el chiste, tiene, al referirse a Dreyfus, la significación corriente opuesta a crimen o delito, y al referirse a la muchacha, una significación sexual opuesta a la experiencia en esta materia. Existen muchos ejemplos de esta clase de doble sentido, y en todo ellos es el sentido sexual el esencial para el efecto del chiste. Pudiéramos reservar para este grupo la calificación de *equívoco*.

El chiste de D. Spitzer incluido en páginas anteriores es un excelente ejemplo de un tal equívoco.

"Según unos, el marido *ha ganado mucho y dado poco*, según otros, es la mujer la que (*se*) *ha dado* (*un*) *poco y ganado mucho*".

Mas si comparamos este chiste de doble sentido con equívoco con otros ejemplos, advertiremos en seguida una diferencia muy importante para la técnica. En el chiste de la *inocencia*, ambos sentidos de la palabra se hallan igualmente cerca de nuestra comprensión; no sabríamos diferenciar cuál de los dos —el sexual o el no sexual— es más corriente y conocido. Muy distinto es, en cambio, el ejemplo de Daniel Spitzer. En él el sentido vulgar cubre casi por completo al sentido sexual, hasta el punto de hacerlo invisible para un espíritu poco malicioso. Esta diferente acentuación de las dos significaciones del doble sentido aparece también en los chistes desprovistos de toda relación sexual, bien por ser una de ellas la más usual y corriente, bien por colocarla en primer término su conexión con otros elementos de la frase (por ejemplo: *C'est le premier* vol *de l'aigle*). Todos estos casos los reuniremos bajo la calificación de *doble sentido con alusión*.

Hemos llegado a conocer ya tantas y tan diversas técnicas del chiste, que convendrá formar una relación de ellas para evitar olvidos o confusiones. Tal relación será:

1. Condensación:
    a) con formación de palabras mixtas;
    b) con modificaciones.
2. Empleo múltiple de un mismo material:
    c) total y fragmentariamente;
    d) variación del orden;
    e) ligera modificación;
    f) las mismas palabras, con o sin sentido.
3. Doble sentido:
    g) nombre y significación objetiva;
    h) significación metafórica y objetiva;
    i) doble sentido propiamente dicho (juego de palabras);
    j) equívoco;
    k) doble sentido con alusión.

Tanta variedad nos confunde un poco. Pudiera hacernos lamentar el haber dedicado nuestro interés al examen de los medios técnicos del chiste e inducirnos a sospechar exagerada la importancia que a dichos medios hemos atribuido en la investigación de la esencia del mismo. Pero al paso de esta sospecha sale siempre el hecho innegable de que el chiste desaparece en el momento en que prescindimos, en la expresión verbal, de los efectos de tales técnicas. Esta circunstancia nos indica, además, que debemos buscar unidad dentro de la variedad que ante nuestros ojos se ofrece. Debe de ser posible reunir todas estas técnicas en un solo haz. Ya dijimos antes que la reunión de los grupos segundo y tercero en uno solo no presenta grandes dificultades. El doble sentido —el juego de palabras— es tan sólo el caso ideal del empleo del mismo material, concepto más amplio que lo comprende en sí. Los ejemplos de fragmentación, variación del orden dentro del mismo material y empleo múltiple con ligera modificación (*c*), *d*), *e*)) podrían incluirse, aunque no sin esfuerzo, dentro del concepto del doble sentido. Mas, ¿qué comunión existe entre el primer grupo —condensación con formación sustitutiva— y cada uno de los dos restantes de empleo múltiple del mismo material?

La respuesta es, a mi juicio, harto sencilla. El empleo del mismo material es tan sólo un caso especial de la condensación. El juego de palabras no es más que una condensación sin formación de sustitutivo. De este modo permanece siendo la condensación la categoría superior. Una tendencia compresora, o, mejor dicho, economizante, domina todas estas técnicas. Todo parece ser —como dice el príncipe Hamlet— cuestión de economía (*Thrift, Horatio, thrift*).

Probemos la existencia de esta tendencia economizadora en los ejemplos antes expuestos: *C'est le premier* vol *de l'aigle*. Es el primer vuelo del águila; pero, además, es un vuelo en el que ha ejercitado su condición de ave de rapiña. *Vol*, para dicha de la existencia de este chiste, significa tanto 'vuelo' como 'robo'. ¿No existe aquí condensación o economía? Desde luego, pues toda la segunda idea ha sido omitida y, además, sin que aparezca sustitutivo alguno que la represente. El doble sentido de la palabra *vol* hace inútil tal sustitutivo o, mejor dicho, la palabra *vol* contiene en sí el sustitutivo del pensamiento reprimido, sin que por ello necesite la primera parte de agregado o modificación alguna. En esto precisamente consiste la ventaja del doble sentido.

En estos ejemplos es innegable la condensación y, por lo tanto, la economía. Pero debemos hallarla en todos los demás. ¿Y dónde se encuentra en otros chistes, tales como los de *Rousseau-roux et sot* y *Antigone-antik? O, nee*, en los que vimos ya que no era posible descubrir condensación alguna y nos movieron, por lo tanto, a establecer la técnica del múltiple empleo del mismo material? Mas si el concepto de la condensación es inaplicable a tales casos, no sucede lo mismo con el de la economía, al que el primero está subordinado. Fácilmente advertimos qué es lo que nos ahorramos en los ejemplos citados; nos ahorramos expresar una crítica y formar un juicio, cosas ambas que aparecen implícitas ya en el nombre. En el ejemplo *Eifersucht-Leidenschaft* nos ahorramos el esfuerzo de hallar una definición: *Eifersucht-Leidenschaft* y *Eifer sucht-Leiden schafft*; unas cuantas palabras más de relleno, y la definición queda constituida. Análogamente en todos los demás ejemplos hasta ahora analizados. El múltiple empleo de las mismas palabras en la interpelación y en la respuesta constituyen también un "ahorro". Recordemos la frase en que Hamlet define la rapidez con que, tras de la muerte de su padre, contrajo su madre nuevas nupcias: "El asado del banquete funerario se sirvió fiambre en la comida de bodas".

Mas antes de aceptar la "tendencia al ahorro" como el carácter general del chiste y comenzar la investigación de su origen, significación, y causas a que obedece la consecución de placer que motiva, entraremos en la discusión de una duda que merece ser tenida en cuenta. Es, desde luego, posible que toda técnica del chiste muestre la tendencia al ahorro en la expresión verbal; mas esta relación no es susceptible de ser invertida. No toda economía en la expresión verbal es chistosa. Ya anteriormente topamos con esta conclusión cuando esperábamos hallar en todo chiste un proceso de condensación, y ya entonces hicimos observar que no toda expresión lacónica constituía un chiste. Tiene, por lo tanto, que ser una clase especial de abreviación y de ahorro la que traiga consigo el carácter de chiste, y hasta tanto que conozcamos esta singularidad no será posible que el descubrimiento de los elementos comunes de la técnica del chiste nos aproxime al fin de nuestra investigación. Además, confesamos que las economías que la técnica del chiste lleva a cabo no nos parecen de gran importancia. Semejan más bien la forma de ahorrar de ciertas excelentes amas de casa que toman un coche para adquirir en un extremo de la ciudad un artículo que hallan en él por algunos céntimos menos que en el mercado próximo a su casa. ¿Qué es lo que el chiste ahorra por medio de su técnica? Tan sólo el trabajo de buscar y ordenar unas cuantas palabras que hubieran acudido sin esfuerzo alguno. A cambio de esto tiene que tomarse el trabajo de descubrir aquella única palabra que cubra ambas ideas, y para ello se ve con frecuencia obligado a variar la expresión verbal de una de las ideas haciéndola revestir una forma poco corriente que facilite la unión con la segunda. ¿No hubiera sido más sencillo, fácil y hasta económico expresar ambas ideas tal y como se presentaron, aunque de este modo no existiese una comunidad en su expresión? ¿No es compensado —o más bien superado— el ahorro en la expresión verbal por el gasto de rendimiento intelectual? Y quien efectúa el ahorro, ¿a quién beneficia?

Evitemos por ahora estas dudas desplazándolas. ¿Conocemos ya realmente todas las clases de chiste? Será, sin duda, más prudente reunir nuevos ejemplos y someterlos al análisis.

Influidos, sin duda, por la escasa estimación que se les concede, no nos hemos ocupado hasta ahora de aquellos chistes que forman el grupo más numeroso y conocido. Son estos los denominados *retruécanos*, que pasan por pertenecer a la clase más ínfima del chiste verbal, por ser los que con mayor facilidad y menor gasto de ingenio se producen. En realidad, el retruécano requiere escasísima técnica, en contraposición al juego de palabras, que es el chiste en el que la misma se hace más amplia y complicada. Si en este último tienen que hallar su expresión las dos significaciones de una misma palabra, empleada una sola vez, basta, en cambio, en el retruécano que dos palabras —una para cada significación— se recuerden mutuamente por medio de cualquier manifiesta analogía, sea por una general semejanza de su estructura o por similicadencia, comunidad de algunas letras, etcétera. Una multitud de tales ejemplos, no muy acertadamente denominados *chistes por similicadencia*, se halla incluida en el parlamento del capuchino, de la primera parte del *Wallenstein*, de Schiller.

Esta clase de chistes modifica con especial frecuencia una de las vocales de la palabra: de un poeta italiano que, a pesar de su republicanismo, se vio obligado a componer un poema en hexámetros alabando a un emperador alemán, dice Hevesi (Almanaccando, *Bilder aus Italien*, pág. 78): "Ya que no podía destronar a los *Césares*, prescindía de las *cesuras*. (*Cäsaren-Cäsuren*)".

K. Fischer ha dedicado gran atención a esta clase de chistes, a la que separa definidamente de los *juegos de palabras* (pág.78). "El retruécano es un mal juego de palabras, pues no juega con ellas como tales, sino únicamente como sonidos". En cambio, el juego de palabras "pasa desde el sonido de la palabra a la palabra misma". Mas, por otra parte, incluye chistes coma los de *famillionario*, Antigone (*Antik? O nee*), etc., entre los chistes por similicadencia, inclusión, a nuestro juicio, equivocada. También en el juego de palabras son éstas, para nosotros, únicamente una imagen sonora, a la que atribuimos este o aquel sentido. Tampoco aquí hacen los usos del lenguaje grandes diferencias, y si tratamos despectivamente al retruécano y con cierto respeto al juego de palabras, ello se funda en consideraciones muy alejadas de la técnica. Obsérvese la naturaleza de aquellos chistes que denominamos *retruécanos*. Hay personas que poseen el don de contestar con un chiste de esta clase en alemán (*Kalauer*) a toda frase que se les dirija.

Uno de mis colegas, modesto hasta el exceso, cuando se trata de los importantes resultados de su labor científica, acostumbra vanagloriarse de poseer esta cualidad. En una ocasión en la que su inagotable vena producía el asombro de una íntima reunión familiar respondió a los aplausos que se le prodigaban: *Ja, ich liege hier auf der* Ka-Lauer (*auf* der *Lauer* liegen—estar en acecho; *Kalauer*— retruécano); y luego, al pedirle que diera por terminada la prueba, repuso: "Bueno; pero con la condición de que se me conceda ahora mismo el título de poeta *ka-laureado*". Fácilmente advertimos que ambos retruécanos son excelentes chistes por condensación con formación de palabra mixta. (Estoy aquí en *acecho* (*Lauer*) para hacer *retruécanos* (*Kalauer*) sobre todo lo que ustedes dicen).

De todos modos, vemos ya por estas discusiones sobre la delimitación entre el retruécano y el juego de palabras que el primero no puede auxiliarnos mucho en la investigación de una nueva técnica del chiste. Cuando no hallamos en él el empleo en distintos sentidos de un mismo material, tropezamos, en cambio, con el retorno de lo ya conocido, retorno que se nos muestra en la coincidencia de las dos palabras puestas al servicio del chiste. Así, pues, el retruécano no es más que una subdivisión del grupo, que culmina en el juego de palabras propiamente dicho.

Existen, sin embargo, chistes cuya técnica carece realmente de toda conexión con la de los grupos examinados hasta ahora.

Una conocida anécdota refiere que hallándose Heine una noche dialogando con el poeta Soulié, entró en el salón en que ambos escritores se hallaban un conocido millonario, al que se le solía comparar, y no sólo por su inmensa fortuna, con el fabuloso rey Midas. Un numeroso grupo de invitados rodeó en el acto, con grandes muestras de obsequiosa admiración, al recién llegado. "Observe usted —dijo entonces Soulié a Heine—

cómo nuestro siglo diecinueve adora al becerro de oro". Heine, tras de contemplar la figura del personaje, confirmó: *Sí, ya veo; pero me parece que le quita usted años.* (K. Fischer, pág. 82).

¿Cuál es la técnica de este excelente chiste? K. Fischer opina que se trata de un juego de palabras. La expresión "becerro de oro" puede referirse tanto al Mammon como al culto idolátrico. En el primer caso, lo principal es el oro; en el segundo, la imagen zoomórfica; también puede servir dicha expresión para designar en un sentido peyorativo a un individuo más rico en dinero que en inteligencia (pág. 82). Si realizamos la prueba y prescindimos de la expresión "becerro de oro", desaparece, en efecto, el chiste. Hagamos decir a Soulié: "Mire usted cómo la gente rodea a ese imbécil únicamente porque es rico", y no sólo desaparecerá el chiste, sino también la posibilidad de la réplica de Heine.

Pero reflexionemos y recordemos que no se trata de la comparación de Soulié, desde luego, chistosa, sino de la réplica de Heine que aún lo es mucho más. Siendo así, no tenemos el derecho de tocar a la expresión "becerro de oro", la cual debe permanecer intacta, como un antecedente de la frase de Heine, y la reducción tendrá que limitarse a esta última. Si hacemos desaparecer las palabras "pero me parece que le quita usted años", no podremos sustituirlas sino por la frase siguiente: "Eso ya no es un becerro, es todo un buey". Por lo tanto, el chiste de Heine se basa en que su autor no toma la expresión "becerro de oro" metafóricamente, sino en un sentido personal, y la refiere directamente al rico personaje. Aunque quizá este doble sentido estuviera ya en la intención de Soulié.

Mas observemos ahora que la reducción efectuada no destruye por completo el chiste de Heine, sino que deja intacto lo esencial del mismo. En la nueva redacción la anécdota sería como sigue. Dice Soulié: "Vea usted cómo nuestro siglo diecinueve adora al becerro de oro". Y Heine responde: "¡Oh!

Eso ya no es un becerro, es todo un buey". En esta interpretación reducida continúa vivo el chiste. Y es, además, la única reducción posible.

Lástima que este bello ejemplo contenga tan complicadas condiciones técnicas, que nos sea imposible por ahora extraer de él esclarecimiento alguno. Debemos, pues, abandonarlo y buscar otro en el que sospechemos algún parentesco con los anteriormente analizados.

Sea este nuevo chiste uno de los muchos que pintan el horror de los judíos de la Galitzia austríaca a bañarse. Observaremos de paso que no exigimos de nuestros ejemplos cartas de nobleza; no nos preocupa su procedencia y sí solamente su calidad como tales chistes, siéndonos suficiente para acogerlos el que cumplan su cometido de despertar nuestra hilaridad y sean dignos de nuestro interés teórico. Y tales chistes sobre los judíos llenan, mejor que otros ninguno, ambas condiciones.

Dos judíos se encuentran cerca de un establecimiento de baños. "¿Has tomado un baño?", repunta uno de ellos. "¿Cómo? —responde el otro— ¿Falta alguno?"

Cuando un chiste nos hace reír no estamos en las mejores condiciones para investigar su técnica, y se nos hace difícil llevar a cabo un penetrante análisis. En el ejemplo último, lo primero que se nos ocurre es: "¡Qué equivocación más cómica!" Pero, ¿cuál es la técnica de este chiste? Ciertamente el empleo en doble sentido de la palabra 'tomar'. Para uno de los interlocutores ha perdido este verbo su primitiva significación. En cambio, para el otro la conserva plenamente. Nos hallamos, pues, ante un ejemplo de aquellos chistes en los que una misma palabra es tomada alternativamente con y sin su propio sentido (grupo 2, *f*)). Sustituyamos la expresión "tomado un baño" por su equivalente "bañarse", y el chiste desaparecerá. La respuesta resultaría ya inadecuada. Así, pues, el chiste se halla contenido en la expresión "tomado un baño".

Todo esto es cierto; mas también aquí observamos que hemos efectuado la reducción en lugar indebido. El chiste no reside en la pregunta del primer judío, sino en la respuesta del interpelado: *¿Cómo?,¿Falta alguno?* Y esta réplica no puede ser despojada de su carácter chistoso por medio de ninguna ampliación o modificación que conserve su sentido. Sospechamos que en ella tiene más importancia el hecho de que no acuda siquiera a la imaginación del judío la idea de que pudiera haberse bañado que la mala inteligencia de la palabra "tomar". Pero tampoco aquí vemos claro. Busquemos un tercer ejemplo.

Será este, otro chiste de protagonistas judíos, pero que contiene un nódulo general humano. Ciertamente, también este ejemplo presenta complicaciones, mas por fortuna distintas de las que hasta ahora nos han impedido ver con claridad.

Un individuo arruinado había conseguido que un amigo suyo, persona acomodada, le prestara 25 florines, compadecido por la pintura que de su situación le había hecho, recargándola con los más negros tonos. En el mismo día le encuentra su favorecedor sentado en un restaurante ante un apetitoso plato de salmón con mayonesa, y le reprocha, sorprendido, su prodigalidad: "¿Cómo? ¿Me pide usted un préstamo para aliviar su angustiosa situación, y le veo ahora comiendo salmón con mayonesa? ¿Para eso necesitaba usted mi dinero?" "No acierto a comprenderle —responde el inculpado—. Cuando no tengo dinero no *puedo* comer salmón con mayonesa; ahora que tengo dinero, resulta que no *debo* comer salmón con mayonesa. *Entonces, ¿cuándo diablos voy a comer salmón con mayonesa?*"

Pero aquí falta la más mínima huella de doble sentido. El retorno de las palabras "salmón con mayonesa" no puede constituir la técnica de este chiste, pues no se trata de un empleo repetido del mismo material, sino que es una verdadera repetición de lo idéntico, obligada por el contenido. Ante esta anécdota permanecemos un tanto perplejos, y estamos quizá tentados de hallar una salida, negándole, a pesar de habernos hecho reír, el carácter del chiste.

¿Qué pudiéramos observar de interesante en la respuesta del arruinado *gourmet*? En primer lugar, la estricta lógica de su respuesta. Mas esta lógica es tan sólo aparente y se desvanece en cuanto reflexionamos un poco. El interpelado se defiende contra la acusación de haber invertido el dinero prestado en una golosina, y pregunta, con aparente fundamento, *cuándo* va a gozar de su plato favorito. Mas no es esta la respuesta adecuada; su favorecedor no le reprocha el haber satisfecho su capricho en el mismo día de haber pedido y obtenido el préstamo, sino que le advierte que, dada su situación económica, *carece en absoluto* del derecho a pensar en tales lujos. Este único sentido posible del reproche es echado a un lado por el alegre vividor, el cual responde, como si hubiera comprendido mal, a otra cosa totalmente distinta.

¿Se hallará, pues, la técnica de este chiste precisamente en tal desviación de la respuesta del sentido del reproche? Una tal variación del punto de apoyo o desplazamiento del acento psíquico podría entonces también demostrarse en los dos ejemplos anteriores, de reconocido parentesco con este último.

En efecto, tal demostración resulta ya facilísima y nos descubre por completo la técnica de todos estos ejemplos. Soulié llama la atención a Heine sobre el hecho de que la sociedad ochocentista adora todavía al becerro de oro, como primitivamente los judíos en el desierto. La respuesta adecuada de Heine hubiera sido algo como: "Sí; la humana naturaleza es siempre igual. Nada ha modificado en ella el transcurso de los siglos". Pero Heine se desvía del pensamiento verdadero y no responde a él, sino que se sirve del doble sentido posible de la expresión "becerro de oro" para torcer por un camino lateral; se apodera de uno de los elementos de dicha expresión, la palabra 'becerro', y contesta como si sobre tal concepto recayera el acento en la frase de Soulié: "¡Oh! Ese ya no es un becerro" etc.[17]

Aún más visible se nos muestra la desviación en el chiste del baño. Podemos representarla gráficamente:

Pregunta el primero: "¿Has tomado un *baño*?" El acento recae sobre el elemento baño.

El segundo responde como si la pregunta hubiera sido: "¿Has *tomado* un baño?"

La expresión "tomado un baño" hace posible este desplazamiento del acento. Si en lugar de ella se dijese: "¿Te has bañado?", todo desplazamiento resultaría imposible. La respuesta, despojada de todo carácter chistoso, sería entonces: "¿Que si me he bañado? No sé lo que es eso". La técnica del chiste reside exclusivamente en el desplazamiento del acento desde 'baño' a 'tomado'[18].

Volvamos al ejemplo del "salmón con mayonesa" como al de más pura calidad. Su novedad ocupará nuestra atención en varias direcciones diferentes. Ante todo, demos un nombre a la técnica que acabamos de descubrir. A mi juicio, el que mejor le cuadra es el de *desplazamiento*, pues lo esencial de ella es la desviación del proceso mental, el desplazamiento del acento psíquico sobre un tema distinto del iniciado. Establecida esta calificación, comenzaremos a investigar en qué relación se halla la técnica de desplazamiento con la expresión verbal del chiste.

---

[17] La respuesta de Heine es una combinación de dos diferentes técnicas, desviación y alusión, pues no dice directamente: "Es un buey".

[18] La palabra *tomar* resulta, a consecuencia de sus múltiples posibilidades de empleo, muy apropiada para la elaboración de chistes, entre los cuales comunicaremos aquí un ejemplo puro que contrasta con el chiste por desplazamiento arriba señalado: Un conocido banquero, del que se sabe que realiza arriesgadas operaciones de Bolsa, pasea con un amigo por una calle céntrica. Llegados ante un café, se detiene el banquero y propone: "Vamos a entrar y *tomar* algo". El amigo le sujeta y arguye: "¡Por Dios, señor consejero! ¿No ve usted que hay gente?"

Nuestro ejemplo (salmón con mayonesa) nos deja reconocer que el chiste por desplazamiento es en alto grado independiente de la expresión verbal. No depende de las palabras, sino del proceso mental, y de este modo resulta infructuosa toda sustitución que, dejando a salvo el sentido, intentemos en las palabras. La reducción sólo se hace posible alterando el sentido y haciendo que el desaprensivo *gourmet* conteste directamente al reproche en lugar de buscar, con el chiste, una evasiva. La forma reducida sería: "No puedo negarme al capricho de comer aquello que me gusta, y me tiene sin cuidado la procedencia del dinero que ello me cuesta. Ahí tiene usted por qué me encuentra saboreando un plato de salmón con mayonesa dos horas después de haber pedido un préstamo". Mas esto no sería chistoso, sino cínico.

Será harto instructivo comparar este chiste con otro muy semejante:

Un individuo entregado a la bebida gana su vida dando lecciones en una pequeña ciudad. Mas poco a poco va siendo conocido el vicio que le domina y disminuyendo el número de sus alumnos. Compadecido de él, comienza un amigo a sermonearle: "Podría usted ser el profesor más solicitado de toda la ciudad tan sólo con abandonar la bebida. ¿Por qué no hace así?" "¿Y eso es todo lo que a usted se le ocurre? —responde indignado el bebedor—. ¡Conque si doy lecciones es para poder beber, y voy a dejar de beber para tener lecciones!"

También este chiste presenta aquella apariencia de lógica que nos extrañó en el del "salmón con mayonesa"; pero ya no es un chiste por desplazamiento. La respuesta es directa. El cinismo que dicha apariencia encubre es confesado aquí abiertamente: "Para mí lo principal es beber". La técnica de este chiste es realmente harto pobre y no explica el efecto del mismo. Reside exclusivamente en una variación del orden de un mismo material, o, más precisamente, en la inversión de las relaciones de medio a fin entre el beber y el dar lecciones o ser encargado de ellas. En cuanto se deja de acentuar este factor en la reducción, desaparece el chiste. Veámoslo: "¿Qué tontería es esa? Para mí lo principal es la bebida y no las lecciones. Estas no las considero sino como un medio para poder seguir bebiendo". Así, pues, el chiste reside realmente en la expresión verbal.

En el chiste del baño es innegable la dependencia del chiste de la expresión verbal (¿Has tomado un baño?), y la modificación de la misma trae consigo la desaparición de aquel. La técnica es aquí un tanto complicada, consistiendo en una unión del doble sentido (subgrupo f)) con el desplazamiento. La expresión verbal de la pregunta permite un doble sentido y el chiste queda constituido por el hecho de que la respuesta no se liga al sentido que a la pregunta se ha dado, sino a su sentido accesorio. Podemos, por lo tanto, hallar una reducción que deje subsistir el doble sentido en la expresión, y, sin embargo, haga desaparecer el chiste, o sea, una reducción que se limite a destruir los efectos del desplazamiento.

"¿Has tomado un baño?" "¿Qué dices, que si he tomado? ¿Un baño? ¿Qué es eso?" En esta forma no hay chiste alguno, y sí sólo una maligna o burlona exageración.

Un idéntico papel desempeña el doble sentido en el chiste de Heine sobre el "becerro de oro", facilitando la desviación de la respuesta del proceso mental iniciado, desviación que en el chiste del "salmón con mayonesa" tiene lugar sin necesidad de tal apoyo en la expresión verbal. Reducidas la frase de Soulié y la respuesta de Heine, dirían, aproximadamente, así: "La forma en que los invitados rodean a ese hombre, tan sólo por su opulencia, recuerda la adoración del becerro". Y Heine: "No es lo más indignante que ese hombre se vea tan obsequiado por su riqueza, sino que esta haga olvidar o perdonar su imbecilidad". De este modo, quedando intacto el doble sentido, desaparece el chiste por desplazamiento.

Al llegar a este punto debemos prepararnos contra la objeción, que no dejará de hacérsenos, de que todas estas sutiles distinciones intentan separar algo que debe constituir un todo coherente. ¿Acaso no da todo doble sentido ocasión a un desplazamiento, a una desviación del proceso mental desde un sentido a otro diferente? Y entonces, ¿cómo hacer del *doble sentido* y del *desplazamiento* los representantes de dos técnicas del chiste completamente diferentes? Desde luego, subsiste la consignada relación entre doble sentido y desplazamiento, pero es en absoluto independiente de nuestra diferenciación de las técnicas del chiste. En el doble sentido no contiene el chiste más que una palabra susceptible de una múltiple interpretación, que permite al oyente hallar el paso de un pensamiento a otro, paso que —siempre un tanto forzadamente— puede hacerse equivaler a un desplazamiento. Mas en el chiste por desplazamiento contiene el chiste mismo un proceso mental en el que aquel se ha llevado a cabo. El desplazamiento pertenece aquí a la labor que ha formado el chiste, no a aquella otra necesaria para su inteligencia. Si esta distinción no nos aclara suficientemente la materia, tendremos en los experimentos de reducción un medio inagotable de presentarla con toda precisión ante nuestros ojos. Sin embargo, no queremos negar a la objeción expuesta un cierto valor, pues nos hace observar que no debemos confundir los procesos psíquicos que tienen lugar en la formación del chiste (elaboración del chiste) con aquellos otros que se verifican a su percepción (labor de comprensión). Sólo los primeros son, por ahora, objeto de nuestro interés investigador[19]. De los segundos trataremos en capítulos posteriores.

---

[19] Quizá no sobre aquí un mayor esclarecimiento de esta cuestión: el desplazamiento tiene siempre lugar entre una oración y la respuesta, que continúa el proceso mental en una dirección distinta de la iniciada en la primera. La justificación de separar el doble sentido del desplazamiento aparece claramente

Los chistes por desplazamiento son muy poco corrientes. El que a continuación exponemos es un ejemplo puro de esta técnica, al que falta también aquella apariencia de lógica que tanto nos sorprendió hallar en otros anteriores:

Un chalán pondera las excelencias de un caballo a su presunto comprador: "Se monta usted en este caballo a las cuatro de la mañana, y a las seis y media está usted en Presburgo". "¿Y qué hago yo en Presburgo a las seis y media de la mañana?".

El desplazamiento es aquí patentísimo. El chalán cita la temprana hora de llegada a Presburgo con la sola intención de demostrar con un dato concreto las grandes cualidades de su caballo. En cambio, el comprador echa a un lado esta cuestión, que ni siquiera se toma el trabajo de poner en duda, y atiende tan sólo a las indicaciones de tiempo dadas por el chalán en el ejemplo que este ha escogido como prueba. La reducción de este chiste resulta sencillísima.

Más dificultades nos ofrece otro ejemplo, de técnica nada transparente, pero que el análisis nos descubre al fin como un caso de doble sentido con desplazamiento. El protagonista de este ejemplo es uno de aquellos judíos que tienen por oficio concertar los matrimonios entre los de su raza, institución que ha dado lugar a infinidad de chistes, que nos proporcionan un rico material para nuestra investigación.

El agente matrimonial ha asegurado al novio que el padre de su futura no vivía ya. Después de los esponsales averigua el prometido que su suegro vive, pero que se halla en la cárcel cumpliendo condena, y reprocha el engaño al intermediario. "No; no te he engañado —responde este—. ¿Acaso es eso *vivir*?"

---

en aquellos ejemplos en que ambas técnicas se muestran combinadas, o sea, donde la expresión verbal de la oración permite un doble sentido que no se hallaba en la intervención del orador, pero que indica a la respuesta el camino del desplazamiento.

El doble sentido reside en la palabra *vivir*, y el desplazamiento consiste en que el intermediario pasa del sentido corriente de la palabra, o sea, la antítesis de 'morir', al sentido que la palabra vivir toma en la frase: "Eso no es vivir". De este modo declara que sus anteriores manifestaciones escondían un doble sentido, aunque tal múltiple significación no pudiera sospecharse fácilmente. Hasta este punto la técnica sería análoga a la de los chistes del "baño" y del "becerro de oro"; pero existe en este ejemplo otro factor muy digno de ser tomado en consideración y que perturba, por su inoportunidad, la comprensión de esta técnica. Pudiéramos decir que es este un chiste *caracterizante*, pues se esfuerza en ilustrar con un ejemplo aquella mezcla de mentirosa habilidad y pronto ingenio que caracteriza a tales judíos casamenteros. Más adelante veremos que esto es tan sólo la fachada del chiste, su aspecto exterior, y que su sentido, esto es, su intención, resulta por completo diferente. También aplazaremos por ahora el experimento de reducción[20].

Después de estos ejemplos, complicados y difíciles de analizar, nos descansará conocer un caso puro y transparente de chiste por desplazamiento: Un sablista acude a un opulento barón en demanda de auxilio pecuniario para pasar una temporada en Ostende, pues el médico le ha recomendado los baños de mar. "Está bien —le responde el barón—. Pero, ¿por qué tiene usted que ir a Ostende, el más caro de los balnearios?" "Señor barón —replica el sablista—, siendo en bien de mi salud, no miro el dinero". Ciertamente, es este un acertado punto de vista, pero no precisamente para el peticionario. Su respuesta sería justa en labios de un individuo acomodado. El sablista se conduce como si fuera su propio dinero el que sacrificara en beneficio de su salud y como si salud y dinero se refirieran a la misma persona.

---

[20] Véase el capítulo III.

Volvamos ahora al instructivo ejemplo del "salmón con mayonesa". Una de sus facetas ofrecía a nuestra vista un proceso lógico que el análisis demostró estar destinado a encubrir un error intelectual, constituido en este caso por un desplazamiento del proceso mental. Este hecho nos recuerda, por contraste, otros chistes que presentan abiertamente algo desatinado: un contrasentido o una simpleza. Veamos cuál es la técnica de estos últimos.

Expondremos, desde luego, el mejor y más puro ejemplo de todo este grupo. Trátase nuevamente de un chiste sobre los judíos.

Salomón ha entrado en quintas y ha sido destinado a servir en la Artillería. Es un muchacho inteligente, pero algo indisciplinado y poco amante del servicio. Uno de sus jefes, que le profesa cierta simpatía, le llama aparte y le aconseja: "Salomón, tú no aprovechas para esta vida. *Cómprate un cañón y hazte independiente*".

El risible consejo es un franco contrasentido. No hay cañones a la venta para todo aquel que quiera adquirirlos, y, además, uno solo no constituye fuerza bastante para *hacerse independiente*, o, como diríamos en términos comerciales, *establecerse por cuenta propia*. Sin embargo, no podemos dudar ni por un momento de que este consejo es algo más que una necedad; es una necedad chistosa, un excelente chiste. ¿Qué es, por lo tanto, lo que convierte una necedad en chiste?

No necesitaremos reflexionar largo tiempo. De las especulaciones de diversos autores sobre esta materia, que hemos expuesto en nuestra introducción, podemos adivinar que en tal necedad chistosa se esconde un sentido y que este sentido, en lo desatinado, es lo que convierte a la necedad en chiste. Tal sentido es fácil de hallar en nuestro ejemplo. El oficial que da a Salomón el desatinado consejo se hace el tonto únicamente para demostrar a Salomón lo estúpido de su propia conducta.

Imita a Salomón, como queriendo decirle: "Ahora te voy a dar un consejo tan estúpido como tú". Se apodera de la estupidez del judío y trata de mostrársela a sus propios ojos, haciéndola servir de fundamento a una propuesta que tiene que corresponder a los deseos del mismo, pues si poseyera un cañón propio e hiciera la guerra por su propia cuenta, ¡cuánto brillarían entonces su inteligencia y su ambición! ¡Y cómo cuidaría de su cañón, teniéndolo siempre en buen estado y estudiando a fondo su mecanismo, para resistir la competencia de los demás poseedores del mismo artículo!

Interrumpiremos aquí el análisis de este ejemplo para demostrar en otro, más corto y sencillo, pero también menos agudo, el mismo sentido en el desatino.

«No nacer nunca sería lo mejor para los mortales humanos». «En efecto —comentan los sabios del *Fliegende Blätter*[21]—; *pero es cosa que de cada cien mil hombres apenas si sucede a uno.*

El moderno comentario al viejo aforismo es un claro desatino, al que el prudente 'apenas' presta un aire todavía más estúpido. Pero aparece ligado, como una limitación indiscutiblemente justa, a la primera frase, y nos hace ver que la sabia sentencia, que aceptamos con respeto, no está tampoco muy lejos del desatino. Quien no ha nacido no es un ser humano, y para él no hay nada bueno ni mejor. El desatino del chiste sirve aquí, por lo tanto, para descubrir y presentar otro desatino, lo mismo que en el ejemplo del cañón.

Podemos aún citar otro ejemplo de este género, que, por su contenido y por la amplia exposición de que precisa, apenas sería digno de figurar en estas páginas; pero, en cambio, tiene la ventaja de presentar con especial claridad el empleo de un desatino en el chiste para conseguir la revelación de otro semejante.

---

[21] Semanario humorístico alemán.

Un individuo confía a su hija, en vísperas de un largo viaje, a uno de sus amigos, rogándole vele por su virtud durante su ausencia. Meses después torna de su viaje y halla a su hija encinta. Naturalmente, colma de reproches al amigo, el cual no acierta a comprender cómo ha podido suceder aquello. "¿Dónde dormía mi hija?", pregunta, por último, el indignado padre. "En la alcoba de mi hijo". "Pero, ¿cómo pones a los dos en una misma alcoba, después de haberte yo encargado principalmente que velases por la virtud de mi hija?" "Es que puse dos camas y, separándolas, un biombo". "Bueno, ¿y si tu hijo ha dado la vuelta al biombo?" "Sí —responde el celoso guardador, después de reflexionar un rato—; tienes razón. *Así sí ha podido ser*".

Este chiste, poco o nada brillante, tiene para nosotros el mérito de ser fácilmente reducible. Su reducción sería la siguiente: "No tienes derecho alguno a reprocharme nada. ¿No es una *estupidez* dejar a tu hija en una casa en la que necesariamente había de estar en constante contacto con un muchacho? ¡Creerás que es muy fácil para un extraño velar en estas condiciones por la virtud de una joven!" La aparente simpleza del amigo no es aquí, por tanto, más que el reflejo de la candidez del padre. Por medio de la reducción hemos hecho desaparecer del chiste toda simpleza, y con ella el chiste mismo. Del elemento *simpleza* no hemos podido, sin embargo, prescindir, pues ha hallado otro lugar en la reducción efectuada.

Intentemos ahora reducir el chiste del cañón. El oficial quería decir: "Salomón, sé que eres un inteligente comerciante. Pero, créeme, es una *gran simpleza* no comprender que el servicio militar es algo muy diferente de la vida comercial, en la que cada uno trabaja para sí y contra los demás. En el servicio hay que subordinarse y actuar como parte de un conjunto".

La técnica de los chistes por desatino que hemos examinado hasta ahora consiste, por lo tanto, realmente, en la introducción de algo simple o desatinado, cuyo sentido es la revelación de otro desatino o simpleza.

¿Tendrá, entonces, siempre el empleo del desatino en la técnica del chiste esta misma significación?

He aquí otro ejemplo que resuelve la cuestión afirmativamente:

Foción, calurosamente aplaudido al finalizar un discurso, se volvió hacia sus amigos y les preguntó: "¿He dicho acaso alguna tontería?"

Esta pregunta parece al principio falta de todo sentido. Pero no tardamos en comprenderla. Foción quiere decir: "¿Qué he dicho que haya podido gustar de tal manera a este estúpido pueblo? El éxito de mi discurso debiera avergonzarme. Aquello que ha gustado a los tontos no debe ser cosa muy cuerda".

Otros ejemplos podrán mostrarnos, a su vez, que el contrasentido es empleado muchas veces en la técnica del chiste, sin que su fin sea la revelación de otro diferente desatino.

Un conocido catedrático de Universidad, que acostumbraba sazonar con numerosos chistes su poco amena disciplina, es felicitado por el nacimiento de un nuevo hijo, que llega al mundo hallándose el padre en edad harto avanzada. "Gracias, gracias —responde el felicitado—. Ya ve usted de qué maravillas es capaz la mano del hombre". Esta respuesta nos parece totalmente desprovista de sentido y fuera de lugar. De los niños suele decirse que son una divina bendición, en oposición, precisamente, a las obras de la mano del hombre. Mas no tardamos en comprender que la extraña frase tiene un sentido, y, por cierto, marcadamente obsceno. No es que el feliz padre se haga el tonto para revelar la simpleza de otra cosa o persona. Su respuesta, aparentemente desatinada, nos produce un efecto de sorpresa o, como dicen los investigadores que anteriormente han tratado estas materias, de desconcierto. Ya hemos visto anteriormente que dichos autores derivan todo el efecto de estos chistes de la transición de *desconcierto y esclarecimiento*. Más tarde trataremos de formar un juicio sobre este punto, contentándonos por ahora con hacer resaltar que la técnica de este chiste consiste en la introducción de dicho elemento desconcertante y desatinado.

Entre esta clase de chistes ocupa un lugar especialísimo uno debido a Lichtenberg.

Se maravilla este escritor de que los gatos presenten dos agujeros en la piel, precisamente en el sitio en que tienen los ojos. Maravillarse de algo naturalísimo es ciertamente una simpleza. Nos recuerda este chiste una exclamación que Michelet incluye con absoluta seriedad en su libro sobre la mujer, y que, si mi memoria no me engaña, es poco más o menos, como sigue: "¡Cuán excelentemente se halla dispuesto por la Naturaleza que el niño encuentre en cuanto llega al mundo una madre pronta a encargarse de su cuidado!" La frase de Michelet es, en realidad, una simpleza, pero la de Lichtenberg es un chiste que utiliza la simpleza para la consecución de un determinado fin, tras del cual se esconde algo. ¿El qué? No podemos aún ni siquiera indicarlo.

Hemos visto en dos grupos de ejemplos que la elaboración del chiste se sirve de desviaciones del pensamiento normal, el desplazamiento y el contrasentido, como medio técnico para elaborar la expresión chistosa. Estará, pues, justificada la esperanza de que también otros errores intelectuales puedan hallar igual empleo. Realmente, podemos exponer algunos ejemplos de este género.

Un señor entra en una pastelería y pide en el mostrador una torta, pero la devuelve en seguida, pidiendo, en cambio, una copa de licor. Después de beberla se aleja sin pagar. El dueño de la tienda le llama la atención. "¿Qué desea usted?", pregunta el parroquiano. "Se olvida usted de pagar la copa de licor que ha tomado". "Ha sido a cambio del pastel". "Sí, pero es que el pastel tampoco lo había usted pagado". "¡Claro, como que no me lo he comido!"

También esta historia tiene su apariencia de lógica, apariencia que reconocemos como una fachada destinada a encubrir un error intelectual. Este reside en el hecho de que el astuto parroquiano establece una relación inexistente entre la devolución del pastel y su cambio por una copa de licor. La cuestión se divide realmente en dos sucesos que para el vendedor son independientes uno de otro y sólo para la intención del parroquiano se hallan en una relación de cambio. El desaprensivo sujeto ha tomado el pastel y luego lo ha devuelto, quedando al hacer así libre de toda deuda. Pero luego ha bebido una copa de licor, y esta es la que tiene que pagar. Podemos decir que el parroquiano emplea la relación "en cambio" en un doble sentido, o, mejor dicho, que constituye, por medio de un doble sentido, una relación que objetivamente no existe[22].

Creemos llegado aquí el momento de hacer una importante confesión. Dedicamos nuestra labor a investigar en diferentes ejemplos la técnica del chiste, y debiéramos, por lo tanto, estar seguros de que los ejemplos por nosotros reunidos son realmente chistes. Mas sucede que en algunos casos dudamos si el ejemplo escogido merece ser considerado como tal, y, además, no podemos disponer de un criterio fijo para resolver nuestras vacilaciones, hasta tanto que nuestra investigación nos lo proporcione. Tampoco podemos confiarnos a los usos y

---

[22] Una análoga técnica de contrasentido surge cuando el chiste quiere hacer subsistir una conexión que parece destruida por las condiciones especiales de su contenido. Así habla Lichtenberg de *un cuchillo sin hoja al que faltaba el mango.* Muy semejante es otro chiste que J. Falke relata en una de sus obras: "¿Es éste el lugar en que el duque de Wellington pronunció tales y cuales palabras?" "Sí, este es el lugar; pero *esas palabras no las pronunció jamás el duque*".

costumbres del lenguaje, los cuales necesitan asimismo de una prueba que los justifique. De este modo, nuestra decisión no puede apoyarse más que en una cierta "sensación", que podemos interpretar suponiendo que en nuestro juicio se verifica la decisión según criterios determinados no accesibles a nuestro conocimiento. Mas esta "sensación" no puede alegarse como fundamento suficiente. Así, ante el último ejemplo citado, dudamos si exponerlo como chiste, como un chiste sofístico, o simplemente como un sofisma. No sabemos todavía en qué reside el carácter del chiste.

En cambio, el ejemplo siguiente, que descubre el error intelectual que pudiéramos llamar complementario, es innegablemente un chiste. Trátase nuevamente de una historia sobre los intermediarios matrimoniales judíos:

El agente matrimonial defiende a la muchacha por él propuesta contra los defectos que en ella encuentra el presunto marido: "Su madre —dice este— es estúpida y perversa". "¿Y eso qué le importa? ¿Se va usted a casar con la madre o con la hija?" "Bueno, pero es que la hija no es joven ni bonita". "Mejor; así no hay peligro de que le engañe". "Además, no tiene dinero". "¿Y quién habla aquí de eso? Usted no quiere dinero; lo que quiere es una buena mujer". "¡Pero si es jorobada!" "¡Hombre, algún defecto había de tener!"

Trátase, pues, realmente, de una mujer vieja, fea, pobre, contrahecha y con una madre harto peligrosa como suegra, condiciones poco recomendables, ciertamente, para casarse con ella. El intermediario se las arregla para oponer a cada defecto el punto de vista desde el cual resulta el mismo perdonable, y cuando llega a hablarse de la joroba, defecto inexcusable, lo trata como si fuese el único y constituyese aquella falta que hay que disculpar en toda persona. Muéstrase de nuevo aquí aquella apariencia de lógica que caracteriza al sofisma y tiene por objeto encubrir el error intelectual. La muchacha presenta múltiples defectos, varios que pudieran disculparse y uno imperdonable. La boda es, por lo tanto, imposible. El agente obra como si cada uno de los inconvenientes quedase salvado por su razonamiento, mientras que, en realidad, lo que sucede es que cada uno de ellos deja un resto de descrédito que se suma al siguiente. Se empeña en ver aisladamente cada factor y se niega a reunirlos en una suma.

Análoga omisión constituye el nódulo de otro sofisma, muy celebrado, pero al que no creemos justificado calificar de chiste.

B. ha prestado a A. un caldero de cobre. Al serle devuelto advierte que presenta un gran agujero en el fondo y reclama una indemnización. A. se defiende, diciendo: "Primeramente, B. no me ha prestado ningún caldero; en segundo lugar, el caldero estaba ya agujereado, y, por último, yo he devuelto a B. el caldero completamente intacto". Cada uno de estos argumentos es válido por sí sólo, pero excluye a los otros dos. A. trata aisladamente algo que tiene que ser considerado en conjunto, actuando así del mismo modo que el agente matrimonial con los defectos de la novia. Podríamos decir, asimismo, que A. constituye una suma allí donde únicamente es posible una alternativa.

En la siguiente historieta encontramos de nuevo un sofisma:

Nuestro conocido intermediario judío defiende a su elegida contra los reproches que, fundándose en la marcada cojera que la misma padece, le hace el presunto novio: "No tiene usted razón —le dice—. Supongamos que se casa usted con una mujer que tenga todos sus miembros bien sanos y derechos. ¿Qué sale usted ganando con ello? Cualquier día se cae, se rompe una pierna y queda coja para toda su vida. Entonces tiene usted que soportar el disgusto, la enfermedad, la cojera y, para acabarlo de arreglar, ¡la cuenta del médico! En cambio, casándose con la muchacha que le propongo se librará de todo eso, pues se encuentra usted ya ante un *hecho consumado*".

La apariencia de lógica es, ciertamente, en este caso harto fugitiva. Nadie prefiere una desgracia ya "consumada" a otra tan sólo posible. El error contenido en el proceso intelectual será más fácilmente demostrable en este otro ejemplo:

El gran rabino de Cracovia se halla orando con sus discípulos en la sinagoga. De pronto exhala un doloroso grito. Los fieles le rodean asustados. "En este momento —les dice— acaba de fallecer el gran rabino de Lemberg". La triste noticia cunde inmediatamente por la ciudad y todos los judíos visten luto. Mas al día siguiente se averigua que el gran rabino de Lemberg sigue bueno y sano, no habiéndole sucedido el menor accidente en el momento en que su colega de Cracovia sentía telepáticamente su muerte. Un forastero aprovecha la ocasión para burlarse de los judíos y dice a uno de ellos: "¡Vaya una plancha la de vuestro gran rabino! Ver morir a su colega de Lemberg, anunciar su visión a todo el mundo y resultar luego que todo era falso". "De todos modos —responde el judío—, no me negará usted que esto *de ver desde aquí lo que sucede en Lemberg es una cosa maravillosa*".

Muéstrase aquí abiertamente el error intelectual común a los dos ejemplos últimos. El valor de la representación imaginativa es considerado superior al de la realidad, la posibilidad se iguala casi a la verdad. La visión a distancia, desde Cracovia a Lemberg, habría sido realmente un maravilloso fenómeno telepático si sus resultados hubieran sido ciertos; pero esto último es lo de menos para el ferviente discípulo del gran rabino. Cabe siempre la posibilidad de que el rabino de Lemberg hubiese muerto en el momento en que el de Cracovia lo anunció. Pensando de este modo, desplaza el discípulo el acento psíquico, desde la condición necesaria para que la visión de su maestro fuese digna de admiración a la incondicional admiración de la misma. *In magnis rebus voluisse sat est* sería la perfecta definición de tal punto de vista. Así como en este ejemplo se desprecia la realidad en favor de la posibilidad, así supone, en el que le precede, el agente matrimonial que el novio ha de dar la máxima importancia a la posibilidad de que su mujer encoge a causa de un accidente, quedando de este modo relegada a último término la cuestión de que la novia sea ya coja.

A este grupo de errores intelectuales *sofísticos* se agrega otro, muy interesante, en el que el error intelectual puede calificarse de *automático*. Quizá por un capricho del azar todos los ejemplos que de esta clase exponemos a continuación pertenecen de nuevo al grupo de historietas matrimoniales judías:

Un agente matrimonial se ha hecho acompañar, para convencer al presunto novio, de un auxiliar que robustezca y confirme sus afirmaciones. "La muchacha —empieza el primero— es alta como un pino". "Como un pino", repite el complaciente eco. "Y tiene unos ojos divinos". "¡Pero qué ojos!", comenta el auxiliar. "Además, posee una educación excelente". "¡Excelentísima!", pondera el eco. "Ahora, le confesaré —prosigue el intermediario— que tiene un pequeño defecto. Es algo cargada de espaldas". "¿Algo cargada de espaldas? —prorrumpe el eco, entusiasmado—; *lo que tiene es una joroba estupenda*".

Los demás ejemplos son totalmente análogos, aunque más significativos:

»El intermediario presenta a su cliente la muchacha que le ha escogido para novia. Desagradablemente impresionado, llama el joven aparte a su acompañante y le llena de reproches: "¿Para qué me ha traído usted aquí? Es fea, vieja, bizca, desdentada y..." "Puede usted hablar alto —interrumpe el agente—, *también es sorda*".

»El novio hace su primera visita a casa de la elegida, y mientras espera en la sala, le llama el intermediario la atención sobre una vitrina llena de espléndidos objetos de plata. "Ya ve usted cómo es gente de dinero", le dice. "Pero, ¿no pudiera ser —pregunta el desconfiado joven— que todas estas cosas las hubiesen pedido prestadas para hacerme creer que son ricos?" "¡Ca! —deniega el agente— *¡Cualquiera les presta a estos nada!*"

En todos estos tres casos sucede lo mismo. Una persona que ha reaccionado varias veces sucesivas en la misma forma continúa haciéndolo, una vez más, en ocasión en que sus manifestaciones resultan ya inadecuadas y opuestas a su propia intención. Olvida aquí el sujeto adaptarse a las circunstancias y se deja llevar por el automatismo de la costumbre. Así, el auxiliar de la primera historia olvida que ha venido para inclinar al joven que desea casarse en favor de la muchacha propuesta por el agente, y sabiendo que hasta entonces ha cumplido su cometido al ponderar las excelencias cantadas por el intermediario, pondera también la joroba, defecto tímidamente confesado y cuya importancia hubiera debido él aminorar. El protagonista de la segunda historieta queda tan fascinado por la indignada enumeración que su cliente le hace de los defectos y lañas de la propuesta novia, que olvida su papel y, contra su intención y sus intereses, completa la lista, añadiendo un achaque hasta el momento no advertido por el novio. Por último, en la tercera historia, se deja arrastrar el intermediario por su entusiasmo en convencer a su cliente del acomodo de su futura, hasta el punto de que para demostrar la verdad de una sola de sus afirmaciones aduce un argumento que necesariamente echa por tierra todos sus demás esfuerzos. En todos estos casos triunfa el automatismo sobre la adecuada variación del pensamiento y de la expresión.

Esta circunstancia, fácilmente visible, nos produce cierta confusión pues nos hace observar que las tres historietas expuestas por nosotros como "chistosas" pueden ser, con igual derecho, calificadas de cómicas. La revelación del automatismo psíquico pertenece a la técnica de lo cómico, como todo lo que consiste en arrancar un antifaz o provocar una autodelación. Nos encontramos, por lo tanto, repentinamente ante el problema de la relación del chiste con la comicidad, que pensábamos eludir. Estas historietas, ¿serán sólo "cómicas" y no "chistosas" al mismo tiempo? ¿Labora en ellas la comicidad con los mismos medios que el chiste? Y nuevamente, ¿en qué consiste el carácter especial de lo chistoso?

Dejaremos, desde luego, fijado que la técnica del último grupo de chistes investigado no reside sino en la revelación de "errores intelectuales", pero nos vemos obligados a confesar que su análisis no nos ha proporcionado luz alguna. No desesperamos, sin embargo, de llegar, por medio de un más completo conocimiento de las técnicas del chiste, a un resultado que puede servirnos de punto de partida para ulteriores descubrimientos.

Los primeros ejemplos de chiste con los que vamos a proseguir nuestra investigación no han de hacer muy difícil nuestra labor, pues su técnica nos recuerda algo ya conocido.

Un chiste de Lichtenberg:

Enero es el mes en que hacemos votos por la dicha de nuestros amigos, y los meses restantes son aquellos en los que vemos cómo dichos votos no se cumplen.

Dado que estos chistes se caracterizan más por su sutileza que por su gran efecto, y dado que laboran con medios pocos enérgicos, preferimos robustecer su impresión exponiendo varios sucesivamente.

La vida humana se divide en dos épocas. Durante la primera se desea que llegue la segunda y durante la segunda se desea que vuelva la primera.

La experiencia consiste en experimentar aquello que no desearíamos haber experimentado.

Es inevitable ante estos ejemplos el recuerdo de aquel otro grupo, antes examinado, que se caracterizaba por el "múltiple empleo del mismo material". Especialmente el último ejemplo nos induce a preguntarnos por qué no lo incluimos en aquel grupo en lugar de presentarlo aquí formando parte de otro nuevo. La experiencia es definida en él por su propio nombre, como antes los celos (*Eifersucht*). Tampoco nosotros habríamos de poner grandes inconvenientes a dicha inclusión. Mas en los otros dos ejemplos, de un análogo carácter, opino, sin embargo, que existe un factor más significativo e importante que el múltiple empleo de las mismas palabras, mecanismo que se separa aquí de todo lo que pudiera suponer doble sentido. Quisiera, además, hacer resaltar que en estos casos descubrimos nuevas e inesperadas unidades, relaciones recíprocas de representaciones y definiciones mutuas o por referencia a un tercer elemento común. Este proceso, que denominaremos *unificación*, es análogo a la condensación por compresión de dos elementos en la misma palabra. De este modo se describen las dos mitades de la vida humana por medio de una recíproca relación entre ellas descubierta: en la primera se desea que la segunda llegue, y en la segunda que la primera vuelva. Dicho con mayor precisión: se trata de dos muy análogas relaciones que son escogidas para la exposición. A la analogía de las relaciones corresponde después la analogía de las palabras, que podía recordarnos el múltiple empleo del mismo material. En el chiste de Lichtenberg quedan caracterizados enero y los meses a él opuestos por una relación modificada a un tercer elemento, constituido por las bienandanzas que se nos desean en el primer mes y luego en los restantes no se cumplen. La diferencia entre este grupo y el caracterizado por el múltiple empleo del mismo material, próximo ya al del doble sentido, es aquí muy visible.

El siguiente chiste, no necesitado de explicación alguna, es un bello ejemplo de unificación.

J. J. Rousseau, poeta francés cuya especialidad fueron las odas, escribió una titulada *Oda a la posteridad*. Voltaire, opinando que el mérito de esta composición no era suficiente para pasar a las futuras generaciones, dijo chistosamente: *Esa poesía no llegará seguramente a su destino.*

Este último ejemplo nos advierte que la unificación es el fundamento esencial de aquellos chistes que demuestran lo que denominamos un *ingenio rápido*. Tal rapidez consiste en la inmediata sucesión de agresión y defensa, en "volver el arma contra el atacante" o "pagarle en la misma moneda"; esto es, en la constitución de una inesperada unidad entre ataque y contraataque.

Por ejemplo: El panadero dice al tabernero, el cual tiene un dedo malo: *¿Qué te pasa? ¿Es que has mojado el dedo en tu vino? No* —contesta el tabernero—; *es que se me ha metido uno de tus panecillos debajo de una uña.*

»Serenísimo recorre sus estados. Entre la gente que acude a vitorearle, ve a un individuo que se le parece extraordinariamente. Le hace acercarse y le pregunta: *¿Recuerda usted si su madre sirvió en Palacio alguna vez? "No, Alteza* —responde el interrogado—; *pero sí mi padre".*

»Carlos, duque de Wutemberg, pasa a caballo ante la puerta de un tintorero: *¿Podría usted teñir de azul a mi caballo blanco? Desde luego, Alteza, si soporta el agua hirviendo.*

En este último y excelente ejemplo de contestación a una proposición desatinada con una condición más imposible, si cabe, actúa otro factor técnico, que no aparecería si la respuesta del tintorero hubiera sido la siguiente: *No, Alteza; temo que el caballo no soporte el agua hirviendo.*

La unificación dispone aún de otro especialísimo y muy interesante medio técnico: la agregación por medio de la conjunción 'y'. Esta agregación tiene necesariamente que significar conexión; otra cosa sería incomprensible para nosotros. Cuando Heine, en el *Viaje por el Harz*, y hablando de la ciudad de Goettingen, dice que, *en general, se dividen los habitantes de Goettingen en estudiantes, profesores, filisteos y ganado*, comprendemos desde luego tal unión en el sentido que luego Heine subraya añadiendo: "...cuatro estados perfectamente delimitados". O cuando habla del colegio en que *tanto latín, tantas palizas* y *tanta geografía* tuvo que aguantar, la agregación, subrayada por la colocación de las palizas entre latín y la geografía, nos indica el interés que en el escolar despertaban dichas dos asignaturas.

En Lipps hallamos, entre los ejemplos de "agregación chistosa" ("coordinación") y como el de mayor parentesco con el chiste de Heine "estudiantes, profesores, filisteos y ganado", el siguiente dicho:

"Con un bieldo y con esfuerzo le sacó su madre la masa", como si el esfuerzo fuera, al igual del bieldo, un instrumento manejable. Sin embargo, sentimos la impresión de que este dicho no es chistoso, aunque sí muy cómico, mientras que la agregación de Heine constituye, indudablemente, un chiste. Más tarde, cuando no necesitemos eludir el problema de la relación entre el chiste y la comicidad, volveremos quizá sobre estos ejemplos.

En el ejemplo del duque y el tintorero hemos observado que continuaría siendo un chiste por unificación, aunque el tintorero contestase: "No, Alteza; temo que el caballo no resista el agua hirviendo". Pero la respuesta fue: "Desde luego, Alteza, si soporta el agua hirviendo". En la sustitución del realmente adecuado 'no' por un 'sí' reside un nuevo medio técnico del chiste, cuyo empleo perseguiremos en otros ejemplos.

Más sencillo es un chiste, análogo al anterior, que encontramos expuesto en la obra de K. Fischer: Federico el Grande oyó hablar de un predicador de Silesia que tenía fama de hallarse en tratos con los espíritus. Deseoso de averiguar lo que de verdad había en tales rumores, hizo acudir a su presencia al predicador y le recibió con la pregunta siguiente: *¿Puede usted conjurar a los espíritus? Sí, Majestad; pero nunca* *acuden*. Claramente se ve que el medio técnico de este chiste no consiste sino en la sustitución del 'no', única contestación posible, por su contrario. Para llevar a cabo esta sustitución tuvo que agregarse al 'sí' un 'pero', de tal manera que ambas palabras, unidas en la frase, equivalen a un 'no'.

Esta *representación antinómica*, nombre que queremos dar a la nueva técnica, se pone al servicio de la elaboración del chiste en muy diversas circunstancias. En los dos ejemplos que a continuación exponemos aparece casi en su completa pureza.

Heine: *Aquella mujer se parecía en muchas cosas a la Venus de Milo. Como ella, era extraordinariamente vieja, no tenía dientes y presentaba algunas manchas blancas en la amarillenta superficie de su cuerpo.*

Es esta una representación de la fealdad por coincidencia con la máxima belleza; coincidencia que naturalmente sólo puede consistir en cualidades expresadas con doble sentido o accesorias. Esto último sucede en el ejemplo siguiente.

»Lichtenberg. "El genio":

Había reunido en sí las cualidades de los más grandes hombres: llevaba la cabeza ladeada como Alejandro, se hurgaba continuamente el cabello como César, podía beber mucho café como Leibniz, y cuando se arrellanaba en su sillón, se olvidaba de comer y beber, como Newton, y como a este había que sacarle de su sueño; peinaba, por último, su peluca como el doctor Johnson y llevaba siempre desabrochado un botón de la pretina, como Cervantes.

De un viaje por Irlanda trajo J. v. Falke un excelente ejemplo de representación antinómica, en el cual se renuncia por completo al empleo de palabras de doble sentido. La escena sucede en una muestra de figuras de cera. El dueño acompaña a un grupo de visitantes, explicándoles lo que aquellas figuras representan. "Esta figura representa al duque de Wellington en su caballo". Burlonamente interroga una joven: "¿Cuál es el duque y cuál su caballo?" "Como usted quiera, señorita

—replica el guía—; ha pagado usted su entrada y tiene derecho a escoger". (*Lebenserinnerungen*, pág. 271).

La reducción de este chiste irlandés sería como sigue: "¡Es inaudita la desvergüenza de estos saltimbanquis! ¡Atreverse a presentar al público tales mamarrachos anunciando pomposamente un museo de figuras de cera! No se sabe siquiera cuál es el caballo y cuál el jinete. (Exageración burlona). ¡Y para ver esto le sacan a uno el dinero!" Estas indignadas reflexiones cristalizan, dramatizándose, en la pequeña historieta. En representación del público general toma la palabra una señorita, y la figura de cera queda individualmente determinada. Tiene que ser el duque de Wellington, tan extraordinariamente popular en Irlanda. La desvergüenza del dueño de la barraca, que saca el dinero al público por enseñarle cuatro mamarrachos, es representada antinómicamente por una frase en la que el mismo se nos muestra como un concienzudo hombre de negocios, cuya única preocupación es respetar los derechos que el público ha adquirido al pagar su entrada. Observamos también que la técnica de este chiste no es nada sencilla. El hecho de haber hallado un medio de que el desaprensivo negociante pondere su estrecha conciencia comercial, incluye este chiste entre los de representación antinómica; pero la circunstancia de hacerle pronunciar dicha frase en una ocasión en la que se le pide cosa muy distinta de la ratificación de su formalidad comercial, dado que la crítica va dirigida contra el parecido de las figuras, constituye un caso de desplazamiento. La técnica del chiste será, por lo tanto, una combinación de ambos medios.

No muy lejano a este ejemplo se halla un pequeño grupo de chistes que pudiéramos denominar *chistes de superación*. En ellos se sustituye el 'sí', que aparecería en la reducción, por un 'no'; pero este 'no' equivale por su contenido a una enérgica confirmación. El mismo mecanismo puede también tener lugar a la inversa. La contradicción aparece sustituyendo a una confirmación superada. Así, en el epigrama de Lessing:

Dicen que la buena Galatea tiñe de negro sus cabellos, más lo cierto es que estos eran ya negros cuando los compró.

O la maligna defensa aparente que Lichtenberg hace de la filosofía universitaria:

"Hay más cosas en el cielo y sobre la tierra que las que supone vuestra filosofía" —dijo despectivamente Hamlet—. Lichtenberg sabe que este juicio condenatorio no es aún suficientemente severo, pues no emplea todo lo que contra tal filosofía se puede objetar, y añade todavía: "Pero también hay en la filosofía muchas cosas que no existen en el cielo ni en la tierra". En esta frase se acentúa algo que parece compensar la falta observada por Hamlet, pero tal compensación entraña un nuevo y mayor reproche.

Más transparentes aún, por hallarse libres de toda huella de desplazamiento, son los dos siguientes chistes, un tanto groseros, ciertamente:

»Dos judíos hablan de hidroterapia. "Yo —dice uno de ellos—, *lo necesite o no, tomo un baño todos los años*".

Claramente vemos que, por la exagerada vanagloria de su limpieza, queda convicto el buen judío de todo lo contrario.

»Un judío observa en la barba de otro restos de comida: *¿A que adivino lo que has comido ayer? Dilo. Lentejas. Has perdido. Eso fue anteayer...*

El segundo chiste por superación, fácilmente reducible a una representación antinómica, es un excelente ejemplo de este grupo:

El rey se digna visitar una clínica quirúrgica y halla al médico director amputando una pierna a un enfermo. Su majestad sigue con interés la marcha de la operación, y expresa, en diferentes momentos, su admiración por la maestría del cirujano: "¡Bravo, bravo, querido doctor!" Terminada su labor se acerca el médico al monarca, e inclinándose profundamente ante él, le pregunta: *¿Desea Vuestra Majestad que ampute la otra pierna?...*

Mientras el rey expresaba su aprobación tan entusiásticamente, los pensamientos del médico hubieran podido expresarse seguramente en la siguiente forma: "Se diría que estoy amputándole la pierna a este infeliz por encargo expreso del rey y para proporcionarle un interesante espectáculo. Afortunadamente para mi conciencia, son muy distintas las razones que tengo para dejar cojo a este pobre diablo". Pero terminada su labor, va hacia el rey y le dice: "La voluntad de Vuestra Majestad es suficiente para que yo opere a cualquiera, y la aprobación que se ha dignado manifestar me ha honrado tanto, que estoy dispuesto, si así lo desea, a amputar al enfermo la pierna sana que le queda". De este modo consigue el médico hacerse comprender indirectamente, expresando todo lo contrario de lo que piensa y tiene que guardar para sí.

La representación antinómica es, como vemos en estos ejemplos, un medio muy frecuentemente empleado y de poderoso efecto de la técnica del chiste. Pero no debemos perder de vista otra circunstancia importantísima, y es que tal técnica no es privativa únicamente del chiste. Cuando Marco Antonio, después de haber conseguido con su discurso hacer variar totalmente la opinión del pueblo sobre la muerte de César, exclama de nuevo: "Pero Bruto es un hombre *honrado*", sabe ya que el pueblo le gritará el verdadero sentido de sus palabras: "*Son traidores* esos hombres honrados".

Asimismo, cuando en el *Simplicissimus*[23] se publica una colección de inauditos cinismos y brutalidades bajo el epígrafe de "La bondad humana", se trata también de una exposición antinómica. Mas esto se denomina *ironía* y no "chiste". La

---

[23] N. del Traductor. —Semanario satírico alemán.

técnica de la ironía es precisamente la representación anti-nómica. Oímos, además, hablar del *chiste irónico*. No puede dudarse ya de que la técnica sola no basta para caracterizar al chiste. Tiene que agregarse a ella algo más que hasta ahora no hemos hallado. Mas, por otra parte, hemos demostrado, de un modo incontrovertible, que destejiendo la labor de la técnica queda destruido el chiste. De todos modos, nos es muy difícil imaginar unidos los dos puntos fijos que hemos conquistado para el esclarecimiento del chiste.

El hecho de que la representación antinómica pertenezca a los medios técnicos del chiste despierta en nosotros la espe-ranza de que este pueda hacer uso asimismo de un medio inverso; esto es, de la representación por lo *análogo* o próximo. Continuando nuestra investigación hallamos, en efecto, que esta última técnica corresponde a un nuevo grupo de chistes intelectuales, especialmente amplio. Describiremos la peculia-ridad de esta técnica con mucha mayor precisión, denominán-dola, en lugar de *representación por lo análogo, representación por lo homogéneo o conexo*. Iniciemos, desde luego, nuestro examen de esta técnica por el último de los caracteres citados y aclaremos la cuestión con un ejemplo.

Es una anécdota americana: Dos hombres de negocios nada escrupulosos han logrado, merced a osadas especulaciones, reunir una considerable fortuna y se esfuerzan ahora en conseguir su admisión en la buena sociedad. Uno de los medios que para ello ponen en práctica es encargar sus retratos al pintor más distinguido y caro de la ciudad, artista cuyas obras son siempre esperadas con gran interés por todo el pequeño mundo aristo-crático. Terminados los retratos, los colocan en un salón lado a lado, e invitan a sus conocidos a una gran velada. Entre los invitados figura el crítico de arte más leído e influyente de la ciudad, el cual es acaparado desde su entrada en la casa por los dos retratados y conducido en el acto al salón en que sus efigies se hallan expuestas. Los avispados negociantes esperan de él un juicio admirativo que poder luego hacer cundir por toda la ciudad. Pero, en lugar de esto, el crítico permanece un buen rato silencioso ante los cuadros, busca con la vista algo que parece echar de menos, y luego, indicando el espacio vacío que entre los retratos queda, pregunta: *And where is the Saviour?* (Y el Redentor, ¿dónde está?) o (Echo de menos la imagen del Redentor).

El sentido de esta frase se nos muestra en el acto. Trátase una vez más de la exteriorización de algo que no puede ser expresado directamente. Mas, ¿cómo se forma tal *representación indirecta*? A través de una serie de asociaciones y conclusiones de fácil constitución podemos recorrer en sentido inverso el camino de su formación, partiendo del chiste mismo.

La pregunta "Y el Redentor (o la imagen del Redentor), ¿dónde está?" nos deja adivinar que el crítico recuerda, ante los dos retratos, la composición pictórica, generalmente conocida, en la que aparece la figura de Cristo crucificado entre los dos ladrones. La analogía es facilitada por las dos imágenes presentes, que en el chiste son transportadas a derecha e izquierda del Salvador, y no puede consistir más que en el hecho de que las dos figuras que adornan el muro del salón sean también las de dos ladrones. Lo que el crítico quería y no podía decir era: "Sois un par de bribones. ¿Qué me importan a mí vuestros retratos?" Este pensamiento es el que por fin ha exteriorizado, después de hacerlo pasar por algunas asociaciones y conclusiones, y en una forma que calificamos de *alusión*.

Recordamos ahora que ya anteriormente tropezamos con esta forma alusiva al ocuparnos del doble sentido. Cuando de las dos significaciones que encuentran su expresión en la misma palabra se halla la primera como la más usual y corriente, tan en primer término que tiene que acudir antes que ninguna a nuestra imaginación, mientras que la segunda, como más lejana, queda retrasada, calificamos el caso de doble sentido con alusión. En toda la serie de los ejemplos examinados hasta ahora observamos una técnica harto complicada y descubrimos la alusión como el factor ocasional de tal complicación. (Véanse los chistes: "Ha ganado mucho y dado poco", etc., y "De qué maravillas es capaz la mano del hombre").

En la anécdota americana encontramos la alusión libre de todo doble sentido, y su carácter esencial se nos muestra como una sustitución por algo que se halla ligado a nuestros pensamientos sobre la materia. Fácilmente se adivina que tal conexión utilizable puede ser de muy diversos géneros. Para no perdernos en dicha variedad no examinaremos sino las variaciones más importantes, y estas en escasos ejemplos.

La conexión utilizada para la sustitución puede ser una simple similicadencia, de manera que este grupo será análogo a aquel que en los chistes verbales comprende al retruécano. Mas, a diferencia de este, no se trata aquí de la similicadencia de dos palabras, sino de la de dos frases enteras o de series características de palabras, etc.

Ejemplo: Lichtenberg ha hecho popular la frase "Baños nuevos curan bien", que nos recuerda en el acto al refrán: *Escobas nuevas barren bien*, con el que tiene de común varias palabras, además de la estructura general. Seguramente surgió esta frase en el cerebro del divertido pensador como una imitación del conocido proverbio. Es, pues, una alusión al mismo. Por medio de esta alusión se nos indica algo que no es expresado directamente; esto es, que en el efecto de los baños medicinales interviene un factor totalmente distinto de las cualidades constantes del agua termal.

De técnica muy semejante es otro chiste del mismo autor: "Una muchacha que apenas ha cumplido doce *modas*". Esto suena como una determinación de tiempo (*Moden*-modas; *Moden*-lunas, meses), y fue quizá, en un principio, una simple errata. Pero posee desde luego un excelente sentido el emplear la cambiante moda en lugar de la cambiante luna para fijar la edad de una mujer.

La conexión subsiste, por lo tanto, aunque tenga lugar una *pequeña modificación*, circunstancia que nos muestra cómo esta técnica corre paralela a la técnica verbal. Ambos géneros de chistes provocan igual efecto, pero pueden diferenciarse muy bien por los procesos que se verifican en su respectiva elaboración.

Un ejemplo de tal chiste verbal o retruécano: un cantante, Edmundo de nombre, y tan famoso por su gordura como por su voz, tuvo que sufrir que se empleara el título de una obra teatral, inspirada en una conocidísima novela de Julio Verne, como alusión a su poco elegante físico. La frase *El viaje alrededor de Edmundo en ochenta días* se hizo pronto popular.

Otro ejemplo: *Cada toesa una reina*, modificación de las famosas palabras shakespearianas: *Cada pulgada un rey*, y alusión a ellas fue la frase que se aplicó a una noble dama de estatura desmesurada. Ninguna objeción seria podría tampoco hacerse al que quisiera incluir este chiste entre aquellos que son productos de la condensación con modificación como formaciones sustitutivas (ejemplo: *tête-à-bête*).

Las partículas negativas hacen posibles alusiones con pequeñísimas modificaciones: "Spinoza, mi compañero de *irreligión*", dice Heine, y Lichtenberg comienza con la frase: "Nosotros, por la *desgracia* de Dios, jornaleros, siervos, negros, etc.", un manifiesto de estos infelices que ciertamente tienen más derecho a tal título que los reyes y príncipes al no modificado.

Otra forma de la alusión es la *omisión*, comparable a la condensación sin formación de sustitutivo. Realmente se omite algo en toda alusión, pues se omiten las rutas mentales que hasta ella conducen. La diferencia consiste en que lo más patente sea la solución de continuidad o el sustitutivo que en la expresión verbal de la alusión oculta a aquella parcialmente. De este modo llegaríamos, a través de una serie de ejemplos, desde la simple omisión hasta la alusión propiamente dicha.

En el siguiente ejemplo hallamos una alusión sin sustitutivo: En Viena reside un ingenioso y agresivo escritor que repetidas veces ha sido maltratado de obra por aquellos a quienes su pluma satirizaba. Hablándose, en una reunión, de una fechoría cometida por uno de los habituales adversarios del escritor, exclamó un tercero: *Si X. oye esto, recibirá otra bofetada más*. A la técnica de este chiste pertenece en primer lugar el desconcierto ante el aparente contrasentido expresado, pues no comprendemos cómo el haber oído algo puede tener, como inmediata consecuencia, el recibir una bofetada. El contrasentido desaparece en cuanto se llena el vacío dejado por la omisión: "Si X. oye esto, *escribirá un tremendo artículo contra Z*; y entonces, *recibirá otra bofetada más*". Así, pues, los medios técnicos de este chiste son la alusión con omisión y el contrasentido.

Otro chiste judío: Dos judíos se encuentran delante de una casa de baños. "¡Ay! —suspira uno de ellos—. *¡Qué pronto ha pasado el año!*"

Estos ejemplos demuestran, sin lugar a duda alguna, que la omisión pertenece a los medios de la alusión.

En otro ejemplo, que exponemos a continuación y que es, desde luego, un auténtico y legítimo chiste alusivo, hallamos, sin embargo, una extraña solución de continuidad. Trátase de la siguiente singularísima sentencia: *La mujer propia es como un paraguas. Siempre se acaba por tomar un 'simón'.*

Un paraguas no protege contra la lluvia. El "siempre se acaba" no puede significar más que "cuando la lluvia aprieta", y un "simón" es el nombre corriente de los coches de alquiler. Mas como nos hallamos aquí ante una comparación, vamos a dejar el análisis de este chiste para cuando más adelante tratemos de ellas.

La obra *Los baños de Lucca*, de Heine, es un avispero de punzantes alusiones. Su autor es maestro en el arte de utilizar esta forma del chiste para fines polémicos (contra el conde de Platen). Mucho antes que el lector pueda sospechar la finalidad polémica, comienza Heine a preludiar, por medio de alusiones sacadas del más variado material, cierto tema muy poco apropiado para la exposición directa. Más adelante, los sucesos relatados por el autor toman un giro que al principio no parece obedecer más que a un grosero capricho de Heine, pero que pronto descubren su relación simbólica con la intención polémica y se revelan, por lo tanto, como alusiones. Por último, se desencadena el ataque contra Platen, y de cada frase que Heine dirige contra el talento y el carácter de su adversario surgen inagotables alusiones al conocido tema de la homosexualidad del mismo.

"Aunque las musas no le son propicias, tiene en su poder al genio del idioma, o, mejor dicho, sabe hacerle fuerza, pues no goza del espontáneo amor de este genio, sino que tiene que correr tras él como tras otros efebos y no sabe sino apoderarse de sus formas exteriores, que, a pesar de su bella redondez, carecen de nobleza en su expresión".

"Le sucede entonces como al avestruz, que se cree oculto enterrando su cabeza en la arena y dejando sólo visible la rabadilla. Nuestro noble pájaro hubiera obrado mejor enterrando su rabadilla en la arena y enseñándonos tan sólo su cabeza".

La alusión es quizá el más corriente y manejable de todos los medios del chiste y constituye el fundamento de la mayoría de los chistes de corta vida que acostumbramos a introducir en nuestra conversación, los cuales no pueden subsistir por sí mismos ni soportan ser desarraigados del terreno en que nacen. Pero precisamente en ellos observamos de nuevo aquella relación que comenzó a confundirnos en nuestra valoración del chiste. Tampoco la alusión es chistosa en sí; existen alusiones de correcta elaboración que no pueden pretender tal carácter. Sólo la alusión "chistosa" lo posee. Vemos, pues, que la característica del chiste, que hemos perseguido hasta las profundidades de la técnica, ha escapado a nuestros reiterados esfuerzos.

Calificamos ocasionalmente la alusión de *representación indirecta*, y observamos ahora que podemos muy bien reunir en un solo grupo los diversos géneros de alusión, la representación antinómica y varias otras técnicas de que más adelante trataremos. La calificación más comprensiva para este considerable grupo sería la de *representación indirecta*. Errores intelectuales, unificación y representación indirecta serán, por lo tanto, los puntos de vista desde los cuales se dejan ordenar aquellas técnicas del chiste intelectual que hasta ahora hemos llegado a conocer.

Continuando la investigación de nuestro material, creemos describir una nueva subdivisión de la representación indirecta, fácilmente caracterizable, pero de la que sólo poseemos escasos ejemplos. Es este el de la representación *por una minucia*, técnica que resuelve el problema de lograr por medio de un insignificante detalle la total expresión de un carácter. La agregación de este grupo a la alusión queda facilitada por la circunstancia de que tal minucia se halla en conexión con lo que de representar se trata, derivándose de ello como una consecuencia.

Ejemplo: Un judío de la Galitzia austriaca hace un viaje en ferrocarril. Hallándose solo en el vagón, se retrepa cómodamente en el respaldo, pone los pies en el asiento frontero y se desabrocha la túnica. En una parada sube al departamento un caballero vestido a la moderna, y el judío toma instantáneamente una posición más correcta. El recién llegado hojea un librito, calcula, reflexiona y se dirige, por último, al judío con la pregunta: "Perdone usted. ¿Cuándo es *Yomkipur*? (día de reconciliación)". *Aesoi*, responde el judío, y vuelve en el acto a recobrar su primitiva y cómoda postura.

No puede negarse que esta representación por una minucia se halla ligada a aquella tendencia al ahorro que tras la investigación de la técnica del chiste verbal fijamos como el elemento común a todas las técnicas.

Otro ejemplo análogo. El médico llamado para asistir a la señora baronesa, próxima a dar a luz, propone al barón que, mientras llega el momento de intervenir, entretengan el tiempo jugando un *ecarté* en una habitación contigua. Al cabo de algún tiempo, oyen quejarse a la paciente: *Ah, mon Dieu, que je souffre!* El marido se levanta; pero el médico le tranquiliza, diciendo: "No es nada, sigamos jugando". Pasa un rato y vuelve a oírse: *¡Dios mío, qué dolores!* "¿No quiere usted pasar ya a la alcoba, doctor?", interroga el barón. "No, no; todavía es pronto". Por último, se oyen unos gritos ininteligibles: *¡Ay, aaay!* El médico tira las cartas y exclama: "Ahora es el momento".

Este chiste nos muestra excelentemente, con la modificación gradual de los quejidos de la distinguida parturienta, cómo el dolor deja abrirse paso a la naturaleza primitiva a través de las diferentes capas de la educación y cómo una importante decisión puede hacerse depender con plena justificación de una manifestación aparentemente nimia.

De otro distinto género de representación indirecta de que el chiste se sirve —la metáfora— no hemos querido tratar hasta ahora por tropezar su investigación con nuevas dificultades, además de aquellas otras que ya en anteriores ocasiones nos han salido al paso. Ya convinimos antes en que, en muchos de los ejemplos sometidos al análisis, ni lográbamos desterrar cierta vacilación al considerarlos como chistes, y hemos reconocido en esta inseguridad una alarmante debilidad de los fundamentos de nuestra investigación. Con ningún otro material se hace más marcada y frecuente esta nuestra inseguridad como al analizar los chistes por comparación. La sensación que me hace decir —y no sólo a mí, sino, en iguales circunstancias, a un gran número de personas— esto es un chiste y hay que considerarlo como tal aun antes de haber descubierto el carácter esencial del chiste; esta sensación me abandona con mayor frecuencia que en ningún otro caso en los chistes por comparación. Cuando sin reflexionar he calificado de chiste una metáfora, creo observar instantes después que el placer que me ha proporcionado es de diferente cualidad que aquel que suelo deber a los chistes, y la circunstancia de que las metáforas chistosas sólo rara vez provocan la explosión de risa que confirma a un buen chiste, me hace imposible salir de mis dudas obligándome a limitarme a los mejores y más eficaces ejemplos de este género.

La existencia de excelentes y eficaces ejemplos de metáforas que no nos hacen en absoluto la impresión de chistes es fácilmente demostrable. La bella comparación de la ternura que corre a través del *Diario de Otilia* con el rojo hilo de los cordajes de la marina inglesa es una de ellas; otra, que aún no me he cansado de admirar y que siempre me produce una impresión igualmente viva, es aquella con la que Fernando Lassalle cierra una de sus famosas defensas (*La ciencia y los trabajadores*): "Un hombre, que como ya antes os he expuesto, ha consagrado su vida al lema "La Ciencia y los trabajadores", no sentirá, ante una condena más impresión que aquella que la explosión de una retorta pudiera causar a un químico absorto en sus experimentos científicos. Con un ligero fruncimiento de cejas ante la resistencia de la materia continuará el investigador serenamente —una vez terminada la interrupción— sus análisis y experimentos".

Las obras de Lichtenberg nos ofrecen un rico y selecto acervo de chistosas metáforas. De ellas tomaré el material necesario a nuestra investigación.

Es casi imposible atravesar una muchedumbre llevando en la mano la antorcha de la verdad sin chamuscar a alguien las barbas.

Realmente presenta esta frase apariencias de chiste, pero considerándola detenidamente se echa de ver que el efecto chistoso no parte de la comparación misma, sino de una cualidad accesoria. La "antorcha de la verdad" no es ciertamente una metáfora nueva, sino, por el contrario, muy usada, y convertida ha largo tiempo en frase hecha, como sucede con toda comparación que por su acierto es recogida por el uso verbal. Mientras que en la expresión "la antorcha de la verdad" apenas si observamos ya la comparación, Lichtenberg vuelve a darle toda su energía primitiva edificando de nuevo sobre la metáfora y sacando de ella una consecuencia. Una tal vigorización de expresiones que han perdido su fuerza significativa nos es ya conocida como técnica del chiste y la incluimos en el múltiple empleo del mismo material. Pudiera muy bien suceder que la impresión chistosa producida por la frase de Lichtenberg procediese exclusivamente de esta conexión con la técnica del chiste.

Por un motivo distinto, pero igualmente explicable, parece chistosa la comparación siguiente:

"*Las recensiones* me parecen una especie de *enfermedad infantil* que ataca con mayor o menor virulencia a los libros recién nacidos, acarreando a veces la muerte a los más saludables, mientras que los débiles suelen salir indemnes. Algunos, muy pocos, se libran de ella. Se ha intentado con frecuencia protegerlos por medio de *amuletos, tales como prólogos, dedicatorias* y hasta *autocríticas*, pero todo ha sido en vano".

La comparación de las recensiones con las enfermedades infantiles se limita al principio a la circunstancia de atacar al libro o al sujeto, respectivamente, poco después de haber visto la luz. Hasta este punto no nos decidimos a atribuirle un carácter chistoso. Pero la comparación continúa: Resulta que el subsiguiente destino de los nuevos libros puede ser representado, dentro de la misma comparación, por medio de otras nuevas en ella fundadas. Esta prolongación de una comparación es indudablemente chistosa, pero ya sabemos merced a que técnica nos aparece como tal; se trata de un caso de unificación, o sea, de constitución de una conexión inesperada. El carácter de la unificación no varía, en cambio, por consistir esta aquí en la agregación a una primera metáfora.

En varias otras comparaciones nos vemos inclinados a desplazar la innegable impresión chistosa sobre un factor totalmente extraño a la naturaleza de las mismas. Tales comparaciones contienen una singular yuxtaposición y a veces un enlace de absurda apariencia, o se sustituyen, por medio de uno de estos elementos, al resultado de la labor comparativa. La mayoría de los ejemplos de Lichtenberg pertenecen a este grupo.

Todo hombre tiene también su trasero moral, que no enseña sin necesidad, y que cubre, mientras puede, con los calzones de la buena educación.

El "trasero moral" es la singular asociación que aparece como resultado de la labor comparativa. Mas a ella se agrega una continuación de la metáfora con un juego de palabras ("necesidad") y una segunda unión todavía más extraordinaria ("los calzones de la buena educación"), que quizá es chistosa por sí misma. No puede entonces maravillarnos recibir de la totalidad la impresión de una muy chistosa comparación, y comenzamos a darnos cuenta de que tendemos generalmente a extender en nuestra valoración a una totalidad el carácter que sólo corresponde a una parte de la misma. Los "calzones de la buena educación" nos recuerdan un verso de Heine, análogamente desconcertante: "Hasta que, por fin, me estallaron todos los botones —del pantalón de la paciencia".

Es innegable que estos dos últimos ejemplos entrañan un carácter que no encontramos en todas las buenas y acertadas comparaciones. Son metáforas "degradantes", pues presentan un objeto de elevada categoría, una abstracción (la buena educación, la paciencia), unido a otro de naturaleza muy concreta y hasta de un bajo género (los calzones). Más adelante examinaremos la cuestión de si esta singularidad tiene o no algo que ver con el chiste. Intentemos, por ahora, analizar otro ejemplo en el que aparece con especial claridad este carácter "degradante". El hortera Weinberl, personaje de una comedia burlesca de Nestroy, describe cómo recordará, cuando llegue a ser un acaudalado comerciante, los tiempos juveniles, y dice: "Cuando así, en una íntima conversación *se barre la nieve que obstruye la entrada del almacén de los recuerdos, se abren de nuevo los cierres del pretérito y se colma el mostrador de la fantasía con las mercancías de tiempos pasados...*" Son estas, ciertamente, comparaciones de abstracciones con objetos concretos muy vulgares; pero el chiste se halla —exclusiva o parcialmente— en la circunstancia de ser un hortera el que se sirve de tales comparaciones tomadas de los dominios de su cotidiana actividad. El hecho de poner en relación lo abstracto con lo vulgar, que le rodea de continuo, es un acto de *unificación*.

Volvamos a las metáforas de Lichtenberg:

Los motivos que para obrar tenemos los hombres podían ordenarse del mismo modo que los 32 vientos y recibir una denominación análogamente compuesta; por ejemplo: pan-pan-fama o fama-fama-pan.

Como muy frecuentemente en los chistes de Lichtenberg, es aquí la impresión de acierto, ingenio y sutileza tan predominante, que nuestro juicio sobre el carácter de lo chistoso es inducido en error. Cuando en tal aforismo se mezcla algo de chiste al excelente sentido total, somos siempre inducidos a considerar la totalidad como un excelente chiste. Mas, a mi juicio, todo lo que en este ejemplo es chistoso surge de la extrañeza que nos produce la singular combinación "pan-pan-fama". Lo que en él hay de chiste es, por lo tanto, una representación por contrasentido. La reunión singular o la asociación absurda pueden ser expuestas también aisladamente como resultado de una comparación.

Si hasta ahora hemos hallado que siempre que una comparación nos parecía chistosa debía el producir esta impresión a una intromisión de alguna de las técnicas del chiste que ya conocemos, otros ejemplos parecen confirmar que una comparación puede también ser chistosa por sí misma.

Lichtenberg caracteriza determinadas odas con las siguientes palabras:

"Son en la poesía lo que en la prosa las inmortales obras de Jakob Böhme: *una especie de picnic en el que el autor pone las palabras y el lector el sentido.*

Cuando filosofa, vierte generalmente sobre los objetos una agradable luz de luna que nos complace, pero que resulta insuficiente para hacernos distinguir con precisión uno solo de ellos.

Heine: *Su rostro semejaba un palimpsesto, en el que, bajo la más reciente escritura de la copia monacal de un texto debido a un padre de la Iglesia, aparecieran los medio borrados versos de un erótico poeta griego.*

O la continuada comparación, de tendencia marcadamente degradante, incluida en *Los baños de Lucca.*

"El *sacerdote católico* obra como un dependiente de una *gran casa comercial*: la Iglesia, cuyo principal es el Papa, y que le señala una actividad determinada y un salario fijo. De este modo, trabaja indolentemente, como quien no lo hace por cuenta propia, tiene muchos colegas y permanece fácilmente inobservado en medio del gran tráfico comercial. Sólo le interesa el crédito de la casa y su conservación, para evitar que la bancarrota le prive de sus medios de subsistir. El cura *protestante*, en cambio, es en todas partes su propio jefe y lleva por su cuenta los negocios religiosos. No comercia al por mayor, como su colega católico, sino solamente *al por menor*, y como tiene que atender personalmente a todo, es activo y vigilante, pondera a la gente sus *artículos de fe* y desprecia los de sus concurrentes. Como buen comerciante al por menor, se halla siempre en su tenducho, lleno de envidia contra todas las grandes casas comerciales y especialmente contra la romana, que tiene a sueldo muchos millares de tenedores de libros y ha establecido factorías en las restantes partes del mundo".

Ante este ejemplo, como ante otros muchos, no podemos negar que una comparación puede ser chistosa por sí misma y sin que haya necesidad de achacar la impresión que produce a una complicación con una de las técnicas del chiste que nos son conocidas. Mas nos escapa entonces por completo qué es lo que determina el carácter chistoso de la comparación, dado que este no reside, desde luego, en la forma de expresión del pensamiento ni en la operación de comparar. No podemos, por lo tanto, hacer otra cosa que incluir la comparación entre los géneros de *exposición indirecta* de los que se sirve la técnica del chiste, y tenemos que abandonar, sin resolverlo, este problema. que al tratar de la comparación se ha alzado ante nosotros mucho más claramente que cuando examinamos los restantes medios del chiste. A razones especiales debe también obedecer el hecho de que la decisión sobre si algo es o no es un chiste nos haya presentado en la comparación una mayor dificultad que en anteriores formas expresivas.

Sin embargo, esta solución de continuidad en nuestra comprensión del chiste no es lo que pudiera hacernos lamentar que esta primera parte de nuestra investigación no haya tenido resultado. Dada la íntima conexión que teníamos que estar preparados a atribuir a las diversas cualidades del chiste, hubiera sido imprudente abrigar la esperanza de poder aclarar una faceta de la cuestión antes de haber dirigido nuestra mirada sobre las demás. Tendremos, pues, que atacar el problema por otro frente.

¿Estamos seguros de que ninguna de las posibles técnicas del chiste ha escapado a nuestra investigación? Desde luego, no; pero continuando el examen del nuevo material, podemos convencernos de que hemos llegado a conocer los más frecuentes y esenciales medios de la elaboración del chiste y, por lo menos, lo suficientes para formarnos un juicio sobre la naturaleza de este proceso psíquico. Y aunque no lo hayamos formado aún, hemos descubierto, en cambio, valiosas indicaciones acerca de la dirección en que debemos buscar más amplio esclarecimiento. Los interesantes procesos de la condensación con formación de sustitutos, que se nos han revelado como el nódulo de la técnica del chiste verbal, nos orientaron hacia la formación de los sueños, en cuyo mecanismo han sido descubiertos los mismos procesos psíquicos. Igual orientación nos marcan también las técnicas del chiste intelectual: desplazamiento, errores intelectuales, contrasentido, representación indirecta y representación antinómica, que, juntas o separadas, retornan en la técnica de la elaboración de los sueños.

Al desplazamiento deben los sueños su extraña apariencia que nos impide ver en ellos la continuación de nuestros pensamientos diurnos. El empleo que en el sueño encuentran el contrasentido y el absurdo ha hecho perder a aquel la dignidad del producto psíquico e inducido a los investigadores a aceptar, como condiciones del mismo, el relajamiento de las actividades anímicas y la suspensión de la crítica, la moral y la lógica. La representación antinómica es en el sueño tan corriente, que hasta los mismos libritos populares, tan erróneos, sobre la interpretación de los sueños suelen contar con ella.

La representación indirecta, la sustitución de la idea del sueño por una alusión, una nimiedad o un simbolismo análogo a la comparación es precisamente aquello que diferencia la forma expresiva de los sueños de la de nuestra ideación despierta. Tan amplia coincidencia como la que existe entre los medios de elaboración del chiste y los del sueño no creemos pueda ser casual. Demostrar detalladamente esta coincidencia e investigar sus fundamentos será uno de los objetos de nuestra futura labor.

III
Las tendencias del chiste

Cuando al final del capítulo precedente copiaba yo las frases en que Heine compara al sacerdote católico con el dependiente de una gran casa comercial y al protestante con un tendero al por menor establecido por su cuenta, me sentía un tanto cohibido, como si algo me aconsejara no citar *in extenso* tal comparación, advirtiéndome que entre mis lectores habría seguramente algunos para los que el máximo respeto debido a la religión se extiende a aquellos que la administran y representan. Estos lectores, indignados ante los atrevimientos de Heine, perderían todo interés en seguir investigando con nosotros si la comparación era chistosa en sí o únicamente merced a ciertos elementos accesorios. En otras comparaciones, tales como aquella que atribuye a determinada filosofía la vaguedad de la luz lunar, no teníamos que temer perjudicara a nuestra labor tal influjo perturbador ejercido por el mismo ejemplo analizado sobre una parte de nuestros lectores. El más piadoso de ellos no encontraría en estos casos nada que perturbase su capacidad de juicio sobre el problema por nosotros planteado.

Fácilmente se adivina cuál es el carácter de chiste, del que depende la diversidad de la reacción que el mismo despierta en el que lo oye. El chiste tiene unas veces en sí mismo su fin y no se halla al servicio de intención determinada alguna; otras, en cambio, se pone al servicio de tal intención, convirtiéndose en *tendencioso*. Sólo aquellos chistes que poseen una tendencia corren el peligro de tropezar con personas para las que sea desagradable escucharlos.

El chiste no tendencioso ha sido calificado por Th. Vischer de chiste *abstracto*. Nosotros preferimos denominarlo chiste *inocente*.

Dado que antes hemos dividido el chiste, atendiendo al material objeto de la técnica, en verbal e intelectual, deberemos ahora investigar la relación existente entre esta clasificación y la que acabamos de verificar. Lo primero que observamos es que dicha relación entre chiste verbal e intelectual, de un lado, y chiste abstracto y tendencioso, del otro, no es, desde luego, una relación de influencias. Trátase de dos divisiones totalmente independientes una de otra. Quizás algún lector se haya formado la idea de que los chistes inocentes son generalmente verbales, mientras que la complicada técnica de los chistes intelectuales es puesta casi siempre al servicio de marcadas tendencias; pero lo cierto es que, así como existen chistes inocentes que utilizan el juego de palabras y la similicadencia, hay otros, no menos abstractos e inofensivos, que se sirven de todos los medios del chiste intelectual. Con análoga facilidad cabe demostrar que el chiste tendencioso puede muy bien ser, por lo que a su técnica respecta, puramente verbal. Así, aquellos chistes que "juegan" con los nombres propios suelen ser frecuentemente de naturaleza ofensiva, siendo, sin embargo, exclusivamente verbales. Esto no impide tampoco que los chistes más inocentes pertenezcan también a este género.

Entre las metáforas de Lichtenberg se encuentran excelentes ejemplos de chistes intelectuales abstractos o inocentes. A los ya expuestos en páginas anteriores añadiremos, por ahora, los siguientes:

Habían enviado a Goettingen un tomito en octavo menor y recibían ahora, en cuerpo y alma, un robusto in quarto.

Para dar a este edificio la solidez necesaria debemos proveerle de buenos cimientos, y los más firmes, a mi juicio, serán aquellos en los que una hilada en pro alterne con otra en contra.

Uno crea la idea, el otro la bautiza, un tercero tiene hijos con ella, un cuarto la asiste en su agonía y el último la entierra". (Comparación con unificación).

No sólo no creía en los fantasmas, sino que ni siquiera se asustaba de ellos.

El chiste reside aquí exclusivamente en el contrasentido de la exposición. Renunciando a este ropaje chistoso, la idea sería: "Es más fácil desechar teóricamente el miedo a los fantasmas que dominarlo cuando se nos aparece alguno". Falta ya aquí todo carácter de chiste y lo que resta es un hecho psicológico al que en general se concede menos importancia de la que posee; el mismo que Lessing expone en su conocida frase: "No son libres todos aquellos que se burlan de sus cadenas".

Antes de seguir adelante, quiero salir al paso de una mala inteligencia posible. Los calificativos 'inocente' o 'abstracto', aplicados al chiste, no significan nada equivalente a "falto de contenido", sino que se limitan a caracterizar a un género determinado de chistes, oponiéndolos a los "tendenciosos", de que a continuación trataremos. Como en el último ejemplo que hemos visto, un chiste "inocente"; esto es, desprovisto de toda tendenciosidad, puede poseer un rico contenido y exponer algo muy valioso. El contenido de un chiste, por completo independiente del chiste mismo, es el contenido del pensamiento, que en estos casos es expresado, merced a una disposición especial, de una manera chistosa. Cierto es, sin embargo, que así como los relojeros escogen una preciosa caja para encerrar en ella su más excelente maquinaria, así también suele suceder en el chiste, que los mejores productos de la elaboración del mismo sean utilizados para revestir los pensamientos de más valioso contenido.

Examinando penetrantemente en los chistes intelectuales la dualidad del contenido ideológico y revestimiento chistoso, llegamos a descubrir algo que puede aclarar muchas de las dudas con que hemos tropezado en nuestra investigación. Resulta, para nuestra sorpresa, que la complacencia que un chiste nos produce nos la inspira la impresión conjunta de contenido y rendimiento chistoso, dándose el caso de que uno de cualquiera de estos dos factores puede hacernos errar en la valoración del otro, hasta que, reduciendo el chiste, nos damos cuenta del engaño sufrido.

Análogamente sucede en el chiste verbal. Cuando oímos que "la experiencia consiste en experimentar lo que no desearíamos haber experimentado", quedamos un tanto desconcertados y creemos escuchar una nueva verdad. Mas en seguida advertimos que no se trata sino de una disfrazada trivialidad: "De los escarmentados nacen los avisados". El excelente rendimiento chistoso de definir la "experiencia" casi exclusivamente por el empleo de la palabra "experimentar" nos engaña de tal modo, que estimamos en más de lo que vale el contenido de la frase. Lo mismo nos sucede ante el chiste por unificación en que Lichtenberg opone el mes de enero a los demás del año, chiste que sólo nos dice algo que sabemos de toda la vida; esto es, que las felicidades que nuestros amigos nos desean en los días de Año Nuevo se cumplen tan raras veces como todos nuestros otros deseos.

Todo lo contrario sucede en otros ejemplos, en los cuales nos deslumbra lo acertado y justo del pensamiento, haciéndonos calificar de excelente chiste la frase en que el pensamiento queda expresado, aun siendo este último todo el mérito de la misma, y en cambio, muy deficiente el rendimiento de la elaboración chistosa. Precisamente en los chistes de Lichtenberg es el nódulo intelectual, con mucha frecuencia, harto más valioso que el revestimiento chistoso, al cual extendemos indebidamente desde el primero nuestra valoración. Así, la observación sobre la "antorcha de la verdad" es una comparación apenas chistosa, pero tan acertada, que la frase en que se expresa nos parece un excelente chiste.

Los chistes de Lichtenberg sobresalen, ante todo, por su contenido intelectual y la seguridad con que hieren en el punto preciso. Muy justificadamente dijo de él Goethe que sus ocurrencias chistosas o chanceras esconden interesantísimos problemas, o, mejor dicho, rozan la solución de los mismos. Así, cuando escribe: "Había leído tanto a Homero, que siempre que topaba con la palabra *angenommen* (admitido) *leía Agamenón* (técnica: simpleza + similicadencia), descubre nada menos que el secreto de las equivocaciones en la lectura[24]. Muy análogo es aquel otro chiste cuya técnica nos pareció antes harto insatisfactoria:

Se maravillaba de que los gatos tuviesen dos agujeros en la piel, precisamente en el sitio de los ojos.

La simpleza que en esta frase parece revelarse es tan sólo aparente; en realidad, detrás de la ingenua observación se esconde el magno problema de la teleología en la anatomía animal. Hasta que la historia de la evolución no nos lo explique, no tenemos por qué considerar como natural y lógica la coincidencia de que la abertura de los párpados aparezca precisamente allí donde la córnea debe surgir al exterior.

Retengamos, por ahora, que de una frase chistosa recibimos una impresión de conjunto en la que no somos capaces de separar la participación del contenido intelectual de la que corresponde a la elaboración del chiste. Quizá encontremos más tarde otro hecho muy importante, paralelo a este.

Para nuestro esclarecimiento teórico de la esencia del chiste han de sernos más valiosos los chistes inocentes que los tendenciosos, y los faltos de contenido más que los profundos. Los chistes inocentes de palabras y los faltos de contenido nos

---

[24] N. del Traductor. —Véase el primer tomo de estas *Obras Completas* titulado *Psicopatología de la vida cotidiana.*

presentarán el problema de chiste en su más puro aspecto, pues en ellos no corremos peligro alguno de que la tendencia nos confunda o engañe nuestro juicio el acierto del pensamiento expresado. El análisis de este material puede hacer progresar considerablemente nuestros conocimientos.

Escogeremos un chiste de la mayor inocencia posible:

Hallándome cenando en casa de unos amigos, nos sirven de postre el plato conocido con el nombre de *roulard*, cuya confección exige cierta maestría culinaria. Otro de los invitados pregunta: "¿Lo han hecho ustedes en casa?" Y el anfitrión responde: "Sí; es un *homeroulard*" (*Homerule*).

Dejaremos para más adelante la investigación de la técnica de este ejemplo, dirigiendo ahora nuestra atención a otro factor que presenta la máxima importancia. El improvisado chiste produjo un general regocijo entre los circunstantes, que lo acogieron con grandes risas. En este, como en otros muchos casos, la sensación de placer del auditorio no puede provenir de la tendencia ni tampoco del contenido intelectual del chiste. No nos queda, por lo tanto, más remedio que relacionar dicha sensación con la técnica del mismo. Los medios técnicos del chiste antes descritos por nosotros —condensación, desplazamiento, representación indirecta, etcétera— son, pues, capaces de hacer surgir en el auditorio una sensación de placer, aunque no sepamos todavía cómo tal poder les es inherente. Este será el segundo resultado positivo de nuestra investigación, encaminada al esclarecimiento del chiste. El primero fue descubrir que el carácter del chiste depende de la forma expresiva. Mas, a poco que reflexionemos, no dejaremos de observar que nuestro segundo resultado, últimamente deducido, no es para nosotros, en realidad, nada nuevo. Se limita a presentar aislado algo ya contenido antes en nuestra experiencia. Recordamos muy bien que cuando nos fue dado reducir el chiste; esto es, sustituir por otra su expresión, conservando cuidadosamente el sentido, desaparecía no sólo el carácter chistoso, sino también el efecto hilarante, y, por lo tanto, el placer que en el chiste pudiera hallarse.

No podemos seguir adelante sin repasar lo que las autoridades filosóficas exponen sobre este punto de la cuestión.

Los filósofos que agregan el chiste a lo cómico e incluyen esta materia dentro de la Estética caracterizan la manifestación estética por la condición de que en ella no queremos nada de las cosas; no las necesitamos para satisfacer una de nuestras grandes necesidades vitales, sino que nos contentamos con su contemplación y con el goce de la manifestación misma. "Esta clase de manifestación es la puramente estética, que no reposa sino en sí misma y tiene su única finalidad en sí propia, con exclusión de todo otro fin vital". (K. Fischer, pág. 68).

Por nuestra parte, nos hallamos casi de completo acuerdo con estas palabras de K. Fischer. Quizá no hacemos más que traducir sus pensamientos a nuestro lenguaje particular cuando insistimos en que la actividad chistosa no puede calificarse de falta de objeto o de fin, dado que se propone innegablemente el de despertar la hilaridad del auditorio. No creo, además, que podamos emprender nada desprovisto por completo de intención. Cuando no nos es preciso nuestro aparato anímico para la consecución de alguna de nuestras imprescindibles necesidades, le dejamos trabajar por puro placer; esto es, buscamos extraer placer de su propia actividad. Sospecho que esta es, en general, la condición primera de toda manifestación estética; pero mi conocimiento de la Estética es harto escaso para que me atreva a dejar fijada esta afirmación. Del chiste, en cambio, sí puedo afirmar, basándome en los conocimientos obtenidos en nuestra investigación, que es una actividad que tiende a extraer placer de los procesos psíquicos, sean estos intelectuales o de otro género cualquiera. Ciertamente existen otras actividades de idéntico fin, pero que quizá se diferencien del chiste en el sector de la actividad anímica del que quieren extraer placer, o quizá en el procedimiento que para ello emplean. Por el momento no podemos dejar resuelta esta cuestión; mas sí dejaremos sentado el hecho de que la técnica del chiste y la tendencia economizadora que en parte la domina se ponen en contacto para la producción de placer.

Antes de entrar a resolver el problema de cómo los medios técnicos de la elaboración del chiste pueden hacer surgir placer en el oyente, queremos recordar que para simplificar y hacer más transparente nuestra investigación dejamos antes a un lado los chistes tendenciosos. Mas ahora tenemos obligadamente que intentar esclarecer cuáles son las tendencias del chiste y en qué forma obedece este a las mismas.

Hay, sobre todo, una circunstancia que nos advierte la necesidad de no prescindir del chiste tendencioso en la investigación del origen del placer en el chiste. El efecto placiente del chiste inocente es casi siempre mediano; una clara aprobación y una ligera sonrisa es lo más que llega a obtener del auditorio, y de este efecto hay todavía que atribuir una parte a su contenido intelectual, como ya lo hemos demostrado con apropiados ejemplos. Casi nunca logra el chiste inocente o abstracto aquella repentina explosión de risa que hace tan irresistible al tendencioso. Dado que la técnica puede en ambos ser la misma, estará justificado sospechar que el chiste tendencioso dispone, merced a su tendencia, de fuentes de placer inaccesibles al chiste inocente.

Las tendencias del chiste son fácilmente definibles. Cuando no tiene en sí mismo su fin, o sea, cuando no es inocente, no se pone al servicio sino de dos únicas tendencias, que, además, pueden, desde un cierto punto de vista, reunirse en una sola. El chiste tendencioso será o bien *hostil* (destinado a la agresión, la sátira o la defensa) o bien *obsceno* (destinado a mostrarnos una desnudez). Desde luego, la clase técnica del chiste —chiste verbal o chiste intelectual— no tiene relación alguna con estas dos tendencias.

Más difícil resulta fijar la forma en que el chiste las sirve. En esta investigación preferiremos anteponer el chiste desnudador al hostil. El primero ha sido más raramente sometido al análisis, como si la repugnancia a tratar este género de asuntos se hubiese trasladado desde la materia a lo objetivo. Mas nosotros no queremos dejarnos inducir en error por este desplazamiento, pues tropezaremos en seguida con un caso límite del chiste, que promete proporcionarnos un amplio esclarecimiento sobre varios puntos obscuros.

Sabemos lo que se entiende por un dicho "verde"; esto es, la acentuación intencionada, por medio de la expresión verbal, de hechos o circunstancias sexuales. Sin embargo, esta definición no es, ni mucho menos, completa. Una conferencia sobre la anatomía de los órganos sexuales o sobre fisiología de la procreación no presenta, a pesar de la anterior definición, punto de contacto alguno con el dicho "verde". Es preciso, además, que este vaya dirigido a una persona determinada, que nos excita sexualmente, y que por medio de él se da cuenta de la excitación del que lo profiere, quedando en unos casos contagiada, y en otros, avergonzada o confusa. Esto último no excluye la excitación sexual, sino que, por el contrario, supone una reacción contra la misma y constituye su indirecta confesión. El dicho "verde" se dirigía, pues, originariamente, tan sólo a la mujer y suponía un intento de seducción. Cuando, después, un hombre se complace refiriendo o escuchando tales dichos en la compañía exclusiva de otros hombres, la situación primitiva, que a consecuencia de los obstáculos sociales no puede ya constituirse, queda con ello representada. Aquel que ríe del dicho referido, ríe como el espectador de una agresión sexual.

El contenido sexual del dicho "verde" comprende algo más de lo privativo de cada sexo; comprende también aquello que aun siendo común a ambos se considera como pudendo; o sea, todo lo relativo a los excrementos. Mas este es precisamente el alcance que lo sexual tiene en la vida infantil, en la que el sujeto imagina la existencia de una cloaca dentro de la cual lo sexual y lo excrementicio quedan casi o por completo confundidos[25]. Asimismo, en todo el dominio ideológico de la psicología de las neurosis lo sexual incluye lo excrementicio; esto es, queda interpretado en el antiguo sentido infantil.

El dicho "verde" es como un desnudamiento de la persona de diferente sexo a la cual va dirigido. Con sus palabras obscenas obliga a la persona atacada a representarse la parte del cuerpo o el acto a que las mismas corresponden y le hace ver que el atacante se las representa ya. No puede dudarse de que el placer de contemplar lo sexual sin velo alguno es el motivo originario de este género de dichos.

Retrocedamos ahora, para lograr un mayor esclarecimiento, hasta los fundamentos de esta cuestión. La tendencia a contemplar despojado de todo velo aquello que caracteriza a cada sexo es uno de los componentes primitivos de nuestra libido. Probablemente constituye en sí mismo una sustitución obligada del placer, que hemos de suponer primario, de tocar lo sexual. Como en otros muchos casos, también aquí la visión ha sustituido al tacto[26]. La libido visual o táctil es en todo individuo de dos clases: activa y pasiva, masculina y femenina, y se desarrolla según cuál de estos dos caracteres sexuales adquiera la supremacía predominantemente en uno u otro sentido. En los niños de corta edad es fácil observar una tendencia a exponer su propia desnudez. Allí donde esta tendencia no experimenta, como

---

[25] N. del Traductor. —Véase *Tres ensayos para una teoría sexual*, tomo segundo de estas *Obras Completas*.

[26] Instinto de contrectación, de Moll. (*Untersuchungen ueber die libido sexualis*, 1898).

generalmente sucede, una represión se desarrolla hasta constituir aquella obsesión perversa del adulto denominada exhibicionismo. En la mujer, la tendencia exhibicionista pasiva queda vencida por la reacción del pudor sexual; pero dispone siempre del portillo de escape que le proporcionan los caprichos de la moda. No creo preciso insistir en lo elástico, convencional y variable de la cantidad de exhibición que queda siempre permitida a la mujer.

El hombre conserva gran parte de esta tendencia como elemento constitutivo de la libido puesto al servicio de la preparación del acto sexual. Cuando esta tendencia se manifiesta ante la proximidad femenina, tiene que servirse de la expresión verbal por dos diferentes razones. En primer lugar, para darse a conocer a la mujer, y, en segundo, por ser la expresión oral lo que, despertando en aquella la representación imaginativa, puede hacer surgir en ella la excitación correspondiente y provocar la tendencia recíproca a la exhibición pasiva. Esta demanda oral no es aún el dicho "verde", pero sí el estadio que lo precede. Allí donde la aquiescencia de la mujer aparece rápidamente, el discurso obsceno muere en seguida, pues cede el puesto, inmediatamente, al acto sexual. No así cuando no puede contarse con el pronto asentimiento de la mujer y aparecen, en cambio, intensas reacciones defensivas. En este caso la oración sexual excitante encuentra, convirtiéndose en dicho "verde", en sí misma su propio fin. Quedando detenida la agresión sexual en su progreso hasta el acto, permanece en la génesis de excitación y extrae placer de los signos por los que la misma se manifiesta en la mujer. La agresión transforma también entonces su carácter en el mismo sentido que todo sentimiento libidinoso al que se opone un obstáculo; esto es, se hace directa, hostil y cruel, llamando en su auxilio, para combatir el obstáculo, a todos los componentes sádicos del instinto sexual.

La resistencia de la mujer es, por lo tanto, la primera condición para la génesis del dicho "verde", aunque sea de tal naturaleza que signifique tan sólo un aplazamiento y no haga desesperar del éxito de posteriores tentativas. El caso ideal de tal resistencia femenina se da con la presencia simultánea de otro hombre, de un testigo, pues tal presencia excluye totalmente el rendimiento inmediato de la solicitada. Este tercer personaje adquiere rápidamente una máxima importancia para el desarrollo del dicho "verde". Mas primero trataremos de la presencia de la mujer. En los lugares a que acude el pueblo, por ejemplo, los cafés de segundo orden, puede observarse que es precisamente la entrada de la camarera lo que provoca el tiroteo de tales dichos. Inversamente, entre las clases sociales más elevadas, la presencia femenina pone inmediato fin a toda conversación de este género. Los hombres reservan aquí estas conversaciones, que primitivamente dependían de la presencia de una mujer a la que avergonzar, para cuando están entre ellos. De este modo, el espectador, ahora oyente, deviene poco a poco, en lugar de la mujer, la instancia a la que la procacidad va destinada, y ésta se acerca ya, merced a tal transformación, al carácter del chiste.

Al llegar a este punto es requerida nuestra atención por dos importantes factores: el papel desempeñado por el tercero, el oyente, y las condiciones de contenido del dicho mismo.

El chiste tendencioso precisa, en general, de tres personas. Además de aquella que lo dice, una segunda a la que se toma por objeto de la agresión hostil y sexual, y una tercera en la que se cumple la intención creadora de placer del chiste. Más tarde buscaremos más profunda fundamentación de estas circunstancias, contentándonos por ahora con dejar fijado el hecho de que no es el que dice el chiste quien ríe y goza, por lo tanto, de su efecto placiente, sino el inactivo oyente. En la misma relación se encuentran los tres personajes que intervienen en el dicho "verde", cuyo proceso puede describirse en la siguiente forma: el impulso libidinoso del primero desarrolla, al encontrar detenida su satisfacción por la resistencia de la mujer, una tendencia hostil hacia esta segunda persona y llama en su auxilio, como aliado contra ella, a una tercera, que en la situación primitiva hubiera constituido un estorbo. Por el procaz discurso de la primera queda la mujer desnuda ante este tercero, en el que la satisfacción de su propia libido, conseguida sin esfuerzo alguno por parte suya, actúa a modo de soborno.

Es singular que este tiroteo de procacidades sea cosa tan amada por el pueblo bajo, hasta el punto de constituir algo que no deja nunca de formar parte integrante de sus regocijos. Mas también es digno de tenerse en cuenta que en esta complicada manifestación, que lleva en sí tantos caracteres de chiste tendencioso, no se requieran al dicho "verde" ninguna de las condiciones formales que caracterizan al chiste. Expresar la plena desnudez produce placer al primero y hace reír al tercero.

Sólo cuando llegamos a un más alto grado social se agrega la condición formal del chiste. La procacidad no es ya tolerada más que siendo chistosa. El medio técnico de que más generalmente se sirve es la alusión; esto es la sustitución por una minucia o por algo muy lejano que el oyente recoge para reconstruir con ello la obscenidad plena y directa. Cuanto mayor es la heterogeneidad entre lo directamente expresado en la frase procaz y lo sugerido necesariamente por ello en el oyente, tanto más sutil será el chiste y tanto mayores sus posibilidades de acceso a la buena sociedad. Además de la alusión, grosera o sutil, dispone la procacidad —como fácilmente puede demostrarse con numerosos ejemplos— de todos los demás medios del chiste verbal o intelectual.

Vemos ya claramente lo que el chiste lleva a cabo en servicio de su tendencia. Hace posible la satisfacción de un instinto (el instinto libidinoso y hostil) en contra de un obstáculo que se le opone, y extrae de este modo placer de una fuente a la que el tal obstáculo impide el acceso. El impedimento que sale al paso del instinto no es otro que la incapacidad de la mujer —creciente en razón directa de su cultura y grado social— para soportar lo abiertamente sexual. La mujer, que en la situación primitiva suponemos presente, sigue siendo considerada como tal o su influencia actúa, aun hallándose ausente, intimidando a los hombres. Puede observarse cómo individuos de las más altas clases sociales abandonan, en la compañía de mujeres de clase más baja, la procacidad chistosa para caer en la procacidad simple.

El poder que dificulta a la mujer, y en menor grado también al hombre, el goce de la obscenidad no encubierta es aquel que nosotros denominamos "represión", y reconocemos en él el mismo proceso psíquico que en graves casos patológicos mantiene alejados de la conciencia complejos enteros de sentimientos en unión de todos sus derivados, proceso que se ha demostrado como un factor principal en la patogénesis de las llamadas psiconeurosis. Concedemos a la cultura y a la buena educación gran influencia sobre el desarrollo de la represión y admitimos que tales factores llevan a cabo una transformación de la organización psíquica —que puede también ser un carácter hereditario y, por lo tanto, innato— merced a la cual sensaciones que habrían de percibirse con agrado resultan inaceptables y son rechazadas con todas nuestras energías psíquicas. Por la labor represora de la civilización se pierden posibilidades primarias de placer que son rechazadas por la censura psíquica. Mas para la psiquis del hombre es muy violenta cualquier renunciación, y halla un expediente en el chiste tendencioso, que nos proporciona un medio de hacer ineficaz dicha renuncia y ganar nuevamente lo perdido. Cuando reímos de un sutil chiste obsceno, reímos de lo mismo que hace reír a un campesino en una grosera procacidad; en ambos casos procede el placer de la misma fuente, pero una persona educada no ríe ante la procacidad grosera, sino que se avergüenza o la encuentra repugnante. Sólo podrá reír cuando el chiste le preste su auxilio.

Parece, pues, confirmarse lo que al principio supusimos; esto es, que el chiste tendencioso dispone de fuentes de placer distintas de las del chiste inocente, en el cual todo el placer depende, en diversas formas, de la técnica. Podemos también insistir de nuevo que en el chiste tendencioso no nos es dado distinguir por nuestra propia sensación qué parte de placer es producida por la técnica y cuál otra por la tendencia. *No sabemos, por lo tanto, fijamente, de qué reímos.* En todos los chistes obscenos sucumbimos a crasos errores de juicio sobre la "bondad" del chiste, en tanto en cuanto esta depende de condiciones formales; la técnica de estos chistes es con frecuencia harto pobre y, en cambio, su éxito de risa, extraordinario.

Queremos investigar ahora si es este mismo el papel que el chiste desempeña al servicio de una tendencia hostil. Desde un principio tropezamos con las mismas condiciones. Los impulsos hostiles contra nuestros semejantes sucumben desde nuestra niñez individual, como desde la época infantil de la civilización humana, a iguales limitaciones y a la misma represión progresiva que nuestros impulsos sexuales. No hemos llegado todavía a amar a nuestros enemigos ni a ofrecerles la mejilla izquierda cuando nos han golpeado la derecha, y, además, todos aquellos preceptos morales de la limitación del odio activo se resienten de un vicio de origen: el de no hallarse destinados, cuando fueron dictados, más que a una pequeña comunidad de hombres de igual raza. De este modo, en tanto en cuanto los hombres modernos nos consideramos como parte integrante de una nación, nos permitimos prescindir en absoluto de tales preceptos con respecto a otro pueblo extranjero. Pero dentro de nuestro propio círculo hemos realizado, desde luego, grandes progresos en el dominio de los sentimientos hostiles. Lichtenberg expresa esta idea en la siguiente acertada frase: "En las ocasiones en que ahora decimos "usted dispense" se andaba antes a bofetadas". La hostilidad violenta, prohibida por la ley, ha quedado sustituida por la invectiva verbal, y nuestra mejor inteligencia del encadenamiento de los sentimientos humanos nos roba por su consecuencia —*Tout comprendre c'est tout pardonner*— una parte cada día mayor de nuestra capacidad de encolerizarnos contra aquellos de nuestros semejantes que entorpecen nuestro camino. Dotados en nuestra niñez de enérgica disposición a la hostilidad, la cultura personal nos enseña después que es indigno el insulto. Desde que hemos tenido que renunciar a la expresión de la hostilidad por medio de la acción —impedidos de ello por un tercero desapasionado, en cuyo interés se halla la conservación de la seguridad personal— hemos desarrollado, del mismo modo que en la agresión sexual, una nueva técnica del insulto, que tiende a hacernos de dicha tercera persona desapasionada un aliado contra nuestro enemigo. Presentando a este último como insignificante, despreciable y cómico, nos proporcionamos indirectamente el placer de su derrota, de la que testimonia la tercera persona, que no ha realizado ningún esfuerzo, con sus risas.

Suponemos, pues, cuál puede ser el papel del chiste en la agresión hostil. Nos permitirá emplear contra nuestro enemigo el arma del ridículo, a cuyo empleo directo se oponen obstáculos insuperables, y, por lo tanto, *elude* nuevamente *determinadas limitaciones* y *abre fuentes de placer que habían devenido inaccesibles*. Inclinará asimismo al oyente a ponerse a nuestro lado sin gran examen de la bondad de nuestra causa, de igual manera que en otras ocasiones obramos nosotros, concediendo mayor estimación de la merecida al contenido de una frase chistosa, sobornados por el efecto del chiste inocente.

Véanse, por ejemplo, los chistes de N., expuestos en el capítulo anterior. Todos ellos son insultos. Es como si N. quisiera gritar a toda voz: "¡El ministro de Agricultura es un buey! ¡No me habléis de X.; revienta de vanidad! ¡En mi vida he leído nada más aburrido que los artículos de ese historiador sobre Napoleón!" Pero su propia categoría social le hace imposible dar a sus juicios tal forma directa. Llaman, pues, estos en su ayuda al chiste, que les asegura en el oyente una acogida mucho más favorable de la que, no obstante su posible certeza, hubieran obtenido expresados en forma no chistosa. Uno de estos chistes, el del "rojo Fadian" —quizá el más arrollador de todos—, es altamente instructivo. ¿Qué es lo que en él nos obliga a reír y nos aparta tan por completo de la cuestión de si aquello constituye o no una injusticia para con el infeliz escritor? Desde luego la forma chistosa. Mas, ¿de qué reímos? Indudablemente, de la persona misma que se nos presenta calificada de "rojo Fadian" y especialmente del rojo color de su pelo. Mas el hombre culto se ha acostumbrado a no reír de los defectos físicos, y, además, el poseer rojos cabellos no es tampoco un defecto que excite nuestra hilaridad. En cambio, sí es considerado como tal entre los colegiales o entre el pueblo bajo y hasta en el grado de cultura de alguno de nuestros representantes municipales y parlamentarios. Y, sin embargo, este chiste de N. ha hecho posible que nosotros, personas adultas de fina sensibilidad, riamos como colegiales de los rojos cabellos de X. No era esta seguramente la intención de N., pero es muy dudoso que aquel que lanza un chiste se dé exacta cuenta de toda la intención del mismo.

Si en este caso el obstáculo opuesto a la agresión y que el chiste ayudó a eludir era de orden interior —la repulsión estética al insulto—, otras veces puede asimismo ser puramente externo. Así, en el ejemplo en que Serenísimo pregunta al desconocido, cuya semejanza con su real persona le ha extrañado: "Su madre de usted, ¿sirvió alguna vez en Palacio?", y obtiene la rápida respuesta: "No, Alteza; pero sí mi padre". El interrogado hubiera querido maltratar de obra al descarado que con su alusión osaba insultar la memoria de una persona amada; pero el tal descarado es nada menos que Serenísimo, al que es imposible no ya maltratar de obra, sino ni siquiera de palabra, a menos de pagar la venganza con la propia vida. No habría, por lo tanto, más remedio que tragar en silencio la ofensa. Mas, afortunadamente, abre el chiste el camino a una venganza exenta de todo peligro, recogiendo la alusión y devolviéndola, merced al medio técnico de la unificación contra el ofensor. La impresión de lo chistoso queda aquí tan determinada por la tendencia, que, ante la chistosa respuesta, olvidamos que la pregunta del atacante es también, por sí misma, chistosa.

El estorbo del insulto o de la respuesta ofensiva, por circunstancias exteriores, es un caso tan frecuente, que el chiste tendencioso es usado con especialísima preferencia para hacer viable la agresión o la crítica contra superiores provistos de autoridad. El chiste representa entonces una rebelión contra tal autoridad, una liberación del yugo de la misma. En este factor yace asimismo el encanto de la caricatura, de la cual reímos, aunque su acierto sea mínimo, simplemente porque contamos como mérito de la misma dicha rebelión contra la autoridad.

Esta idea de que el chiste tendencioso es tan grandemente apropiado para el ataque contra lo elevado, digno y poderoso, que se halla protegido por obstáculos interiores o circunstancias externas contra todo rebajamiento directo, nos fuerza a una especial concepción de determinados grupos de chistes que parecen dirigirse a personas de menor valer y más indefensas. Me refiero a las historietas sobre los intermediarios matrimoniales judíos, de las cuales hemos expuesto algunas al investigar las diversas técnicas del chiste intelectual. En varias de ellas, por ejemplo, las de "También es sorda" y "¡Quién se atreve a prestar nada a esta gente!", hemos reído del intermediario como de un hombre imprudente y ligero que se nos hace cómico por escapársele la verdad automáticamente. Pero, ¿corresponde, tanto lo que hemos averiguado de la naturaleza del chiste tendencioso como la magnitud de nuestra complacencia ante estas historietas, a la infeliz condición de las personas sobre las que el chiste parece reír? ¿Son estos adversarios dignos del chiste? ¿No parece más bien que el mismo presenta en primer término al intermediario matrimonial para herir encubiertamente algo más importante? No debemos despreciar estas sospechas.

La anterior interpretación de las historietas sobre los intermediarios judíos permite aún ser continuada. Cierto es que puedo no intentarlo y contentarme con ver en estas historietas simples "cuentos", negándoles el carácter de chistes. Existe, pues, también una condicionalidad subjetiva del chiste, que ha llamado ahora nuestra atención y que deberemos investigar más adelante. Tal condicionalidad marca que sólo es un chiste aquello que yo admito como tal. Lo que para mí es un chiste puede, para otra persona, ser simplemente una cómica historieta. Mas si un chiste permite esta duda, ello no puede ser más que por el hecho de que posee una fachada —en este caso, cómica— en la que se detiene satisfecha la mirada de unos, mientras que otros intentan ver lo que hay detrás. Podemos, igualmente, sospechar que esta fachada se halla destinada a deslumbrar la mirada inquisitiva y que, por lo tanto, tales historietas tienen algo que ocultar.

De todos modos, si estas historietas son chistes, lo son de excelente calidad, pues gracias a su fachada pueden ocultar no sólo lo que tienen que decir, sino hasta que tienen que decir algo prohibido. Pero podemos intentar una interpretación que descubra lo prohibido y revele a estas historietas de cómica fachada como chistes tendenciosos. Todo aquel que en un momento de distracción deja escapar la verdad, se alegra en realidad de verse libre del impuesto disfraz. Esto es un probado hecho psicológico. Sin tal consentimiento interior nadie se deja dominar por el automatismo que hace aquí surgir la verdad[27]. Mas con tal automática confesión se transforma la ridícula personalidad del intermediario en simpática y digna de compasión. Qué felicidad debe de ser para el pobre hombre poder arrojar por fin la carga del engaño, cuando aprovecha en el acto la primera ocasión para gritar al novio toda la verdad. En cuanto se da cuenta de que todo se ha perdido y que la propuesta novia no es del gusto de su cliente, confiesa encantado todos los demás defectos de la primera, que el segundo no ha observado todavía, o aprovecha la ocasión para exponer, por medio de un detalle, un decisivo argumento con el que expresa su desprecio por las gentes a cuyo servicio viene actuando: "¡Quién se atreve a prestar nada a esta gente!" Todo el ridículo cae entonces no sólo sobre la familia de la novia, de la que en el resto de la historieta apenas si se ha hablado y que es capaz de poner en práctica tal engaño con tal de colocar a la muchacha, sino también sobre la miserable condición moral de tales mujeres, que se dejan casar de un modo tan poco decoroso, y sobre la indignidad de los matrimonios celebrados merced a semejantes manejos. El intermediario es, precisamente, el llamado a exponer esta crítica por ser el que mejor enterado está de tan vergonzosos expedientes, pero no puede hacerlo abiertamente, pues es un pobre diablo que tiene que vivir de ellos. En un idéntico conflicto se encuentra también el espíritu popular que ha creado esta historieta y otras semejantes, pues sabe muy bien que la santidad del matrimonio padece mucho con el descubrimiento de los incidentes que acompañaron su preparación.

Recordemos también cómo en la investigación de la técnica del chiste observamos que el contrasentido que aparece en el

---

[27] Este es el mismo mecanismo que rige las "equivocaciones orales" y otros fenómenos en lo que el sujeto descubre sus ocultos pensamientos. (Véase *Psicopatología de la vida cotidiana*, en el tomo II de estas *Obras Completas*).

mismo es con frecuencia una sustitución de la burla o la crítica existentes en los pensamientos que tras del chiste se esconden, cosa en la que la elaboración del chiste actúa en forma idéntica a la de los sueños. Ahora encontramos confirmado de nuevo este estado de cosas. Tales burlas y crítica no se refieren al intermediario, según pudiera deducirse de los ejemplos anteriores, pues existe toda otra serie de chistes de igual género en los que el mismo nos es presentado, muy al contrario de como parecía, en extremo inteligente, cuya dialéctica sabe vencer toda dificultad. Son estas últimas historietas de fachada lógica, en lugar de cómica, chistes intelectuales sofísticos. En uno de ellos, el intermediario se las arregla para cerrar la boca al novio, que se queja de la cojera de la muchacha, con una razón incontrovertible en apariencia. La cojera de la novia es por lo menos un "hecho consumado", mientras que otra mujer libre de tal defecto, con la que pudiera casarse, estarían siempre en peligro de caer, rompiéndose una pierna, y entonces vendrían los dolores, la enfermedad y los gastos consiguientes, cosas todas que podía ahorrarse matrimoniando a la ya coja. Asimismo, en otra historieta análoga se las arregla el intermediario para rechazar con excelentes argumentos toda una serie de inconvenientes aducidos por el novio y salir luego al paso del último, irrefutable ya, con la exclamación "¡Hombre, alguna falta había de tener!", como si de las anteriores alegaciones no hubiese de haber quedado necesariamente un suficiente resto. No es difícil señalar, en estos dos ejemplos, el punto débil de la argumentación, y así lo hemos hecho al investigar su técnica. Mas ahora nuestro interés se dirige hacia otro lado. Si las frases del intermediario muestran tal apariencia lógica, que se desvanece en cuanto las sometemos a un reflexivo examen, ello se debe a que, en el fondo, es a él a quien el chiste da la razón. Pero no atreviéndose a dársela rigurosamente en su contenido ideológico, lo hace por medio de la apariencia lógica que presenta su expresión verbal. Sin embargo, en este caso, como en otros muchos, la chistosa fachada deja entrever la interior seriedad. No será, pues, equivocado aceptar que todas las historietas que presentan una fachada lógica quieren realmente decir aquello que afirman, basándose en fundamentos intencionadamente defectuosos. Este empleo del sofisma para la encubierta exposición de la verdad es precisamente lo que les presta el carácter de chiste, el cual depende, por lo tanto, principalmente, de la tendencia. Aquello que las dos historietas que ahora analizamos quieren indicar es que el pretendiente resulta ridículo rebuscando tan cuidadosamente las cualidades de la novia, que todas le resultan negativas, sin tener en cuenta que, sea esta u otra cualquiera la mujer que ha de hacer suya, siempre será una criatura humana con sus inevitables defectos, mientras que las únicas cualidades que harían posible el matrimonio, salvando la más o menos defectuosa personalidad de la mujer, serían la mutua inclinación y la recíproca disposición a adaptarse cariñosamente, cosas ambas a las que ni siquiera se hace la menor alusión en todo el trato.

La burla contra el pretendiente, contenida en todos estos ejemplos, en los que el intermediario desempeña con gran propiedad el papel de hombre superior, aparece mucho más definida en otras historietas análogas. Cuanto más precisas son estas historietas, menos técnica poseen, constituyendo tan sólo casos límites del chiste, con cuya técnica no presentan más punto común que la formación de una fachada. Pero a causa de su tendencia y de la ocultación de la misma tras de una fachada adquieren totalmente el efecto de un chiste. La pobreza de sus medios técnicos explica también que muchos chistes de esta clase no puedan prescindir en su expresión, sin perder gran parte de su poder, o sea, del *argot*, elemento cómico de efecto análogo al de la técnica del chiste.

Expondremos aquí una de estas historietas, que, poseyendo toda la fuerza del chiste tendencioso, no deja traslucir indicio alguno de la técnica del mismo. El intermediario pregunta: "¿Qué cualidades exige usted de la novia?" Respuesta: "Tiene que ser bonita, rica e instruida". "Bien —replica el intermediario—; pero de eso hago yo tres partidos". Aquí la burla del intermediario es expresada directamente, y ya no encubierta por los ropajes del chiste.

En los ejemplos expuestos hasta ahora, la encubierta agresión se dirigía aún contra personas; así, en los chistes matrimoniales, contra todas las partes interesadas en la boda: novia, pretendiente y familia. Mas el chiste puede atacar igualmente a aquellas instituciones, personas representativas de las mismas, preceptos morales o religiosos e ideas, que, por gozar de elevada consideración, sólo bajo la máscara del chiste, y precisamente de un chiste cubierto por su correspondiente fachada, nos atrevemos a arremeter contra ellos. Obraremos, a mi juicio, acertadamente reuniendo estos chistes bajo una denominación especial, que determinaremos después de analizar algunos ejemplos de esta clase.

Recordemos ahora los ejemplos del arruinado *gourmet* y del alcohólico profesor, que incluimos entre los chistes sofísticos por desplazamiento, y prosigamos su interpretación. Hemos visto después que cuando la fachada de una historieta muestra una apariencia lógica, el pensamiento de la misma da la razón a su protagonista; pero, cohibido por determinados obstáculos, no se ha atrevido a verificarlo más que en un solo punto en el que la sinrazón del sujeto es fácilmente demostrable. La *pointe* elegida es la justa transacción entre su razón y su sinrazón, término medio que, naturalmente, no resuelve el dilema, pero sí corresponde al conflicto que en nosotros mismos nace al tratar de enjuiciar el caso. Ambas historietas son sencillamente epicúreas, pues lo que quieren decir es: "Sí; ese hombre tiene razón. No hay nada superior al placer y es indiferente la forma en que podamos proporcionárnoslo". Esto parece francamente inmoral y en el fondo no es otra cosa que el *carpe diem* del poeta, basado en la inseguridad de la vida humana y en la esterilidad de la renunciación virtuosa. Si la idea de que el arruinado *gourmet* del chiste obra justamente, no privándose de su plato favorito, repugna tanto a nuestra conciencia, ello se debe tan sólo a que se trata aquí de un placer inferior que nos parece fácilmente renunciable. En realidad, todos y cada uno de nosotros hemos tenido épocas en las que hemos dado la razón a esta filosofía, rebelándonos contra una moral que sólo sabe exigirnos continuos sacrificios sin ofrecernos compensación alguna. Desde que la existencia de un más allá, en el que toda renunciación ha de ser premiada, no es aceptada ya por los hombres —y habría, además, muy pocos creyentes si la fe se midiera por la capacidad de renunciación—, se ha convertido el *carpe diem* en una seria advertencia. Quisiéramos aplazar la satisfacción, pero ¿sabemos acaso si mañana nos hallaremos aún con vida?

Di doman' non c'è certezza[28].

Renunciaríamos con gusto a aquellos caminos de la satisfacción que la sociedad nos prohíbe, mas ¿estamos seguros de que aquella premiará tal renuncia abriéndonos —aunque sea tras de una larga espera— un camino permitido? Puede decirse en alta voz lo que estos chistes se atreven tan sólo a murmurar; esto es, que los deseos y anhelos de los hombres tienen un derecho a hacerse oír al lado de las amplias y desconsideradas exigencias de la moral, y no ha faltado en nuestros días quien con acertada y firme frase ha dicho que nuestra moral es únicamente la egoísta prescripción de una minoría de ricos y poderosos que pueden satisfacer a toda hora, sin aplazamiento alguno, todos sus deseos. Hasta tanto que la medicina no haya logrado asegurar nuestra vida, y contribuyan las normas sociales a hacerla más satisfactoria, no podrá ser ahogada en nosotros la voz que se alza contra

---

[28] "No hay certeza del mañana". —Lorenzo de Médicis.

las exigencias de la moral. Por lo menos, todo hombre sincero ha de hacerse íntimamente esta confesión. Sólo indirectamente y mediante una nueva ideología es posible resolver este conflicto. Debemos ligar nuestra vida a la de los demás e identificarnos con ellos de tal modo, que la brevedad de la propia duración resulte superable. Pensando así, no debemos intentar a toda costa la satisfacción de nuestras necesidades, aun por caminos indebidos, sino que deberemos dejarlas insatisfechas, dado que sólo la perduración de tantos deseos incumplidos puede desarrollar un día poder suficiente para transformar el orden social. Mas como no todas las necesidades personales pueden ser desplazadas de este modo y transferidas a otros, no existirá, por lo tanto, una general y definitiva solución del conflicto.

Sabemos, pues, ya cómo hemos de denominar los chistes del género últimamente analizado: son chistes *cínicos*. Lo que en ellos ocultan es un *cinismo*.

Entre las instituciones que el chiste cínico acostumbra a atacar ninguna posee mayor importancia ni se halla más protegida por los preceptos morales que el matrimonio, pero también ninguna otra invita más al ataque. De aquí que sea aquella sobre la que ha caído mayor cantidad de chistes cínicos. No existe aspiración personal más enérgica que la de la libertad sexual, y en ningún otro sector ha intentado ejercer la civilización una opresión más fuerte que en el de la sexualidad. Para nuestras intenciones nos bastará con un único ejemplo que ya expusimos anteriormente.

"La mujer propia es como un paraguas. Siempre se acaba por tomar un simón". Ya analizamos la complicada técnica de este ejemplo. Se trata de una comparación desconcertante y, en apariencia, imposible; pero que, como ahora vemos, no es chistosa en sí. Además, una alusión (*Simón* o *coche público*), y, en calidad de enérgico medio técnico, una omisión que la hace casi ininteligible. La comparación podría explicarse en la siguiente forma: "Se casa uno para asegurarse contra los ataques de la sexualidad y luego resulta que el matrimonio no permite la total satisfacción de la misma, exactamente como sucede cuando se toma un paraguas para librarse de la lluvia, y, sin embargo, se moja uno en cuanto el agua cae con cierta violencia". En ambos casos tiene uno que buscar una más eficaz protección, un coche público o una mujer asequible por dinero. De este modo queda el chiste casi por completo sustituido por un cinismo. Que el matrimonio no es suficiente a satisfacer la sexualidad del hombre es cosa que no nos atrevemos a declarar abierta y públicamente, a menos que no nos impulse a ello un amor a la verdad y un celo reformador como los de Christian von Ehrenfels[29]. La fuerza de este chiste consiste en haber expresado tal idea, aunque con toda clase de rodeos.

Un caso especialmente favorable para el chiste tendencioso aparece cuando la crítica rebelde se dirige contra la propia persona, en tanto en cuanto forma parte de una colectividad; por ejemplo, la propia raza o nacionalidad. Esta condición de la autocrítica nos explica que precisamente sobre el suelo de la vida popular judía haya fructificado una gran cosecha de excelentes chistes, de la que hemos dado suficientes muestras en páginas anteriores. Son historietas creadas por individuos del pueblo judío y dirigidas contra peculiaridades de su propia raza. Los chistes que sobre los judíos han sido hechos por personas no pertenecientes a su pueblo son generalmente brutales chanzas en las que todo chiste es ahorrado por el hecho de constituir siempre el judío para los extraños una figura cómica. También los chistes de los judíos sobre sí mismos conceden este hecho, pero su mejor conocimiento de sus verdaderos defectos y de la conexión de estos con sus buenas cualidades,

---

[29] *Politisch-anthropologischen Revue*, II, 1903.

así como la participación de la propia persona en lo criticable, crean la condición subjetiva de la elaboración del chiste, muy difícil de establecer en otro caso.

Como ejemplo de este género, indicaremos aquella historieta, ya antes expuesta, en la que un judío depone toda corrección en cuanto ve que su nuevo compañero de viaje es un correligionario. Hemos examinado este chiste como un caso de exposición por una minucia, y su misión es indicarnos la democrática manera de pensar de los judíos, que no reconocen entre ellos superiores e inferiores, concepción que, si bien tiene su lado bueno, impide también toda disciplina y toda acción conjunta. Otra serie de chistes, especialmente interesantes, describe las relaciones entre los judíos ricos y sus correligionarios pobres. Los héroes de estas historias son el mísero "sablista" y el rico negociante o ennoblecido barón: El sablista, que acude a almorzar todos los domingos a la misma casa, aparece un día acompañado de un joven desconocido que pasa con él al comedor. "¿Quién es este joven?", pregunta el dueño de la casa. "Mi yerno —responde el invitado—; se casó con mi hija la semana pasada y me he comprometido a darle de comer durante un año". Todos estos chistes poseen igual tendencia, que se nos muestra claramente en otra historieta ya expuesta: El sablista pide al rico barón el dinero necesario para pasar una temporada en Ostende, pues el médico le ha recomendado los baños de mar. El barón encuentra que Ostende es un lugar carísimo y que en cualquier otra playa más modesta tendrían los baños iguales efectos medicinales. Pero el sablista rechaza la idea, exclamando: "Tratándose de mi salud, nada me parece caro". Es este un excelente chiste por desplazamiento, que podemos tomar como modelo de su género. El barón quiere ahorrarse dinero, mas el sablista le responde como si el dinero del barón fuera el suyo propio, que sí podría él sacrificar a su salud. El descaro de su pretensión nos invita a reír; pero, excepcionalmente, no están estos chistes provistos de una fachada que induzcan en error su comprensión. La verdad que en ellos se esconde es que el sablista, que trata imaginativamente el dinero del barón como si fuese suyo, tiene —conforme a los sagrados preceptos del pueblo judío— un casi pleno derecho a obrar así. Naturalmente, la rebelión que ha dado origen a este chiste se dirige contra tal ley, que constituye una penosa carga hasta para los más piadosos.

Otra historieta: Un sablista encuentra en la escalera de un rico negociante a otro pobre diablo del mismo oficio, que le aconseja no continúe su camino. "No subas hoy; el barón está de mal humor. Lo más que da es un florín". "¡Ya lo creo que subo! —responde el primero— ¿Por qué he de regalarle un florín? ¿Acaso me regala él algo a mí?"

Este chiste se sirve de la técnica del contrasentido, haciendo afirmar al sablista que el barón no le regala nada en el mismo momento en que se dispone a mendigar su regalo. Pero el contrasentido es tan sólo aparente, pues es casi cierto que el rico barón no le regala nada obligado como está por la ley religiosa a dar limosna, y debe incluso agradecer al sablista que le dé ocasión de ejercer la caridad. La vulgar concepción burguesa de la limosna se halla aquí en contradicción con la religiosa y se rebela abiertamente contra ella en otra historieta en la que el barón, emocionado ante la lamentable historia que el sablista le cuenta, llama a sus criados, y exclama: "¡Echad a este hombre! ¡Me está angustiando con sus lástimas!" Esta franca exposición de la tendencia constituye un nuevo caso límite del chiste. De la queja no chistosa: "No es realmente ventaja ninguna ser rico, siendo judío. La miseria ajena no le deja a uno gozar de la propia felicidad", no se alejan estas dos últimas historietas casi más que por su exposición en forma anecdótica.

Otras historietas, que representan asimismo, técnicamente, casos límites del chiste, testimonian de un cinismo profundamente pesimista: Un sordo consulta su dolencia al médico, el cual diagnostica que la sordera es debida al abuso que el paciente hace de las bebidas espirituosas, y como primera medida curativa le aconseja una completa abstención. Tiempo después, el médico encuentra en la calle al enfermo y le pregunta, alzando la voz, por su estado de salud. "Ya estoy bien —responde el interrogado—. No necesita usted gritarme. Dejé de beber aguardiente y he recobrado el oído". De nuevo pasa el tiempo y vuelven a encontrarse ambos individuos. El médico se dirige ya esta vez a su cliente en voz natural, pero advierte que no le oye. "Me parece que ha vuelto usted a beber —le grita entonces—, y por eso no oye bien otra vez". "Puede que tenga usted razón —responde el sordo—. He vuelto a beber aguardiente y le voy a explicar a usted por qué. Mientras dejé de beber oía bien, pero nada de lo que oía era tan bueno como el aguardiente". Este chiste carece de todo medio técnico; el *argot* y las artes del relato tienen que contribuir a provocar la risa, mas detrás de ella espía una triste interrogante: ¿No tendrá el individuo razón sobrada en elegir como lo ha hecho?

Estas historietas pesimistas aluden todas ellas a la diversa y desesperanzada miseria de los judíos, y a causa de esta conexión tenemos que incluirlas entre los chistes tendenciosos.

Otros chistes, cínicos en análogo sentido, y no todos judíos, atacan a los dogmas religiosos y a la misma fe. La historia de la "visión del rabino", cuya técnica consistía en el error intelectual de la equivalencia de fantasía y realidad (también sería defendible su inclusión entre los chistes por desplazamiento), es uno de tales chistes cínicos o críticos, que se dirige contra los hacedores de milagros y seguramente contra la fe en estos últimos. Un chiste directamente blasfemo sería el que se atribuye a Heine en su agonía. Cuando el sacerdote le exhortaba cariñosamente a confiar en la gracia divina y a esperar que hallaría en Dios perdón para sus pecados, hubo de contestar: *Bien sûr qu'il me pardonnera*; c'est son métier. Es esta una depresiva comparación y, técnicamente, no posee más valor que el de una alusión. Mas la fuerza del chiste se halla en su tendencia. Lo que quiere decir es: "Claro que me perdonará, para eso está y para eso, precisamente, me lo he procurado" (como se procura uno un médico o un abogado). De este modo se halla viva aún en el impotente agonizante la conciencia de haber creado a Dios y haberle conferido un determinado poder para servirse de ÉL en la ocasión propicia. La criatura mortal se da a conocer, aun en el momento de su destrucción, como creadora.

A las especies hasta ahora examinadas del chiste tendencioso, o sea, a los chistes desnudadores u obscenos, agresivo (hostil) y cínico (crítico, blasfemo), queremos agregar como la más rara una nueva, cuyo carácter aclararemos por medio de un excelente ejemplo:

«Dos judíos se encuentran en un vagón de un ferrocarril de Galicia. "¿Dónde vas?", pregunta uno de ellos. "A Cracovia", responde el otro. "¿Ves lo mentiroso que eres? —salta indignado el primero—. Si dices que vas a Cracovia, es para hacerme creer que vas a Lemberg. Pero ahora sé que de verdad vas a Cracovia. Entonces, ¿para qué mientes?"»

Esta graciosísima historieta, que demuestra un gran ingenio, actúa claramente por medio de la técnica del contrasentido. ¿De manera que el judío se ve acusado de mentiroso por haber dicho que va a Cracovia, término efectivo de su viaje? Este enérgico medio técnico —el contrasentido— se halla, sin embargo. apareado en este caso con una técnica distinta, la exposición antinómica, pues conforme a la no rebatida afirmación del primero, el segundo miente cuando dice la verdad y dice la verdad por medio de una mentira. El más serio contenido de este chiste es, sin embargo, la interrogante que abre sobre las condiciones de la verdad; señala nuevamente un problema y aprovecha la inseguridad de uno de nuestros usuales conceptos. ¿Decimos verdad cuando describimos las cosas tal y como son, sin ocuparnos de cómo el que nos oye interpretará nuestras palabras? ¿O es esta tan sólo una verdad jesuítica y la legítima veracidad consistirá más bien en tener en cuenta al que nos escucha y procurarle un fiel retrato de su propio conocimiento? Los chistes de este género me parecen suficientemente distintos de los demás para colocarlos en lugar aparte. Aquello que atacan no es una persona ni una institución, sino la seguridad de nuestro conocimiento mismo, uno de nuestros bienes especulativos. Les corresponderá, por lo tanto, el nombre de chistes *escépticos*.

En el curso de nuestro examen de las tendencias del chiste hemos conseguido numerosas aclaraciones y hallado muchas cosas que nos impulsan a proseguir nuestra investigación; pero los resultados obtenidos en este capítulo plantean, al agregarse a los que deducimos en el anterior, un difícil problema. Si es cierto que el placer que el chiste produce depende, por un lado, de la técnica, y por el otro, de la tendencia, ¿desde qué punto de vista común se dejarán reunir estas dos fuentes de placer —tan diversas— del chiste?

IV

El mecanismo del placer y la psicogénesis del chiste

Conocemos ya de qué fuentes proviene el singular placer que el chiste nos proporciona. Podemos incurrir en el error de confundir el agrado que el contenido ideológico del dicho chistoso nos produce con el placer privativo del chiste mismo; pero sabemos que este placer posee dos fuentes esenciales: la técnica y las tendencias del chiste. Lo que ahora quisiéramos averiguar es en qué forma surge el placer de estas fuentes, o sea, cuál es el mecanismo del efecto de placer; y como suponemos que esta investigación nos ha de ser más fácil en el chiste tendencioso que en el inocente, comenzaremos por el primero nuestro análisis.

En el chiste tendencioso surge el placer ante la satisfacción de una tendencia que, sin el chiste, hubiera permanecido incumplida. No creo ya necesario insistir en las causas de que tal satisfacción constituya una fuente de placer. Mas la forma en que el chiste la consigue se halla ligada a condiciones especiales, cuyo examen puede ampliar considerablemente nuestros conocimientos. Debemos distinguir dos casos. El más sencillo es aquel en que a la satisfacción de la tendencia se opone un obstáculo exterior que es eludido por el chiste. Así, en la respuesta que Serenísimo recibe a su impertinente pregunta y en la frase del crítico de arte al que los enriquecidos especuladores muestran sus retratos. En el primer ejemplo, la tendencia es la de replicar a una ofensa con otra equivalente; en el segundo, la de pronunciar un insulto en lugar de las esperadas manifestaciones admirativas. Y lo que en ambos se opone a dichas tendencias es un factor puramente externo: el poder o la autoridad de las personas a quienes la ofensa va dirigida. Extrañamos, sin embargo, que estos chistes y otros análogos de naturaleza tendenciosa carezcan, a pesar de obtener nuestro beneplácito, de la facultad de producir un intenso efecto hilarante.

Muy distinta es la cuestión cuando no son factores externos sino un obstáculo interior lo que se opone a la directa satisfacción de la tendencia; esto es, cuando un sentimiento íntimo se coloca frente a ella. Así sucede, a nuestro juicio, en los agresivos chistes de N., persona en la que una marcada tendencia a la invectiva aparece vigilada y contenida por una elevada cultura estética. Mas con ayuda del chiste queda, en este caso, vencido el obstáculo interior y suprimida la coerción; proceso que, como en los ejemplos de obstáculos exteriores, hace posible la satisfacción de la tendencia y evita, además, una cohibición y el "estancamiento psíquico" que la acompaña.

Al llegar a este punto de nuestra labor nos sentimos inclinados a penetrar más profundamente en las diferencias que la situación psicológica ha de presentar, según la clase del obstáculo, pues sospechamos que la aportación de placer es mucho más grande al ser removido un obstáculo interno que cuando se trata de uno exterior. Pero creemos será más prudente declararnos satisfechos por el momento con uno de los resultados ya obtenidos, esencial para la prosecución de nuestro trabajo y que podemos formular en la forma siguiente: los casos de obstáculo exterior y los de obstáculo interior se diferencian entre sí tan sólo en que en los segundos se remueve una coerción preexistente, y en los primeros lo que se hace es evitar la formación de una nueva.

No creemos constituya ningún atrevimiento especulativo afirmar ahora que tanto para la formación como para el mantenimiento de una coerción psíquica es necesario un "gasto psíquico". Y si agregamos a esto que en ambos casos del empleo del chiste tendencioso se consigue una aportación de placer, no será muy aventurada la hipótesis *de que tal aportación de placer corresponde al gasto psíquico ahorrado.*

De este modo habríamos llegado de nuevo al principio de la *economía* con el que topamos por vez primera al ocuparnos de la técnica del chiste verbal. Mas si entonces creímos hallar el ahorro en el empleo del menor número posible de palabras o en el de palabras iguales, sospechamos ahora la existencia de una más amplia y general economía de gastos psíquicos y tenemos que dar paso a la esperanza de que una más precisa determinación de este concepto —aún obscuro— del "gasto psíquico" nos aproxime considerablemente al conocimiento de la esencia del chiste.

Al examinar el mecanismo del placer en el chiste tendencioso no pudimos vencer por completo una cierta imprecisión, y tuvimos que aceptarla resignadamente como castigo a nuestro atrevimiento de anteponer lo complicado a lo sencillo, intentando esclarecer el chiste tendencioso antes que el inocente. Pasaremos, pues, ahora al examen de este último; mas antes de hacerlo, dejaremos establecida nuestra hipótesis de que el secreto del efecto de placer del chiste tendencioso consiste en el *ahorro de gastos de coerción o cohibición.*

De aquellos ejemplos de chiste inocente en los que no existía peligro alguno de que nuestro juicio fuera inducido en error por el contenido o la tendencia, tuvimos que deducir la conclusión de que las técnicas del chiste son, por sí mismas, fuentes de placer. Examinemos ahora si tal placer puede ser atribuido al ahorro de gasto psíquico. En un grupo de estos chistes (los juegos de palabras) consistía la técnica en dirigir nuestra atención psíquica hacia el sonido de las palabras en lugar de hacia su sentido, y dejar que la imagen verbal (acústica) se sustituya a la significación determinada por relaciones con las representaciones objetivas. Parece justificado sospechar que este proceso origina una considerable minoración del trabajo psíquico y que, inversamente, el abstenernos de este cómodo procedimiento, en el apropiado y riguroso empleo de las palabras, es cosa que no llevamos a cabo sin un cierto esfuerzo. Podemos asimismo observar que, en aquellos estados patológicos de la actividad mental en los que se halla efectivamente limitada la posibilidad de concentrar gasto psíquico en un punto determinado, la imagen sonora de las palabras sustituye a la significación de las mismas, y el enfermo avanza en su discurso siguiendo las asociaciones "externas" de la representación verbal en lugar de las "internas". También en el niño, acostumbrado aún a manejar las palabras como objetos, observamos la tendencia a buscar tras de un mismo o análogo sonido verbal igual significación, tendencia que es fuente de graciosos errores que hacen reír a los adultos. Cuando después, en el chiste, hallamos un innegable placer al trasladarnos, por el uso de la misma palabra o de otra análoga, de un círculo de representación a otro muy lejano (como en el ejemplo del *home-roulard*, desde el de la cocina al de la política), este placer puede muy bien atribuirse al ahorro de gasto psíquico. El placer que proporciona un tal "corto circuito" parece asimismo ser tanto mayor cuanto más extraños son entre sí los dos círculos de representaciones enlazados por la palabra igual; esto es, cuanto más alejados se hallan uno de otro y, por lo tanto, cuanto mayor es el ahorro de camino mental, procurado por el medio técnico del chiste. Anotemos, por último, que el chiste se sirve aquí de un medio de conexión que es rechazado y cuidadosamente evitado por el pensamiento regular[30].

---

[30] Adelantándome a la exposición que en el texto voy realizando, aclararé aquí la condición que parece servirnos de una norma para declarar que un chiste es "bueno" o "malo". Cuando, mediante una palabra de doble sentido o escasamente modificada, nos hemos trasladado, por un brevísimo camino, de un círculo de

Un segundo grupo de medios técnicos del chiste —unificación, similicadencia, múltiple empleo, modificación de conocidos modismos, alusión a citas literarias— muestra el definido carácter común de ofrecernos algo ya conocido allí donde esperábamos encontrar algo nuevo. Este reencuentro de lo conocido es en extremo placiente, y no hallamos dificultad alguna para reconocer tal placer como placer de ahorro y tributo al ahorro de gasto psíquico.

Parece generalmente aceptado el hecho de que el reencuentro de lo conocido produce placer. Así escribe Groos[31]: "El reconocimiento se halla siempre ligado allí donde no ha llegado a mecanizarse excesivamente (como en el acto de vestirnos, etc.), a sensaciones de placer. Ya la simple cualidad de lo conocido se muestra acompañada por aquel suave bienestar que invade a Fausto cuando tras de un sospechoso encuentro

---

representaciones a otro, pero sin que entre ambos aparezca simultáneamente una significativa conexión, habremos hecho un "mal chiste". En este mal chiste la palabra que lo produce es la única conexión existente entre las dos representaciones dispares. Un tal caso es el ejemplo *home-roulard*, antes indicado. En cambio, surge un buen chiste cuando queda realizada la esperanza infantil de que a la analogía de las palabras corresponda real y simultáneamente una esencial analogía del sentido. Así, en el ejemplo *traduttore-traditore*. Las dos representaciones dispares, que son aquí enlazadas por una asociación exterior, se hallan, además, en una conexión plena de sentido que demuestra la existencia de un parentesco de esencia entre las mismas. La asociación exterior no hace más que sustituir a la conexión interna y sirve para indicarla o precisarla. El 'traductor' no sólo tiene un nombre parecido al de 'traidor', sino que es también una especie de traidor; lleva, pues, con toda razón, un nombre análogo.

La diferencia aquí señalada coincide con la distinción, que más adelante estableceremos, entre *chanza* y *chiste*. Pero no sería justo excluir ejemplos como el del *home-roulard* de la discusión sobre la naturaleza del chiste, pues, atendiendo al singular placer que el mismo nos proporciona, hemos de reconocer que los chistes "malos" no son malos como tales chistes; esto es, no son incapaces de producir placer.

[31] *Die Spiele des Menschen*, 1899.

penetra de nuevo en su laboratorio" [...] "Si el acto del reconocimiento es, de este modo, productor de placer, podremos esperar que el hombre incurra en el deseo ejercitar esta facultad por sí misma, y, por lo tanto, experimente con ella un juego. Efectivamente, Aristóteles ve en la alegría del reconocimiento la base del goce artístico, y no puede negarse que este principio no debe ser perdido de vista, aunque no posea una tan amplia significación como Aristóteles le atribuye".

Groos analiza después los juegos, cuyo carácter consiste en intensificar la alegría del reconocimiento, colocando obstáculos en el camino del mismo; esto es, provocando un "estancamiento psíquico" que es suprimido por el acto del reconocimiento. Mas en su intento explicativo abandona la hipótesis de que el reconocimiento es placiente por sí mismo, y refiere al placer que en estos juegos se produce a la *alegría* de la conciencia de *poder* o de la superación de una dificultad. A nuestro juicio, este último factor es secundario, y no vemos en él motivo alguno para abandonar nuestra más sencilla hipótesis de que el reconocimiento es placiente en sí; esto es, por la aminoración del gasto psíquico, y que los juegos fundados en la consecución de este placer se sirven del mecanismo del estancamiento psíquico, exclusivamente para elevar la magnitud del mismo.

Se acepta asimismo que la rima, la aliteración, el estribillo y otras formas de la repetición de sonidos verbales análogos, en la poesía, utilizan la misma fuente de placer, o sea, el reencuentro de lo conocido. En estas técnicas que tantas coincidencias muestran con la del "múltiple empleo", en el chiste no desempeña papel alguno visible un "sentimiento de poder".

Dada la estrecha relación existente entre reconocimiento y recuerdo, no creemos muy aventurada la hipótesis de que existe también un placer de recuerdo; esto es, que el acto de recordar produce por sí mismo una sensación de placer de análogo origen. Groos no parece muy contrario a tal hipótesis, pero deriva nuevamente el placer del recuerdo de aquella "sensación de poder", en la que, erróneamente, a nuestro juicio, busca la razón principal del goce en casi todos los juegos.

En el "reencuentro de lo conocido" reposa también el empleo de otro medio auxiliar técnico del chiste, del que no hemos hablado hasta ahora. Me refiero al factor "actualidad", que, además de constituir en muchos chistes una generosa fuente de placer, explica varias singularidades de la historia vital del dicho chistoso.

Por razones harto comprensibles no nos es posible utilizar como ejemplos en un tratado sobre el chiste más que aquellos que precisamente carecen de esta condición de "actualidad". Pero no debemos olvidar que quizá más que de tales chistes perennes hemos reído de otros que ahora ya no nos decidimos a comunicar, porque necesitarían de largos comentarios y ni con este auxilio llegarían a producir el efecto que antes alcanzaron. Tales chistes no contenían más que alusiones a personas o sucesos que en épocas pasadas fueron de "actualidad", habiendo despertado y conservado durante cierto tiempo el interés general. Extinguido este interés, y terminado el suceso correspondiente, perdieron ya estos chistes una gran parte de su efecto placiente. Así el chiste que sobre el postre que nos servían hizo nuestro anfitrión, calificándolo de *home roulard*, no me parece ahora tan bueno como entonces cuando el *Home-Rule* era uno de los temas imprescindibles en la sección política de todo periódico. Si ahora intento realzar el mérito de este chiste por la circunstancia de que la palabra en la que reside nos conduce, ahorrándonos un largo rodeo mental, desde el círculo de representaciones de la cocina al tan lejano a este de la política, en aquella época hubiera tenido que modificar mi descripción, diciendo que "la palabra chistosa nos conducía desde el círculo de representaciones de la cocina al de la política, muy alejado del primero, pero que había seguramente de interesarnos por estar ocupando de continuo nuestra atención". Otro chiste: "Esa muchacha me recuerda a Dreyfus; el ejército no cree en su inocencia", ha perdido hoy también gran parte de su efecto, a pesar de que sus medios técnicos no han sufrido modificación alguna. El desconcierto producido por la comparación en él expuesta y el doble sentido de la palabra 'inocencia' no son suficientes para compensar la pérdida de efecto que supone el que la alusión, dirigida entonces a un suceso reciente y revestido de interés inmediato, recuerde hoy tan sólo algo ya indiferente y casi olvidado. Otros chistes de esta clase, que hoy nos producen irresistible efecto, lo perderán en gran parte dentro de poco tiempo, y, más tarde, cuando sea imposible relatarlos sin el auxilio de un comentario aclaratorio, serán totalmente nulos, a pesar de todas las excelencias de su técnica.

Una gran cantidad de los chistes lanzados a la circulación recorre de este modo un curso vital en el que a una época de florecimiento sucede otra de decadencia, y luego un total olvido. Mas por cada chiste que de este modo perece, creamos, impulsados por la necesidad de extraer placer de nuestros propios procesos mentales, y apoyándonos en los nuevos intereses de "actualidad", otro que lo sustituye. La fuerza vital de este género de chistes no es algo a ellos inherente, sino tomado, por medio de la alusión, de aquellos otros intereses cuyo curso determina los destinos del chiste. El factor "actualidad", que se agrega como una pasajera, pero generosa fuente de placer, a las propias del chiste mismo, no puede ser juzgado equivalente al reencuentro de lo conocido. Trátase más bien de una serie de cualidades especiales de lo conocido, o sea, las de ser reciente y preciso y no hallarse aún empañado por el olvido. También en la formación de los sueños hallamos una especial preferencia por lo reciente, y no podemos por menos de sospechar que la asociación con lo inmediato es recompensada con una especial prima de placer, o sea, facilitada.

La unificación, que no es otra cosa que la repetición, pero ya no en el sector del material verbal, sino en el del contenido ideológico, ha sido considerada por Th. Fechner como una especial fuente de placer del chiste. Así escribe este autor (*Vorschule der Aesthetik*, I, XVII): "A mi juicio, el principio de la conexión unitaria de lo diverso desempeña en el sector de que nos ocupamos el papel principal; mas precisa, sin embargo, de circunstancias accesorias que le apoyen para hacer surgir con su singular carácter el placer que los casos de que tratamos pueden proporcionar".

En todos estos casos de repetición del mismo contexto o del mismo material verbal, o de reencuentro de lo conocido y reciente, no podrá discutírsenos la facultad de derivar el placer que experimentamos del ahorro de gasto psíquico, siempre y cuando este punto de vista demuestre ser utilísimo no sólo para esclarecer numerosos detalles del problema investigado, sino también para el descubrimiento de nuevas generalidades. Mas antes de entrar en la aplicación de nuestra hipótesis, deberemos poner en claro la forma en que tal ahorro se efectúa y determinar con mayor precisión el sentido de la expresión "gasto psíquico".

El tercer grupo de las técnicas del chiste —sobre todo del chiste intelectual—, en el que quedan comprendidos los errores intelectuales, el desplazamiento, el contrasentido, la exposición antinómica, etc., puede presentar a primera vista un carácter especial y no delatar parentesco alguno con las técnicas del reencuentro de lo conocido o de la sustitución de las asociaciones objetivas por las asociaciones verbales; esto no obstante, resulta harto fácil aplicar también a estos casos el punto de vista del ahorro o minoración del gasto psíquico.

No puede dudarse de que es más fácil y cómodo desviarse de una ruta mental iniciada que conservarse en ella, confundir lo heterogéneo que establece marcadas antítesis y, sobre todo, admitir como válidas consecuencias que la lógica rechaza o prescindir, en la reunión de palabras o pensamientos, de la condición de que formen un sentido.

Y precisamente es esto lo que realizan las técnicas de que ahora tratamos. Mas lo extraño es que tal actividad de la elaboración del chiste constituye una fuente de placer, siendo así que todos estos rendimientos defectuosos de la actividad mental sólo sensaciones de displacer nos proporcionan en otros sectores diferentes.

El "placer de disparatar" —como pudiéramos denominarlo abreviadamente— se halla encubierto hasta su completa ocultación, en la vida corriente. Para descubrirlo tenemos que colocarnos ante dos casos especiales en los que es aún visible o se hace visible de nuevo: la conducta del niño mientras aprende a manejar su idioma, y la del adulto que se halla bajo los efectos de una acción tóxica. En la época en que el niño aprende a manejar el tesoro verbal de su lengua materna, le proporciona un franco placer de "experimentar un juego" (Groos) con este material, y une las palabras, sin tener en cuenta para nada su sentido, con el único objeto de alcanzar de este modo el efecto placiente del ritmo o de la rima. Este placer va siéndole prohibido al niño cada día más por su propia razón, hasta dejarlo limitado a aquellas uniones de palabras que forman un sentido. Todavía en años posteriores da la tendencia a superar las aprendidas limitaciones en el uso del material verba, muestras de su actividad en el sujeto, haciéndole modificar las palabras por medio de determinados afijos, transformar sus formas merced a dispositivos especiales (reduplicación) o hasta crear, para entenderse con sus camaradas de juego, un idioma especial, esfuerzos todos que después surgen de nuevo en determinadas categorías de enfermos mentales.

A mi juicio, sea cualquiera el motivo a que obedeció el niño al comenzar estos juegos, más adelante los prosigue, dándose perfecta cuenta de que son desatinados y hallando el placer en el atractivo de infringir las prohibiciones de la razón. No utiliza el juego más que para eludir el peso de la razón crítica. Pero las limitaciones que la misma establece en este punto son bien poca cosa comparadas con las que luego, durante la educación, tienen que ser constituidas para lograr la exactitud del pensamiento y enseñarle a distinguir, en la realidad, lo verdadero de lo falso. A estas más poderosas limitaciones corresponde una más honda y duradera rebeldía del sujeto contra la coerción intelectual y real, rebeldía en la que quedan comprendidos los fenómenos de la actividad imaginativa. El poder de la crítica llega a ser tan grande en el último estadio de la niñez y en el período de aprendizaje que va más allá de la pubertad, que el "placer de disparatar" no se aventura ya a manifestarse directamente sino muy raras veces. Los muchachos ya casi adolescentes no se atreven a disparatar sin rebozo alguno, pero su característica tendencia a una actividad sin objeto me parece ser una derivación directa del placer de disparatar. En los casos patológicos se ve muy frecuentemente cómo esta tendencia se intensifica hasta el punto de volver a dominar las conferencias y respuestas de los escolares; en algunos de estos, atacados de neurosis, he podido comprobar que el placer inconsciente que les producían sus propios desatinos tenía en lo equivocado de sus respuestas una participación equivalente a la de su ignorancia.

Más tarde el estudiante no prescinde tampoco de manifestar esta rebeldía contra la coerción intelectual y real, cuyo dominio sobre su individualidad siente hacerse cada vez más ilimitado e intolerante. Una gran parte de los chistes estudiantiles tienen su origen en esta reacción. Con el alegre disparatar que reina en las reuniones juveniles en torno de la mesa de una cervecería, intenta el estudiante salvar el placer de la libertad del pensamiento, que la disciplina universitaria va aminorando cada vez más. Todavía en épocas posteriores, cuando el alegre estudiante se ha convertido en hombre maduro, y reunido con otros de su talla en un Congreso científico, se ha sentido trasladado de nuevo a su época de aprendizaje, busca al terminar las sesiones un periódico satírico o una humorística conversación que, tomando a burla disparatadamente los nuevos conocimientos adquiridos, le compensen de las nuevas coerciones intelectuales que los mismos han traído consigo.

Mas en la edad adulta la crítica que ha reprimido el placer de disparatar llega ya a adquirir tal fuerza, que no puede ser eludida, ni siquiera temporalmente, sin la cooperación de medios auxiliares tóxicos. El valioso servicio que el alcohol rinde al hombre es el de transformar su estado de ánimo; de aquí que no en todos los casos sea fácil prescindir de tal "veneno". El buen humor surgido endógenamente o tóxicamente provocado debilita las fuerzas coercitivas, entre ellas la crítica, y hace accesibles de este modo fuentes de placer sobre las que pesaba la coerción. Es harto instructivo ver cómo conforme el buen humor va imponiendo su reinado van disminuyendo las cualidades que del chiste se exigen. El buen humor sustituye al chiste, como este tiene, a su vez, que esforzarse en sustituir al primero, cuando falta, para evitar que permanezcan reprimidas duramente determinadas posibilidades de placer, entre ellas el placer de disparatar.

Bajo la influencia del alcohol el adulto se convierte nuevamente en niño al que proporciona placer la libre disposición del curso de sus pensamientos sin observación de la coerción lógica.

Esperamos haber demostrado que las técnicas de contrasentido del chiste corresponden a una fuente de placer. Recordemos ahora únicamente que este placer surge del ahorro de gasto psíquico y de la liberación de la coerción de la crítica.

Una revisión de las técnicas del chiste, que antes dividimos en tres grupos, nos hace observar que el primero y el tercero de ellos, la sustitución de las asociaciones objetivas por asociaciones verbales y el empleo del contrasentido, pueden reunirse en uno solo como procedimientos de restablecer antiguas libertades y de descargar al sujeto del peso de las coerciones impuestas por la educación intelectual. Estas técnicas son, por decirlo así, "reducciones de la carga psíquica", y podemos colocarlas hasta cierto punto en contraposición al ahorro que la técnica realiza en el segundo grupo. Por lo tanto, la reducción del gasto psíquico ya existente y el ahorro del venidero son los dos principios sobre los que descansan la técnica del chiste y todo el placer que la misma produce. Las dos clases de técnica y de aportación de placer coinciden por lo demás —en conjunto— con la división del chiste en verbal e intelectual.

Las reflexiones que anteceden nos han aproximado al conocimiento de una psicogénesis del chiste, en la que intentaremos penetrar ahora más hondamente. Hemos llegado a conocer ciertos grados preliminares del chiste, cuyo desarrollo hasta el chiste tendencioso nos puede seguramente descubrir nuevas relaciones entre los diversos caracteres del chiste. Anterior a este es algo que podemos calificar de juego y que aparece en el niño mientras aprende a emplear palabras y a unir ideas, obedeciendo probablemente a uno de los instintos que obligan al niño a ejercitar sus facultades (Groos). En este ejercicio descubre el sujeto infantil efectos de placer, surgidos de la repetición de lo análogo y del reencuentro de lo conocido, que demuestran ser inesperados ahorros de gasto psíquico. No es de admirar que estos efectos de placer impulsen al niño a dedicarse con entusiasmo a su juego, sin tener para nada en cuenta la significación de las palabras y la coherencia de las frases. Así, pues, el primer grado preliminar del chiste sería el juego con palabras e ideas, motivado por determinados efectos placientes del ahorro.

A este juego pone fin el robustecimiento de un factor que merece ser calificado de crítica o razón. El juego es entonces rechazado como falto de sentido o francamente disparatado; la crítica lo ha hecho ya imposible. Al mismo tiempo, queda también excluida por completo la consecución de placer de fuentes tales como el reencuentro de lo conocido, etc., salvo casualmente cuando se apodere del sujeto un alegre estado de ánimo que, como la alegría infantil, suprima la coerción crítica. Sólo en este caso se hace de nuevo posible el antiguo juego aportador de placer; pero el hombre no se conforma con esperar la aparición de estas circunstancias, renunciando a procurarse el placer a voluntad, sino que busca medios que hagan al mismo independiente de su estado de ánimo. El subsiguiente desarrollo del juego hasta el chiste es regido por dos aspiraciones: la de eludir la crítica y la de sustituir el estado de ánimo.

De este modo se constituye el segundo grado preliminar del chiste, o sea, la *chanza*. Se trata de continuar la aportación de placer del juego y amordazar las exigencias de la crítica, que no dejarían surgir la sensación de placer. Para alcanzar este fin no existe sino un único camino. La yuxtaposición disparatada de palabras o la sucesión contra sentido de pensamientos tiene forzosamente que adquirir un sentido. Todo el arte de la elaboración del chiste se dedica a hallar aquellas palabras o constelaciones de ideas en que esta condición se muestre cumplida. Ya aquí, en la chanza, encuentran empleo todos los medios técnicos del chiste, y los usos del lenguaje no hacen entre chanza y chiste ninguna distinción importante. Lo que diferencia a la chanza del chiste es que el sentido de la frase arrancada a la crítica no necesita ser valioso, nuevo, ni siquiera bueno; basta con que pueda expresarse en la forma escogida, aunque sea desacostumbrado, superfluo e inútil expresarlo así. En la chanza aparece en primer término la satisfacción de haber realizado lo que la crítica prohibía.

Así, es únicamente una chanza cuando Schleiermacher define los celos como la pasión que busca con celo lo que dolor produce (*Eifersucht* ist eine *Leiden-schaft*, die mit *Eifer sucht* más *Leiden schafft*). También constituye una chanza el siguiente dicho del profesor Kästner, que en el siglo XVIII explicaba Física —y hacía chistes— en la Universidad de Gottingen: Viendo, al pasar lista a sus alumnos, que había uno cuyo nombre era Guerra, le preguntó qué edad tenía. "Treinta años", contestó el estudiante. "¡Ah!, entonces tengo el honor de contemplar la guerra de los Treinta Años"[32]. Con una chanza respondió Rokitansky a un individuo que le preguntaba qué profesión había escogido cada uno de sus cuatro hijos: "Dos *curan* (*heilen*) y dos *aúllan* (*heulen*)" —similicadencia *heilen-heulen*—; esto es, dos son médicos y los otros dos cantantes. La respuesta era justa y en ella no se decía nada que no estuviese expresado en la frase normal: "Dos son médicos y otros dos cantantes". Es, por lo tanto, indudable que si la frase tomó una forma anormal fue tan sólo por el placer derivado de la unificación y la similicadencia de los dos verbos empleados.

Me parece que vamos viendo ya claramente en esta cuestión. Hemos visto estorbada de continuo nuestra valoración de las técnicas del chiste por el hecho de no ser estas privativas del mismo, y, sin embargo, parecía depender de ellas toda su esencia, dado que, suprimiéndolas por medio de la reducción, desaparecerían tanto el placer como el carácter mismo del chiste. Mas observamos ahora que lo que hemos descrito como técnicas del chiste, y en un cierto sentido tenemos que seguir denominando así, son más bien las *fuentes* de las que el chiste extrae el placer. No podremos, por lo tanto, extrañar en adelante que otros procedimientos encaminados al mismo fin extraigan placer de las mismas fuentes. En cambio, la técnica peculiar y exclusiva del chiste se hallará en su procedimiento de proteger el empleo de estos medios productores de placer

---

[32] N. del Traductor. —En alemán el sustantivo 'guerra' es masculino, con lo cual queda facilitada la chanza.

contra las exigencias de la crítica, que motivarían la desaparición del mismo. De este procedimiento no podemos por ahora decir casi nada con carácter general; la elaboración del chiste se manifiesta, como ya hemos indicado, en la selección de aquel material verbal y aquellas situaciones intelectuales que permiten al antiguo juego con palabras e ideas soportar victoriosamente el examen de la crítica. Para este fin tienen que ser aprovechadas con máxima habilidad todas las peculiaridades del tesoro verbal y todas las constelaciones de la conexión ideológica. Quizá nos hallemos más adelante en situación de caracterizar la elaboración del chiste por medio de una determinada cualidad; mas, por lo pronto, tenemos que dejar inexplicado cómo se realiza la selección necesaria al chiste. La tendencia y la función del chiste, consistentes en proteger de la crítica las conexiones verbales e ideológicas productoras del placer, se muestran ya en la chanza como sus más esenciales características. Desde el principio su función es la de suprimir coerciones internas y alumbrar fuentes que las mismas habían cegado. Más adelante hallaremos cómo permanece fiel a este carácter a través de todo su desarrollo.

Nos hallamos ahora en situación de fijar al factor del "sentido en lo desatinado", al que los autores conceden tan grande importancia para la caracterización del chiste y para la explicación de su efecto, de placer, en justa situación. Los dos puntos fijos de la condicionalidad del chiste, su tendencia a continuar el juego productor de placer y su esfuerzo en protegerlo de la crítica de la razón, aclaran, sin necesidad de más amplias explicaciones, por qué el chiste aislado, cuando se nos muestra disparatado desde un punto de vista, tiene, desde otro, que parecernos sensato o, por lo menos, admisible. A la elaboración del chiste corresponde lograr este efecto; allí donde no lo consigue, es rechazado aquel como un desatino. Mas no tenemos necesidad de derivar el efecto de placer del chiste de la pugna de las sensaciones que surgen del sentido y al mismo tiempo desatino del mismo, sea directamente, sea por el camino del *desconcierto y esclarecimiento*. Tampoco nos vemos precisados a aproximarnos más al problema de cómo puede surgir el placer de la alternativa de tener por disparatado y reconocer como sensato el chiste. La psicogénesis del mismo nos ha enseñado que el placer del chiste procede del juego con palabras o del desencadenamiento del desatino, y que su sentido se halla destinado exclusivamente a proteger este placer contra su supresión por la crítica.

Con esto habríamos explicado en la *chanza* el esencial carácter del chiste. Podremos, por lo tanto, dirigir ahora nuestra atención al subsiguiente desarrollo de la chanza hasta culminar en el chiste tendencioso. La chanza coloca aún en primer término la tendencia a agradarnos y se contenta con que su expresión no nos parezca desatinada o falta de todo contenido. Cuando esta misma expresión se muestra plena de contenido o de valor, se transforma la chanza en *chiste*. Un pensamiento que hubiera sido digno de todo nuestro interés, aun expresado en la forma más sencilla, aparece revestido de una forma que tiene que despertar, por sí misma, nuestro agrado, haciéndonos pensar, además, que una tal coincidencia no ha surgido, ciertamente, sin propósito determinado. Impulsados por esta idea, nos esforzamos en adivinar las intenciones en que la formación del chiste se basa. Una observación que antes hicimos como de pasada nos servirá ahora de guía. Hemos advertido antes que un buen chiste nos produce un agradable efecto de conjunto en el que no podemos distinguir qué parte del placer se debe a la forma chistosa y qué otra al excelente contenido ideológico. Constantemente nos equivocamos en esta valoración, sobreestimando unas veces la bondad del chiste, a consecuencia de nuestra admiración por el pensamiento en él contenido y otras el valor de tal pensamiento, impulsados por el placer que el revestimiento chistoso nos proporciona. No sabemos lo que nos causa placer ni de qué reímos. Esta inseguridad de nuestro juicio puede quizá haber proporcionado el motivo para la formación de lo que estrictamente denominamos *chiste*. El pensamiento busca el ropaje chistoso porque por medio del mismo se recomienda a nuestra atención y puede parecernos más importante y valioso, pero, ante todo, porque tales vestiduras sobornan y confunden a nuestra crítica. Nos inclinamos a atribuir al pensamiento la complacencia que la forma chistosa nos ha producido y tendemos a no hallar equivocado lo que nos ha causado placer, para no cegar de este modo una fuente del mismo. Si el chiste nos hace reír, queda establecida en nosotros una disposición desfavorable a la crítica, pues se nos impone desde el exterior aquel estado de ánimo que antes se satisfacía con el juego y que el chiste se ha esforzado en sustituir por todos los medios. Aunque anteriormente hemos establecido que tales chistes debían denominarse inocentes; esto es, no tendenciosos, nos vemos ahora obligados a reconocer que, en sentido estricto, sólo la chanza carece de toda tendencia, no obedeciendo a otra intención que a la de crear placer. El chiste —aunque el pensamiento que contenga carezca de todo propósito y sirva, por lo tanto, únicamente a un interés intelectual teórico— no carece nunca de tendencia, pues persigue una segunda intención, la de mejorar el pensamiento, fortificándolo, y asegurarlo así contra la crítica. De este modo exterioriza el chiste su naturaleza primitiva, colocándose enfrente de un poder limitador y coercitivo: el juicio crítico.

Esta primera utilidad del chiste, que va más allá de la producción de placer, señala el camino a sus demás funciones. El chiste queda ya reconocido como un factor de poder psíquico, cuya intervención puede ser decisiva. Los grandes instintos y tendencias de la vida anímica lo toman a su servicio para alcanzar sus fines. El chiste, primitivamente exento de tendencias y que comenzó como juego, entra, *secundariamente*, en relación con tendencias a las que, en definitiva, nada de lo que se constituye en la vida anímica puede escapar. Sabemos ya lo que puede rendir al servicio de las tendencias desnudadora, hostil, cínica y escéptica. En el chiste obsceno, derivado del chiste "verde", convierte a aquella tercera persona que constituía un estorbo en la situación sexual primitiva —sobornándola al compartir con ella el placer conquistado— en un aliado ante el que la mujer tiene que avergonzarse. En la tendencia agresiva transforma por igual medio al oyente, imparcial al principio, en un secuaz de su odio o su desprecio y hace surgir contra el enemigo un poderoso ejército allí donde antes no existía sino un solo combatiente. En el primer caso, domina la coerción del pudor y de la decencia por medio de la prima de placer que ofrece; en el segundo, elude de nuevo el juicio crítico, que sin él hubiese examinado el caso discutido. En los casos tercero y cuarto, al servicio de la tendencia cínica y escéptica, destruye el chiste, fortificando el argumento aducido y constituyendo un nuevo modo de ataque, el respeto a instituciones y verdades admitidas por el oyente. Allí donde el argumento intenta atraer la crítica de aquel, tiende el chiste a evitarlo, dándole de lado. No cabe duda de que el chiste ha escogido el camino más eficaz, psicológicamente.

En esta revisión de la función del chiste tendencioso hemos hallado, en primer término, algo muy fácil de observar: el efecto del chiste en aquel que lo escucha. Pero mucho más importantes para la inteligencia de estos problemas son las funciones que el chiste lleva a cabo en la vida anímica de aquel que lo dice, o dicho con mayor precisión, de aquel a quien se le ocurre. Ya antes nos propusimos —y hallamos aquí ocasión para renovar nuestros propósitos— estudiar los procesos psíquicos del chiste, teniendo en cuenta su relación a dos personas diferentes. Por lo pronto, manifestaremos nuestra sospecha de que el proceso estimulado por el chiste en el oyente reproduce, en la mayoría de los casos, el que antes ha tenido lugar en el autor. Al obstáculo exterior que ha de ser vencido en el primero corresponde en este último un obstáculo interno, que, como mínimo, será la representación coercitiva del obstáculo externo que ha de vencer. En algunos casos, el obstáculo interno que es vencido por el chiste tendencioso resulta evidente. Así, de los chistes de N. tenemos que suponer que no se limitan a proporcionar al oyente el placer de la agresión injuriosa, sino que, ante todo, facilitan al mismo N. la producción de dichas injurias, constituyendo el único camino por el que le es posible exteriorizarlas. Entre las especies de la coerción o cohibición interna existe una especialmente digna de nuestro interés, por ser la de mayor amplitud. Es esta la que conocemos con el nombre de *represión*, y se caracteriza por sus efectos, consistentes en excluir de la conciencia los sentimientos que caen bajo su acción, con todos sus derivados y ramificaciones. Ya veremos, más adelante, cómo el chiste tendencioso consigue extraer placer incluso de estas fuentes sometidas a la represión. Si, como antes indicamos, es posible referir de este modo el vencimiento de obstáculos exteriores al de coerciones y represiones interiores, podremos decir que el chiste tendencioso demuestra más claramente que ningún otro de elaboración del mismo, constituido por el hecho de dar los grados evolutivos del chiste el carácter esencial de la libertad a magnitudes de placer por medio de la remoción de coerciones. El chiste tendencioso fortifica las tendencias a cuyo servicio se coloca, aportándoles auxilios procedentes de sentimientos reprimidos, o entra, abiertamente, al servicio de tendencias reprimidas.

Podemos admitir sin dificultad que estas son las funciones del chiste tendencioso, pero, al hacerlo, reflexionamos que no hemos llegado aún a comprender en qué forma le es posible llevarlas a cabo. Toda la fuerza de estos chistes se halla en el placer que extraen del juego con palabras y de la liberación del disparate, y si hemos de juzgar por la impresión que hemos recibido de las chanzas desprovistas de tendencia, no podemos atribuir a este placer tan considerable magnitud que nos sea dable suponerle poder suficiente para remover arraigados obstáculos e intensas represiones. Pero lo que realmente sucede, en este punto concreto, es que no se trata de la sencilla actuación de una fuerza, sino de un complicado sistema de fuerzas combinadas. En lugar de exponer aquí el largo rodeo por el que he llegado al conocimiento de esta circunstancia, trataré de representarla por un corto camino sintético.

G. Th. Fechner ha establecido en su *Introducción a la Estética* (Tomo I, V.) el "principio de la cooperación o puja estética", exponiéndolo en la forma siguiente: *De la unión de condiciones de placer, de escasa potencia cada una, surge un resultado de placer, superior, a veces considerablemente, al que corresponde al valor de placer de tales condiciones tomadas por separado, y mayor aún de lo que pudiera explicarse por la suma de cada uno de los efectos. Por medio de tal reunión puede hasta conseguirse un positivo resultado de placer, incluso cuando cada uno de los factores es por sí solo incapaz de lograrlo.* A mi juicio, el tema del chiste no nos ofrece grandes ocasiones de confirmar la certeza de este principio, demostrable en muchas otras creaciones artísticas. Sin embargo, nuestra investigación nos ha enseñado algo que, por lo menos, muestra cierta relación con la hipótesis de Fechner; pues hemos visto que en la actuación conjunta de varios factores productores de placer no nos es posible atribuir a cada uno de ellos la parte que realmente le corresponde en el resultado. Lo que sí haremos es modificar la situación supuesta en el principio de la cooperación y establecer para estas nuevas condiciones una serie de interrogantes merecedoras de aclaración.

¿Qué sucede, en general, cuando en una constelación aparecen condiciones de placer junto a condiciones de displacer? ¿De qué depende entonces el resultado y en qué se manifiesta? El caso del chiste tendencioso es un caso especial entre estas posibilidades. Existe un sentimiento o aspiración que quería extraer placer de una determinada fuente y lo hubiera conseguido de no tropezar con un obstáculo; de otra parte, existe otra aspiración que actúa en contra de este desarrollo de placer, estorbándolo o reprimiéndolo. La aspiración represora tiene que ser, como lo demuestra el resultado, más fuerte, en una cierta magnitud, que la reprimida, la cual no por ello desaparece.

Agrégase ahora una nueva aspiración que extraería placer del mismo proceso, aunque de distintas fuentes, aspiración que actúa, por lo tanto, en el mismo sentido que la reprimida. ¿Cuál será en este caso el resultado? Un ejemplo nos orientará mejor que cualquier esquematización. Supongamos existente la aspiración a insultar a una determinada persona; mas al paso de esta aspiración salen el sentimiento del propio decoro y la cultura estética, con tal fuerza, que el insulto tiene que ser retenido, y si pudiera surgir mediante una transformación de la situación afectiva o del estado de ánimo, esta victoria de la tendencia insultante sería sentida después con displacer. Queda, pues, suprimido el insulto. Mas se ofrece la posibilidad de extraer un buen chiste del material de palabras y pensamientos que habrían de servir para expresarlo; o sea, una ocasión de extraer placer de otras fuentes distintas, cuyo acceso no está prohibido por la misma represión. Sin embargo, esta segunda conquista de placer no podría realizarse si el insulto hubiera de ser abandonado; mas en cuanto este es admitido, en su nueva forma expresiva, queda ligada también a él la nueva consecución de placer. Nuestra experiencia del chiste tendencioso nos muestra que en tales circunstancias puede recibir la tendencia reprimida, con la ayuda del placer del chiste, la energía suficiente para vencer la coerción, que de otro modo la superaría en energía. Se insulta porque con ello se hace posible el chiste. Pero el placer a que se aspira no es el producido por el chiste; es incomparablemente superior, y tanto mayor que el placer del chiste cuanto que debemos suponer que la tendencia antes reprimida ha conseguido imponerse y manifestarse por entero. En estas circunstancias es en las que el chiste tendencioso excita más nuestra hilaridad.

La investigación de las condiciones de la risa nos llevará quizá a una más definida representación del proceso por el que el chiste coadyuva a la lucha contra la represión. Pero vemos también ahora que el caso del chiste tendencioso es un caso especial del principio de la cooperación. Una posibilidad de desarrollo de placer se agrega a una situación en la que otra posibilidad se halla cohibida de tal manera, que no podría por sí sola producir placer ninguno. El resultado de esta agregación es un desarrollo de placer muy superior al de la posibilidad agregada, la cual ha actuado como *prima de atracción*; por medio de la oferta de una pequeña magnitud de placer se ha conquistado una gran cantidad del mismo, que de otro modo hubiera sido difícil de lograr. Resulta ahora muy justificada la sospecha de que este principio corresponde a un proceso que se verifica en muchos y muy alejados dominios de la vida anímica y creo muy apropiado calificar de *placer preliminar* (*Vorlust*) el placer que actúa como prima de atracción para conseguir la libertad de una magnitud mucho más considerable. El principio que de este modo dejamos establecido será, pues, el *principio del placer preliminar*.

Podemos ya exponer la fórmula del mecanismo del chiste tendencioso: se pone este al servicio de determinadas tendencias con el fin de engendrar nuevo placer, suprimiendo retenciones y represiones por medio del placer del chiste, que actúa en calidad de placer preliminar. Examinando su desarrollo, podemos decir que el chiste ha permanecido fiel a su esencia desde su origen hasta su perfección. Comienza como un juego dedicado a extraer placer del libre empleo de palabras e ideas. Luego, en cuanto el robustecimiento de la razón rechaza, como falto de sentido, el juego con las palabras, y como disparatado aquel en que intervienen ideas, se transforma en chanza para conservar estas fuentes de placer y poder conquistar nuevo placer por medio de la liberación del disparate. Como chiste propiamente dicho, aun exento de toda tendencia, presta su ayuda a las ideas y las fortalece contra los ataques del juicio crítico, actividad en la que se sirve del principio de la confusión de las fuentes de placer; por último, entra al servicio de importantes tendencias que luchan contra la represión y se consagra a suprimir obstáculos interiores conforme al principio del placer preliminar. La razón —el juicio crítico— y la represión son los poderes que uno tras otro va combatiendo, mientras conserva las primitivas fuentes de placer verbal y se abre paso, a partir del grado de la chanza, hasta otras nuevas, por medio de la remoción de obstáculos. El placer que produce, sea placer de juego o de remoción, lo podemos derivar, en cada caso, del ahorro de gasto psíquico, siempre que esta concepción no se manifieste contraria a la esencia del placer y demuestre ser fructífera en otros campos[33].

---

[33] Los chistes disparatados merecen aquí un corto examen, ya que en nuestra exposición no les hemos concedido la atención a que son acreedores.

Dada la importancia que en nuestra teoría concedemos al factor "sentido en lo desatinado", podríamos sentirnos inclinados a exigir que todo chiste fuera un chiste disparatado. Mas esto no es necesario, pues únicamente el juego con ideas conduce inevitablemente al desatino; la otra fuente del pacer del chiste, el juego con palabras, sólo en ocasiones produce esta impresión y no despierta siempre la crítica con ella ligada. La doble raíz del placer del chiste, que puede provenir del juego con palabras y del juego con ideas —dualidad en que se basa la principal división del chiste en verbal e intelectual—, hace muy difícil toda generalización. El juego con palabras produce un franco placer a consecuencia de los ya citados factores de reconocimiento, etc., y no queda, por lo tanto, sometido a la represión más que en muy escasa medida. El juego con ideas no puede ser motivado por tal placer; ha sido objeto de una muy enérgica represión, y el placer que producir puede es tan sólo placer por la remoción del obstáculo; podemos, pues, decir que el placer del chiste muestra un nódulo de primitivo placer de juego y una envoltura de placer de remoción. En el chiste disparatado no aceptamos, desde luego, y sin explicación ninguna, que el placer que nos produce sea debido a la liberación de un desatino de las ligaduras de la represión; en cambio, sí observamos, desde luego, que un juego con palabras nos ha producido placer. El desatino, privativo del chiste intelectual, adquiere secundariamente la función de intensificar nuestra atención por medio del desconcierto. Sirve, pues, para robustecer el efecto del chiste, pero tan sólo cuando se presenta de manera que el desconcierto pueda preceder en un preciso lapso de tiempo a la comprensión. En algunos ejemplos hemos visto que el desatino en el chiste puede ser empleado para la exposición de un juicio contenido en el pensamiento. Pero tampoco es esta la significación primaria del disparate en el chiste.

A los chistes desatinados podemos agregar una serie de producto análogos al chiste, para los que no poseemos un nombre apropiado, pero que quizá merezcan la calificación de "disparates de apariencia chistosa". Esta clase de disparates es infinitivamente numerosa, mas nos limitaremos a presentar dos muestras: un individuo que está cenando mete, al serle servido el pescado, ambas manos en la salsa mayonesa y se unta el pelo con ella. Al observar el asombro de sus vecinos de mesa, parece luego advertir su error, y exclama en son de disculpa: "¡Perdón! Creí que eran espinacas".

Otro: "La vida es un puente colgante", dice uno. "¿Cómo es eso?", le preguntan. "¿Y yo qué sé?", responde.

Estos ejemplos extremos producen su efecto por suponer el oyente que se trata de un chiste y afanarse en descubrir tras del disparate un sentido oculto. Pero no le es posible hallar ninguno; se trata de un simple desatino. Bajo la apariencia chistosa se ha conseguir, por un momento, dar libertad al placer de disparatar. Estos chistes no están del todo desprovistos de tendencia: son "engañabobos" o "camelos", que proporcionan al que lo dice un cierto placer viendo engañado y molesto al oyente, el cual aplaca su molestia prometiéndose hace caer a su vez a otros en la trampa.

V

LOS MOTIVOS DEL CHISTE.
EL CHISTE COMO FENÓMENO SOCIAL

Habiendo reconocido como motivo suficiente de la elaboración del chiste la intención de conseguir placer, parece ahora inútil resucitar esta cuestión. Mas, por un lado, no es imposible que otros motivos diferentes tomen parte en la producción del chiste, y, por otro, no debemos dejar de incluir en nuestra investigación el problema de la condicionalidad subjetiva del mismo.

Dos hechos nos impulsan ante todo a hacerlo así. La elaboración del chiste es, desde luego, un excelente medio de extraer placer de los procesos psíquicos, mas no todos los hombres se hallan igualmente capacitados para servirse de él. No se halla a disposición de todo el mundo, y, ampliamente, sólo a la de contadas personas, a las que caracterizamos diciendo que tienen "chiste". En este sentido se nos muestra el "chiste" como una especial capacidad perteneciente a la categoría de las antiguas "potencias del alma", pero casi por completo independiente de las restantes: inteligencia, fantasía, memoria, etc. Deberemos, pues, suponer en los sujetos chistosos especiales disposiciones o condiciones psíquicas que permiten o favorecen la elaboración del chiste.

Temo que no nos ha de ser posible profundizar mucho en este punto. Sólo en ocasiones aisladas logramos avanzar desde la comprensión de un chiste hasta el conocimiento de las condiciones subjetivas existentes en el espíritu de su autor. A una feliz casualidad se debe, no más, que precisamente el ejemplo con cuyo análisis hemos inaugurado nuestra investigación de las técnicas nos permita penetrar hasta la condicionalidad subjetiva del chiste. Me refiero a la chistosa frase de Heine, que antes que nosotros analizaron ya Hayman y Lipps:

"Tan cierto como que de Dios proviene todo lo bueno, señor doctor, es que una vez me hallaba yo sentado junto a Salomón Rothschild y que me trató como a un igual suyo, muy *famillionarmente (famillionär)*".

Esta frase la pone Heine en boca de un personaje cómico, el hamburgués Hirsch-Hyacinth, colector de lotería, casado, callista y ayuda de cámara del distinguido barón Cristóforo Gumpelino (antes Gumpel). Se ve que el poeta siente especial predilección por esta su criatura, pues le hace llevar la voz cantante en el relato y enunciar las más osadas y divertidas ideas, prestándole la práctica sabiduría de un Sancho Panza. Lástima que, llevado Heine por su falta de afición a la forma dramática, deje perderse tan pronto esta deliciosa figura. Sin embargo, en más de una ocasión nos quiere parecer que Hirsch-Hyacinth no es sino una transparente máscara, detrás de la cual es el poeta mismo quien habla, y a poco que reflexionemos, adquirimos la certeza de que el cómico personaje constituye una autoparodia del propio Heine. Así, cuando Hirsch relata la razón de haber abandonado su verdadero nombre, adoptando el de Hyacinth. "Este nombre —dice— lo escogí porque empezaba con H, como el mío, y me evitaba hacer grabar de nuevo mis iniciales". Es esto, exactamente, lo que sucedió a Heine cuando, al bautizarse, cambió su nombre —Harry— por el de Heinrich. Además, todo aquel que conozca la biografía de Heine recordará que el poeta tenía en Hamburgo, ciudad de la que hace natural a Hirsch-Hyacinth, un tío de su mismo apellido que desempeñaba en la familia el papel de pariente adinerado y ejerció en la vida de nuestro autor una decisiva influencia. Su nombre era Salomón, como el del viejo Rothschild, que hubo de acoger al infeliz Hirsch tan *famillionarmente*. De este modo, lo que en boca de Hirsch-Hyacinth nos parecía una chanza, muestra un fondo de amargura atribuido al sobrino Harry-Heinrich. Sabemos que este quiso estrechar los lazos de unión con esta parte de su familia, y que fue su más ardiente deseo contraer matrimonio con una hija de su tío Salomón; pero la muchacha le rechazó, y el padre le trató siempre harto *famillionarmente*, como a un pariente pobre. Sus opulentos primos de Hamburgo nunca le miraron tampoco con afecto. Recuerdo aquí lo que me contó una anciana tía mía, que por su matrimonio entró a formar parte de la familia Heine. Un día en que, recién casada, fue a comer a casa de Salomón, tuvo por vecino de mesa a un joven silencioso y desganado, al que los demás trataban con cierto desdén. Por su parte, tampoco tuvo ella ocasión de mostrarse muy afectuosa con su vecino, y sólo muchos años después supo que aquel taciturno y desdeñado joven era el poeta Heinrich Heine. Este desvío de sus ricos parientes hizo sufrir mucho a Heine, tanto en su juventud como en años posteriores, y tales emociones subjetivas dieron cuerpo al chiste cuyo análisis nos ocupa.

También en otros chistes de este gran humorista podemos suponer la existencia de análogas condiciones subjetivas, pero no conozco ningún ejemplo más en el que las mismas aparezcan tan evidentemente. No es, por lo tanto, nada sencillo precisar la naturaleza de tales condiciones subjetivas, ni podemos suponer *a priori* a cada chiste producto de tan complicada génesis. Tampoco en las producciones chistosas de otros famosos ingenios hallamos camino más accesible para nuestra investigación. A veces, como cuando nos enteramos de que Lichtenberg era un hipocondríaco, sujeto a las más originales rarezas, nos inclinamos a pensar que las condiciones subjetivas de la elaboración del chiste no se hallan muy alejadas de las de la enfermedad neurótica. La gran mayoría de los chistes, especialmente de aquellos que surgen apoyándose en los nuevos intereses de cada día, es de procedencia anónima y nos hace preguntarnos con curiosidad qué clase de personas serán sus autores. Cuando en el ejercicio de la Medicina se tiene ocasión de conocer a uno de aquellos individuos que sin presentar, por lo demás, sobresalientes cualidades, son conocidos en su círculo como chistosos y autores de muchos de los chistes en circulación, se experimenta con frecuencia la sorpresa de ver que se trata de sujetos predispuestos a enfermedades nerviosas. Mas por insuficiencia de pruebas nos abstenemos, desde luego, de erigir tal constitución psiconeurótica en condición subjetiva necesaria o regular de la formación del chiste.

Constituyen, en cambio, un caso más transparente aquellos chistes judíos, que ya conocemos, debidos a individuos de raza israelita, pues los que proceden de personas extrañas no pasan nunca, como ya hemos visto, del nivel de la comicidad o de la burla brutal. En ellos parece cumplirse, como en el chiste de Heine antes examinado, la condición de que la propia persona participe en el contenido del chiste, condición cuya importancia estriba en el hecho de dificultar al sujeto la crítica o agresión directa, obligándole a buscar un rodeo.

Otras condiciones que hacen posible o favorecen la elaboración del chiste se muestran más claramente ante nuestros ojos. El móvil de la producción de chistes inocentes es con gran frecuencia el vanidoso impulso de mostrar nuestro propio ingenio, dándonos en espectáculo; esto es, un instinto equivalente a la exhibición en el terreno sexual. La existencia de numerosos instintos retenidos, cuya cohibición presenta cierto grado de inestabilidad, producirá la disposición favorable a la producción del chiste tendencioso. Componentes aislados de la constitución sexual de un individuo pueden de este modo actuar como motivos de la formación de chistes. Toda una serie de chistes obscenos permite deducir en sus autores una oculta tendencia a la exhibición. Los chistes tendenciosos agresivos resultan especialmente fáciles para aquellos sujetos en cuya sexualidad puede demostrarse la existencia de poderosos componentes sadistas, más o menos cohibidos en su vida individual.

La otra circunstancia que nos impulsa a investigar la condicionalidad subjetiva del chiste es el hecho, generalmente conocido, de que nadie se contenta con hacer un chiste únicamente para sí. A la elaboración del chiste se halla indisolublemente ligado el impulso a comunicarlo, y este impulso es tan poderoso, que se impone con frecuencia, a despecho de importantes consideraciones. También la comunicación de lo cómico nos proporciona un placer, pero el impulso que a ella nos lleva no es ya tan imperativo: lo cómico puede ser gozado aisladamente allí donde surge ante nosotros. En cambio, nos vemos obligados a comunicar el chiste. El proceso psíquico de la formación del chiste no parece terminar con el acto de ocurrírsenos; queda aún algo, que tiende a cerrar, con la comunicación de la ocurrencia, el desconocido mecanismo de su producción.

No nos es dado adivinar al principio en qué puede fundarse esta tendencia a la comunicación del chiste.

Mas observamos en este una nueva peculiaridad que agregar a aquellas que lo diferencian de lo cómico. Cuando lo cómico surge ante nosotros, lo primero que hacemos es reír de ello, sin ocuparnos de hacer a nadie partícipe de nuestra risa. Posteriormente, después de haber reído a nuestro gusto, es cuando quizá encontremos un nuevo placer en comunicar lo que nos ha divertido. En cambio, no reímos jamás del chiste que se nos ocurre, a pesar del innegable contento que el mismo nos produce. Es, por lo tanto, posible que nuestra necesidad de comunicar el chiste se halle relacionada de algún modo con tal efecto hilarante, que nos es negado como autores, pero que se manifiesta con todo su poder en las personas a las que comunicamos nuestra ocurrencia.

¿Por qué no reímos de nuestros propios chistes? ¿Y qué papel desempeña el oyente?

Examinemos en primer lugar esta última interrogante. En lo cómico toman parte dos personas: además de nuestro propio *yo*, aquella otra en la que hallamos la comicidad. Asimismo, cuando encontramos cómico un objeto es merced a una especie de personificación, nada rara en nuestra vida ideológica. Estas dos personas, el *yo* y la persona-objeto, son suficientes para el proceso cómico. Puede agregarse a ellas una tercera, mas no obligada ni necesariamente. Cuando el chiste no es aún sino un juego con las propias palabras o ideas, prescinde todavía de una persona–objeto, pero ya en el grado preliminar de la chanza, cuando ha conseguido proteger el juego y el desatino de la censura de la razón, requiere una segunda persona a la que poder comunicar su resultado. Mas esta segunda persona del chiste no corresponde a la persona-objeto de la comicidad, sino a aquella tercera persona a la que se comunica el hallazgo cómico. En la chanza parece someterse a la segunda persona a la decisión de si la elaboración del chiste ha cumplido o no su cometido, como si el *yo* no confiase en la seguridad de su propio juicio. También el chiste inocente, que sabemos destinado a robustecer los pensamientos, necesita de una segunda persona para probar si ha alcanzado su intención. Cuando el chiste se pone al servicio de tendencias desnudadoras u hostiles, podemos describirlo como un proceso psíquico entre tres personas, las mismas que participan en la comicidad, pero el papel desempeñado por la tercera es muy distinto: el proceso psíquico del chiste se cumple entre la primera, o sea, el *yo*, y la tercera, o sea, el oyente, y no como en la comicidad entre el *yo* y la persona-objeto.

También en la tercera persona del chiste tropieza este con condiciones subjetivas que pueden privarle de alcanzar su fin de conseguir placer. Como Shakespeare advierte (*Love's Labour's Lost*, V. 2):

A jest's prosperity lies in the ear
of him that hears it, never in the tongue
of him that makes it...[34].

Aquel cuyo estado de ánimo depende de graves pensamientos no será el juez más apropiado para confirmar con sus risas que el chiste ha conseguido su propósito de salvar el placer verbal. Para poder constituir la tercera persona del chiste tiene el sujeto que hallarse de buen humor o, por lo menos, indiferente. Idéntico obstáculo encuentran el chiste inocente y el tendencioso, agregándose en este último un nuevo peligro posible: la oposición a la tendencia que el mismo intenta favorecer. La disposición a reír de un excelente chiste obsceno no podrá constituirse cuando el mismo se refiera a una persona estimada por el oyente o ligada a él por lazos de familia. En una reunión de sacerdotes católicos y pastores evangélicos no se atreverá nadie a citar la comparación de Heine que antes expusimos, y ante un auditorio compuesto de amigos de un adversario mío, las más chistosas invectivas que contra este pudieran ocurrírseme no serían acogidas como chistes, sino como invectivas, y producirían indignación en lugar de placer. Un cierto grado de complicidad o de indiferencia y la falta de todos aquellos factores que pudieran hacer surgir poderosos sentimientos contrarios a la tendencia son condiciones precisas para que la tercera persona pueda coadyuvar a la perfección del chiste.

Allí donde no aparecen estos obstáculos, oponiéndose al efecto del chiste, surge el fenómeno cuya investigación nos ocupa, o sea, el de que el placer que el chiste ha producido se muestra con mucha más claridad en la tercera persona que en su propio autor. Tenemos que contentarnos con decir "más

---

[34] "El éxito de un chiste depende de quien lo oye, no de quien lo dice".

claramente", aunque nuestro deseo sería preguntarnos si el placer del oyente no es mucho más intenso que el del autor, pero, como puede comprenderse, nos falta todo medio de comparación o medida. Vemos, sin embargo, que el oyente testimonia su placer con grandes risas después que la primera persona ha relatado, generalmente con grave gesto, el chiste, y que al contar de nuevo un chiste que hemos oído, nos vemos obligados, para no echar por tierra su efecto, a conducirnos en el relato, en la misma forma que su autor se condujo al comunicárnoslo. Surge aquí la cuestión de si podremos deducir de esta condicionalidad de la risa alguna conclusión sobre el proceso psíquico de la elaboración del chiste.

No podemos intentar una revisión de todo lo que se ha afirmado y publicado sobre la naturaleza de la risa. De tal propósito nos apartaría, además, la frase que Dugas, un discípulo de Ribot, coloca al frente de su libro *Psychologie du rire* (1902): *Il n'est pas de fait plus banal et plus étudié que le rire; il n'en est pas qui ait eu le don d'exciter davantage la curiosité du vulgaire et celle des philosophes, il n'en est pas sur lequel on ait recueilli plus d'observations et bâti plus des théories et avec cela il n'en est pas qui demeure plus inexpliqué; on serait tenté de dire avec les sceptiques qu'il faut être content de rire et de ne pas chercher à savoir pourquoi on rit, d'autant que peut-être la réflexion tue le rire, et qu'il serait alors contradictoire qu'elle en découvrît les causes.*

No dejaremos, en cambio, de aprovechar para nuestros propósitos una hipótesis sobre el mecanismo de la risa, que se incluye excelentemente en nuestro círculo de ideas. Me refiero al intento de explicación de dicho mecanismo que Spencer lleva a cabo en su *Physiology of laughter*[35].

---

[35] H. Spencer: *The Physiology of laughter* (first published in Macmillan's Magazine, for March, 1860), in Essays, t. II, 1901.

Según Spencer, la risa es un fenómeno de la descarga de excitación anímica, y constituye una prueba de que el empleo psíquico de tal excitación ha tropezado bruscamente con un obstáculo. La situación psicológica que se resuelve en la risa es descrita por este autor en la forma siguiente: *Laughter naturally results only when consciousness is unawares transferred from great things to small —only when there is what we may call a descending incongruity*[36].

En un análogo sentido, definen los autores franceses (Dugas) la risa, como una *détente*, o sea, un fenómeno de distensión. También la fórmula de A. Bain *Laughter a relief from constrains*, se aparta, a mi juicio, de la teoría de Spencer menos de lo que algunos investigadores intentan hacernos creer.

Sentimos ciertamente la necesidad de modificar el pensamiento de Spencer, determinando, en parte, más precisamente las representaciones en él contenidas, y, en parte, transformándolas.

---

[36] Varios extremos de esta afirmación necesitarían ser cuidadosamente comprobados en una investigación del placer cómico, comprobación que ya ha sido emprendida por otros autores y que, de todos modos, cae fuera de los límites de nuestra labor. A mi juicio, no estuvo muy feliz Spencer en la explicación de por qué la descarga encuentra precisamente aquellos caminos cuya excitación produce el cuadro somático de la risa. Una sola aportación quisiera yo incluir aquí al tema tan minuciosamente tratado desde Darwin, pero aún no agotado, de la explicación fisiológica de la risa, o sea, de la derivación o interpretación de los actos musculares característicos de la misma. Mi opinión es que el gesto que caracteriza la sonrisa —la contracción de las comisuras de labios— aparece, por vez primera, en el niño de pecho, cuando, satisfecho y harto, abandona el seno materno y se queda dormido. La sonrisa es, en este caso, un movimiento expresivo, pues corresponde a la decisión de no ingerir más alimento, y representa, por lo tanto, un "ya basta" o, más bien, un "sobra". Este primitivo sentido de la sonrisa —la placiente saciedad— proporciona quizá a la misma —que es el fenómeno fundamental de la risa— su posterior conexión con los placientes procesos de descarga.

Diríamos nosotros que la risa surge cuando una cierta magnitud de energía psíquica, dedicada anteriormente al revestimiento de determinados caminos psíquicos, llega a hacerse inutilizable y puede, por lo tanto, experimentar una libre descarga. Tenemos perfecta conciencia de la peligrosa sombra que arroja sobre nosotros este enunciado; mas para que nos sirva de escudo citaremos una frase de la obra de Lipps sobre la comicidad y el humor, obra en la que podemos hallar luminosos esclarecimientos sobre muy distintos problemas: "Al fin y al cabo todo problema psicológico nos conduce a las profundidades de la Psicología; de modo que, en el fondo, ninguno de ellos se deja tratar aisladamente". Los conceptos *energía psíquica* y *descarga* y el manejo de la energía psíquica como una cantidad son familiares a mi pensamiento desde que he comenzado a considerar filosóficamente los hechos de la Psicopatología. Ya en mi *Interpretación de los sueños* (1900) he intentado estatuir, de acuerdo con la idea de Lipps, los procesos psíquicos inconscientes en sí, y no los contenidos de la conciencia, como lo "psíquicamente eficiente"[37]. Tan sólo al hablar del "revestimiento de caminos psíquicos" parece que me alejo de las metáforas usadas por Lipps. Las experiencias sobre la capacidad de desplazamiento de la energía psíquica a lo largo de determinadas asociaciones y sobre la casi indeleble conservación de las huellas de los procesos psíquicos, es lo que me ha

---

[37] *Cf.* el capítulo VIII del citado libro de Lipps y del mismo número en mi *Interpretación de los sueños*. "Resulta, pues, válido el siguiente principio general: Los factores de la vida psíquica no son los contenidos en la conciencia, sino los procesos psíquicos inconscientes en sí. La labor de la Psicología, si no quiere limitarse a describir tan sólo contenidos de la conciencia, consistirá en deducir de la constitución de estos y de su conexión temporal la naturaleza de tales procesos inconscientes. La Psicología tiene que ser una teoría de estos procesos. Mas tal Psicología hallará, en seguida, que existen varias cualidades de tales procesos que no aparecen representadas en los correspondientes contenidos de conciencia". (Lipps, *loc. cit.*, pág. 123).

inducido a intentar representar en esta forma lo desconocido. Para evitar una mala inteligencia posible, debo añadir que no intento proclamar como tales caminos a las células y fibras o, en su lugar, al moderno sistema de las neuronas, aunque los mismos deberían representarse, en una forma aún no determinable, por elementos orgánicos del sistema nervioso.

Así, pues, según nuestra hipótesis, se dan en la risa las condiciones para que una suma de energía psíquica, utilizada hasta entonces como carga o revestimiento (*Besetzung*), sucumba a una libre descarga, y dado que, aunque no toda la risa, sí aquella que es producida por el chiste es un signo de placer, nos inclinaremos a referir tal placer a la remoción de la carga. Cuando vemos que el oyente ríe y, en cambio el autor del chiste no, tenemos que pensar que en el primero es removido y derivado un gasto de revestimiento (*Besetzungsaufwand*), mientras que en la elaboración del chiste surgen obstáculos, que se oponen ora a la remoción, ora a la descarga. Podemos caracterizar con gran precisión el proceso que se verifica en el oyente —la tercera persona del chiste—, haciendo resaltar el hecho de que él mismo se proporciona, con escasísimo gasto por su parte, el placer del chiste. Se diría que tal placer le resulta regalado. Las palabras del chiste hacen surgir en su espíritu aquella representación o asociación de ideas cuya formación tropezaba también en él con grandes obstáculos. Para construir espontáneamente, como primera persona, dicha representación o asociación hubiera tenido que poner en juego un esfuerzo propio, equivalente, por lo menos, a la cantidad de gasto psíquico necesario para vencer la energía del estorbo, cohibición o represión. Resulta, pues, que el oyente se ahorra todo este gasto psíquico y, conforme a nuestros anteriores resultados, diríamos que su placer corresponde a este ahorro. Mas ahora, tras de nuestro conocimiento del mecanismo de la risa, diremos más bien que la energía de revestimiento, dedicada a la retención, ha devenido a causa del establecimiento de la representación prohibida, logrado por medio de la percepción auditiva, repentinamente superflua, quedando removida y dispuesta a descargarse en la risa. De todos modos, ambas explicaciones de este proceso corren paralelas, pues el gasto ahorrado corresponde exactamente a la retención devenida superflua. Pero la segunda es más evidente, y, además, nos permite decir que el oyente del chiste ríe con la magnitud de energía psíquica que ha quedado en libertad por la remoción de la carga de retención (*Hemmungsbesetzung*); el oyente gasta, riendo, esta magnitud.

Dijimos antes que la circunstancia de que la persona en la que el chiste se forma no pudiera reír indicaba que el proceso se verificaba en ella de una manera diferente a como en la tercera persona; diferencia que podría hallarse en la remoción de la carga de retención o en la posibilidad de descarga de la misma. Mas el primero de estos dos casos tiene que ser excluido, como en seguida veremos. La carga de retención debe ser removida también en la primera persona, pues si no, ni hubiera llegado a existir el chiste, cuya formación supone el vencimiento de tal resistencia, ni sería posible que la primera persona sintiera el placer que al mismo acompaña y que tenemos que derivar de la remoción de la retención. No queda, pues, más que el otro caso, o sea, que la primera persona no puede reír, aunque siente placer, porque la posibilidad de descarga se halla perturbada. Una tal perturbación en la posibilidad de la descarga, que constituye una condición de la risa, puede ser producida por el inmediato destino de la energía de revestimiento, libertada a un distinto empleo endopsíquico. Esta posibilidad es, a nuestro juicio, importantísima, y habremos de dedicarle todo nuestro interés. Mas en la primera persona del chiste puede hallarse realizada otra condición que conduce al mismo resultado. A pesar de la conseguida remoción del revestimiento de retención, puede no haber quedado libre una magnitud de energía capaz de exteriorizarse. En la primera persona del chiste se verifica el trabajo de elaboración del mismo, que necesariamente ha de exigir una cierta magnitud de nuevo gasto psíquico. La primera persona hace, pues, surgir por sí misma la energía que remueve la retención, de lo cual extrae, sin duda, un placer que, en el caso del chiste tendencioso llega a ser muy considerable, dado que el placer preliminar, conquistado por la elaboración del chiste, toma a su cargo la restante remoción de la retención. Pero la cuantía del gasto producido por la elaboración del chiste minora, como un sustraendo, la ganancia conseguida por dicha remoción. Este gasto es el mismo que tiene lugar en el oyente del chiste. Para apoyar todas estas afirmaciones podemos aducir aún que el chiste pierde también en la tercera persona su efecto hilarante en el momento en que necesita un gasto de trabajo intelectual. Las alusiones del chiste tienen que ser evidentes, y el vacío dejado por las omisiones debe poderse colmar con facilidad. El efecto del chiste es regularmente destruido con la aparición del interés intelectual, circunstancia que constituye una importante diferencia entre el chiste y las adivinanzas. Quizá la constelación psíquica no sea favorable durante la elaboración del chiste a la libre descarga de lo conseguido. Mas no nos hallamos por ahora en situación de hacer más profundo nuestro conocimiento de estos extremos. Hemos podido esclarecer una parte de nuestro problema, la de por qué ríe la tercera persona, mejor que la parte restante, o sea, por qué la primera no ríe.

De todos modos, apoyándonos en estos juicios sobre las condiciones de la risa y sobre el proceso psíquico que se verifica en la tercera persona, nos hallamos facultados para esclarecer satisfactoriamente toda una serie de peculiaridades del chiste, que ya conocemos, pero en cuya inteligencia aún no hemos penetrado. Si en la tercera persona ha de ser libertada una magnitud de energía de revestimiento capaz de descargar, habrán de cumplirse varias condiciones, o, por lo menos, será su cumplimiento muy favorable. Tales condiciones son:

1. —Ha de quedar asegurado que la tercera persona lleva a cabo realmente este gasto de revestimiento.

2. —Debe evitarse que el mismo, una vez libre, halle un empleo distinto en lugar de ofrecerse a la descarga motora.

3. —Será en extremo ventajoso que el revestimiento sea intensificado previamente en la tercera persona.

Al servicio de estas condiciones se hallan determinados medios de la elaboración del chiste, que podemos reunir como técnicas secundarias o auxiliares.

La primera de las condiciones señaladas fija una de las cualidades de la tercera persona como oyente del chiste. Tiene este que coincidir psíquicamente con la primera persona lo bastante para disponer de las mismas retenciones internas que la elaboración del chiste ha vencido en la misma. El individuo acostumbrado a dichos crudamente "verdes" no podrá extraer placer alguno de un ingenioso y sutil chiste desnudador, y las agresiones de N. no serán comprendidas por las personas acostumbradas a dar libre curso a su tendencia al insulto. De este modo, cada chiste exige su público especial y el reír de los mismos chistes prueba una amplia coincidencia psíquica. Tocamos aquí un punto que nos permite vislumbrar con mayor precisión las circunstancias del proceso en la tercera persona. Esta debe poder constituir habitualmente en sí la misma retención que el chiste ha vencido en la primera, de manera que al oír el chiste despierte en ella, obsesiva o automáticamente, la disposición a dicha retención. Tal disposición a la retención, que debemos representarnos como un verdadero gasto de energía, análogo a la movilización de un ejército, es reconocida simultáneamente como superflua o retrasada, y es descargada de este modo *in statu nascendi* por medio de la risa.

La segunda condición para el establecimiento de la descarga libre, o sea, la de que sea evitado un diferente empleo de la energía libertada, nos parece, desde luego, la más importante. Hallamos en ella la explicación teórica de la inseguridad del efecto del chiste cuando en el oyente son despertadas representaciones fuertemente excitantes por los pensamientos expresados en el mismo; circunstancia en la que de la coincidencia o contradicción entre las tendencias del chiste y la serie de pensamientos que domina al oyente depende que se conceda o niegue atención al proceso chistoso. Pero todavía presenta mucho mayor interés teórico una serie de técnicas auxiliares del chiste, que se hallan evidentemente al servicio de la intención de apartar la atención del oyente del proceso del chiste y dejar que el mismo se realice automáticamente. Decimos con toda intención "automáticamente" y no "inconscientemente", porque este último calificativo pudiera inducirnos en error. Trátase aquí tan sólo de mantener alejada la sobrecarga de la atención del proceso psíquico, incitado por la audición del chiste, y la utilidad de estas técnicas auxiliares nos hace sospechar que precisamente el revestimiento de atención toma una gran parte en la vigilia y nuevo empleo de la energía de revestimiento que queda libertada.

No parece fácil evitar, en general, el empleo endopsíquico de cargas que han devenido superfluas, pues en nuestros procesos mentales nos ejercitamos de continuo en desplazar de un camino a otro tales revestimientos, sin dejarles perder por descarga nada de su energía. El chiste se sirve a este fin de los medios siguientes: En primer lugar, tiende a una expresión lo más breve posible, para ofrecer a la atención un mínimo de superficie atacable. En segundo, cumple la condición, antes indicada, de ser fácilmente comprensible, pues en cuanto exigiera una labor intelectual, una selección entre diversas rutas mentales, peligraría su efecto, no sólo por el inevitable gasto intelectual, sino también por el despertar de la atención. Pero, además de estos medios, utiliza el habilísimo de desviar la atención, ofreciéndole en la expresión del chiste algo que la encadene mientras se lleva a cabo la liberación del revestimiento impediente y su final descarga. Ya las omisiones en la expresión verbal del chiste cumplen esta intención, incitando a llenar los huecos por ellas producidos y alejado de este modo la atención del proceso del chiste. Aquí se coloca al servicio de la elaboración del mismo la técnica de la adivinanza, que llama así la atención. Pero aún más eficaces son las formaciones de fachadas, que hemos hallado en algunos grupos de chistes tendenciosos. Las fachadas silogísticas cumplen a maravilla la misión de retener la atención, planteándole un problema. Mientras comenzamos a reflexionar en la solución del mismo, nos vemos dominados por la risa; nuestra atención ha sido vencida por sorpresa, y la descarga del revestimiento impediente se ha efectuado por completo. Lo mismo puede decirse de los chistes con fachada cómica, en los cuales la comicidad presta su auxilio a la técnica del chiste. Una fachada cómica favorece en diversos modos el efecto del chiste, no sólo facilitando el automatismo del proceso chistoso por el encadenamiento de la atención, sino coadyuvando a la descarga producto del chiste con la producción de una descarga preliminar, debida a lo cómico. La comicidad actúa aquí a manera de soborno, como el placer preliminar, y de este modo comprendemos que algunos chistes puedan prescindir por completo de dicho placer, que por muy diversos medios podrían hacer surgir, y utilicen tan sólo la comicidad como tal placer preliminar. Entre las técnicas del chiste propiamente dichas son el desplazamiento y la representación por lo absurdo, las que, además de sus especiales aptitudes, muestran mayor parte la desviación de la atención, que ha de favorecer el curso automático del proceso del chiste[38].

---

[38] Antes de pasar adelante queremos examinar, en un ejemplo de chiste por desplazamiento, un nuevo e interesantísimo carácter de la técnica del chiste. Cuéntase que la genial actriz E. Gallmeyer, preguntada un día, indiscretamente,

Sospechamos ya, y más adelante lo confirmaremos, que con la desviación de la atención hemos descubierto un rasgo esencial del proceso psíquico en el oyente del chiste. Por su enlace con este descubrimiento quedan aclarados otros muchos extremos. En primer lugar, vemos por qué no sabemos casi nunca en el chiste de qué reímos, aunque después lo podamos precisar por medio de una investigación analítica. Esta risa es el resultado de un proceso automático, que fue hecho posible por el alejamiento de nuestra atención consciente. En segundo lugar, llegamos a la inteligencia de aquella singularidad del chiste, consistente en no manifestar su completo efecto en el oyente más que cuando constituye una novedad y una sorpresa para el mismo. Esta peculiaridad del chiste, que condiciona su corta vida e incita a la continua

---

por su edad, hubo de responder con ingenuo acento y bajando pudorosamente los ojos: "En Brünn". Es esta respuesta un modelo de desplazamiento: interrogada por su edad, responde la actriz indicando el lugar de su nacimiento, como anticipándose a una pregunta subsiguiente, al mismo tiempo que da a entender su deseo de saltarse la verdadera interrogante. Y, sin embargo, sentimos que el carácter del chiste no se manifiesta aquí con completa pureza. La omisión es demasiado clara y el desplazamiento en exceso evidente. Nuestra atención comprende, en seguida, que se trata de un desplazamiento intencionado. En otros chistes de este mismo género, el desplazamiento queda encubierto y nuestra atención es embargada por el esfuerzo encaminado a precisarlo. En uno de los ejemplos expuestos ("¿Y qué hago yo en Presburgo a las seis y media?") el desplazamiento es también patente, pero, en cambio, actúa como un desatino sobre nuestra atención, confundiéndola, mientras que en la respuesta de la actriz sabemos, en el acto, a qué atenernos. En una dirección distinta se desvían también del chiste las "falsas preguntas" que, por lo demás, utilizan las más eficaces técnicas. He aquí un ejemplo de esta clase de preguntas, en el que se utiliza el desplazamiento: "¿Qué será un antropófago que se haya comido a su padre y a su madre? Respuesta: "Huérfano". "¿Y si, además, se merienda a todos sus parientes?" "Heredero universal". Estas preguntas no son chistes completos, porque las necesarias respuestas chistosas no pueden ser considerada como alusiones, omisiones, etc., propias de la técnica del mismo.

producción de otros nuevos, se deriva claramente de que la esencia de toda sorpresa está en no lograrse por segunda vez. En la repetición de un chiste la atención es guiada por el recuerdo de su audición primera. Partiendo de aquí llegamos a la comprensión del impulso a contar a otros que aún no lo conocen el chiste que acabamos de oír. Probablemente la impresión que el mismo produce en el nuevo oyente nos compensa en parte de la pérdida de posibilidades de goce que supone su falta de novedad para nosotros. Un análogo motivo será también el que impulse al creador del chiste a comunicarlo a los demás.

No ya como condiciones del proceso del chiste, pero sí como circunstancias que le favorecen en extremo, indicaré, por último, aquellos medios técnicos auxiliares de la elaboración del mismo, que se hallan destinados a elevar la magnitud que llega a la descarga e intensifican de este modo el efecto del chiste. Estos medios auxiliares acrecen también, en la mayoría de los casos, la atención dirigida hacia el chiste; pero, al mismo tiempo, anulan su posible influencia, encadenándola y estorbando su movilidad. En estos dos sentidos actúa todo aquello que despierta interés y produce desconcierto, o sea, ante todo, el disparate, la contradicción y aquel "contraste de representaciones" de que los investigadores quieren hacer el carácter esencial del chiste y en el que yo no veo sino un medio de intensificar el efecto del mismo. Todo lo desconcertante provoca en el oyente aquel estado de la distribución de la energía que Lipps ha calificado de "estancamiento psíquico", deduciendo luego, muy justificadamente, que la "descarga" será tanto más fuerte cuanto más elevado sea el estancamiento anterior.

La exposición de Lipps no se refiere ciertamente al chiste, sino a lo cómico en general; pero nos parece muy verosímil que la descarga que deriva en el chiste un revestimiento impediente puede ser intensificada de igual modo por el estancamiento.

Vemos ahora que la técnica del chiste es determinada, en general, por dos clases de tendencias: aquellas que hacen posible la formación del chiste en la primera persona y aquellas otras que deben procurar al chiste el mayor efecto posible en la tercera. Esta doble faz que, como Jano, posee el chiste, destinada a proteger su primitiva conquista de placer de los ataques de la razón crítica y el mecanismo del placer preliminar, pertenecen a la primera tendencia; la restante complicación de la técnica por las condiciones señaladas en este capítulo surge en función de la tercera persona del chiste. Es, pues, el chiste un aprovechado bribón que sirve al mismo tiempo a dos señores. Todo lo que se dirige a la consecución de placer está calculado en el chiste con vistas a la tercera persona, como si obstáculos internos insuperables se opusieran a dicha consecución en la primera. Recibimos así la impresión de que la tercera persona es insustituible para la conclusión del proceso del chiste. Pero mientras que en la tercera persona podemos llegar a un satisfactorio conocimiento de dicho proceso, el proceso correspondiente en la primera permanece aún harto obscuro para nosotros. De las dos interrogantes ¿Por qué no podemos reír de los chistes de que somos autores? y ¿Por qué somos impulsados a relatar a otros nuestros propios chistes?, ha escapado hasta ahora la primera a toda solución. Podemos únicamente sospechar que entre los dos hechos que de esclarecer se trata existe un íntimo enlace, y que si tenemos que comunicar a los demás nuestros propios chistes es *precisamente* por no poder reír nosotros de ellos. De nuestro conocimiento de las condiciones de la consecución y descarga de placer en esta tercera persona podemos decir, para la primera, que en ella faltan las condiciones para la descarga y sólo existen las necesarias a la consecución de placer, aunque también imperfectamente cumplidas. No puede entonces rechazarse la hipótesis de que completamos nuestro placer alcanzando la risa que, como autores del chiste, nos está vedada en la impresión de la tercera persona a la que incitamos a reír. De este modo reímos *par ricochet*, según la expresión de Dugas. La risa pertenece a las manifestaciones más contagiosas de los estados psíquicos. Al hacer reír a otras personas, relatándoles mi chiste, me sirvo realmente de ellas para despertar mi propia risa, y puede, en efecto, observarse que quien primero ha relatado, con gesto grave, el chiste, hace después coro riendo mesuradamente a las carcajadas de los demás. La comunicación de mi chiste a los demás servirá, pues, a varias intenciones: en primer lugar, nos proporcionará la seguridad objetiva del éxito de la elaboración del chiste; en segundo, completará nuestro propio placer por el efecto que de rebote nos produce el del oyente, y, por último —en la repetición de un chiste del que no somos autores—, compensará la pérdida de placer ocasionada por la desaparición de la novedad.

Al finalizar esta discusión sobre los procesos psíquicos del chiste, en tanto en cuanto se realizan entre dos personas, podemos dirigir una mirada retrospectiva hacia el factor economía, que tan importante para la concepción psicológica del chiste ha demostrado ser desde los primeros esclarecimientos de la técnica del mismo. Desde muy atrás nos hemos apartado totalmente de la más próxima, pero también más ingenua, concepción de esta economía, o sea, la de que consistía en evitar gasto psíquico, en general, fuera por limitación en el uso de palabras o en la constitución de cadenas de pensamientos. Ya entonces decíamos: Lo breve, lo lacónico no es aún chistoso. La brevedad del chiste es una brevedad especial; esto es, brevedad "chistosa". La primitiva consecución de placer, que era proporcionada por el juego con palabras y pensamientos, provenía, en efecto, exclusivamente, de ahorro de gasto; pero con el desarrollo del juego hasta el chiste, tuvo también que variar sus fines la tendencia economizante, pues frente al gigantesco gasto de nuestra actividad mental no supondría nada lo que pudiera ahorrarse por el empleo de las mismas palabras o la evitación de una nueva interpolación de pensamientos. Podemos seguramente permitirnos la comparación de la economía psíquica con una empresa de negocios. Mientras el tráfico es pequeño, habrá de limitarse lo más posible todo gasto y especialmente los de gerencia y personal. El ahorro se refiere aún a la altura absoluta del gasto. Más tarde, a medida que las transacciones aumentan, disminuye la importancia de los gastos de gerencia. No hay ya que tener en cuenta el montaje total de los gastos, siempre que tráfico y rendimiento puedan ser aumentados. La tacañería en los gastos de dirección sería ya ridícula y produciría pérdidas. Pero, sin embargo, sería inexacto admitir que en los grandes gastos no hay ya lugar a economía. El sentido económico de la dirección se dirigirá ahora a lograr un ahorro en sectores aislados del negocio, y se sentirá satisfecho cuando la misma operación que antes ocasionaba cuantiosos dispendios logre hacerse más económicamente, por muy pequeño que el ahorro parezca comparado con la totalidad de los gastos. Análogamente constituye en nuestro complicado tráfico psíquico una fuente de placer cualquier economía aislada. Aquella persona que iluminaba antes su habitación por medio de una lámpara de petróleo y ha instalado después la luz eléctrica experimentará durante toda una temporada una precisa sensación de placer al encender sin más trabajo que dar vuelta la llave, y esta sensación durará tanto como dure el recuerdo de las complicaciones y molestias que presentaba el encender la lámpara de petróleo. Del mismo modo, las economías de gastos de retención, tan pequeñas si se las compara con el gasto psíquico total, serán siempre una fuente de placer para nosotros, porque por ellas se nos ahorra un gasto aislado que estamos acostumbrados a realizar y que en cada caso nos disponemos a llevar a efecto. La circunstancia de sernos conocido el gasto y hallarnos preparados a efectuarlo posee, sin duda, máxima importancia.

Un ahorro localizado, como el que acabamos de considerar, no dejará nunca de proporcionarnos un momentáneo placer, pero no producirá jamás una duradera economía mientras lo economizado pueda ser empleado en otro lugar. Sólo cuando este distinto empleo puede ser evitado, se transforma de nuevo el ahorro especial en una minoración general de gasto psíquico. Aparece, pues, ahora que hemos profundizado más en nuestro conocimiento de los procesos psíquicos, un nuevo factor: la minoración en lugar de la economía. Vemos claramente que el primero produce una sensación de placer mucho más importante. El proceso crea placer, en la primera persona del chiste, por la remoción de una coerción y la minoración del gasto local. Mas no parece luego detenerse hasta haber alcanzado, por mediación de la tercera persona interpelada, la minoración general resultado de la descarga.

VI
Relación del chiste con los sueños y lo inconsciente

Al final del capítulo dedicado a la investigación de la técnica del chiste indicamos que los procesos de condensación, con o sin formación de sustitutivo, de desplazamiento y de representación por contrasentido, antinómica e indirecta, etcétera, que coadyuvaban a la génesis del chiste, mostraban una amplia coincidencia con los procesos de la elaboración de los sueños. En consecuencia, nos propusimos estudiar oportunamente con todo cuidado tales analogías y, además, investigar la comunidad que las mismas revelaban entre el chiste y los sueños. Esta labor comparativa quedaría en extremo simplificada si pudiéramos suponer conocido por nuestros lectores uno de los términos sobre los que ha de recaer: la elaboración del sueño. Pero creo que obraremos más acertadamente prescindiendo de tal suposición. Se me figura que mi *Interpretación de los sueños*[39], publicada en 1900, produjo en mis colegas de disciplina más "desconcierto" que "esclarecimiento", y sé que otros círculos de lectores se han contentado con reducir el contenido de mi teoría a una fórmula ("realización de deseos") de fácil retención, pero harto susceptible de equivocado empleo.

En el continuo manejo de los problemas en dicha obra tratados a que da motivo mi actividad médica de psicoterapeuta,

---

[39] Tomos VI y VII de estas *Obras Completas*.

no he tropezado aún con nada que me obligara a modificar o rectificar los conceptos en ella vertidos. Puedo, por lo tanto, esperar con toda tranquilidad que una más amplia comprensión me justifique o que una penetrante crítica logre patentizar la existencia de errores fundamentales en mi teoría. En este lugar, y para hacer posible la labor comparativa que interesa a nuestra investigación, expondré concretamente algunos extremos de mi concepción de los sueños y de su elaboración psíquica.

Conocemos tan sólo nuestros sueños por el recuerdo de apariencia generalmente fragmentaria que de ellos poseemos al despertar. Se nos muestran, entonces, como un conjunto de impresiones sensoriales —visuales en su mayoría, pero también de otro género— que nos han fingido un suceso y con las cuales pueden hallarse mezclados procesos mentales (el "saber" en el sueño) y manifestaciones afectivas. Este recuerdo de nuestro sueño ha sido calificado por mí de *contenido manifiesto del sueño*, y es muchas veces totalmente absurdo y embrollado, y otras, sólo lo primero o lo segundo. Pero aun en aquellas ocasiones en que se muestra por completo coherente, como sucede en algunos sueños de angustia, constituye algo extraño a nuestra vida psíquica y de cuyo origen nos es imposible darnos cuenta. La explicación de estos caracteres del sueño se ha buscado hasta ahora en el sueño mismo, considerándolo como manifestación de una actividad irregular, disociada y —por decirlo así— "dormida" de los elementos nerviosos.

Inversamente, he mostrado yo que el singular *contenido manifiesto del sueño* puede siempre hacerse comprensible considerándolo como la transcripción deformada e incompleta de determinadas formaciones psíquicas correctas, a las que puede aplicarse el nombre de *ideas latentes del sueño*. Al conocimiento de estas ideas podemos llegar dividiendo en sus elementos el contenido manifiesto, sin tener para nada en cuenta su eventual sentido aparente y persiguiendo después los hilos de asociación que parten de cada uno de los elementos aislados. Estos hilos de asociación se entretejen unos con otros y conducen, por último, a una trama de pensamientos que no sólo son totalmente correctos, sino que pueden ser incluidos sin esfuerzo alguno en aquel conjunto de nuestros procesos psíquicos, del que poseemos perfecta conciencia. Por medio de este "análisis" queda despojado el contenido del sueño de todas aquellas singularidades que antes nos causaban extrañeza; mas, si esta labor analítica ha de lograr sus fines, nos será necesario rechazar firmemente las objeciones críticas que durante ella se elevaron en nosotros contra la reproducción de las asociaciones provocadas por cada elemento del contenido manifiesto.

De la comparación del contenido manifiesto del sueño con las ideas latentes descubiertas por medio de análisis surge el concepto de la *elaboración del sueño*, nombre con el que designamos el conjunto de procesos de transformación que han convertido las ideas latentes en el contenido manifiesto. Producto de esta elaboración son aquellas singularidades del fenómeno onírico que tan extrañas parecen a nuestro pensamiento despierto.

La función de la elaboración onírica puede ser descrita en la siguiente forma: un complicado conjunto de ideas construido durante el día y que no ha llegado a resolverse —un resto diurno— conserva todavía durante la noche su correspondiente acervo de energía —el interés— y amenaza con perturbar el reposo nocturno. Para evitarlo, se apodera entonces de él la elaboración y lo transforma en un sueño, fenómeno alucinatorio inofensivo para el reposo.

Tal resto diurno deberá ser apto, si ha de ofrecer un punto de apoyo a la elaboración de los sueños, para hacer surgir un deseo, condición nada difícil de llenar. Este deseo —que surge de las ideas latentes— constituye el grado preliminar y, luego, el nódulo del sueño.

La experiencia adquirida en los innumerables análisis verificados —y no únicamente la especulación teórica— nos dice que en el niño basta un deseo cualquiera, restante de la vida despierta, para provocar un sueño que se muestra en estos casos comprensible y coherente, breve casi siempre y reconocible como una *realización de deseos*. En el adulto parece constituir condición general del deseo provocador del fenómeno onírico la de ser extraño al pensamiento consciente; esto es, la de ser un deseo reprimido o hallarse intensificado por circunstancias desconocidas de la conciencia. Sin aceptar lo inconsciente en el sentido antes indicado, nos sería imposible desarrollar la teoría del sueño ni interpretar los datos suministrados por los análisis. La actuación de este deseo inconsciente sobre el correcto material consciente de las ideas latentes produce, pues, el sueño, el cual es entonces hecho descender a lo inconsciente, o, mejor dicho, sometido al procedimiento peculiar a los procesos mentales inconscientes y característico de los mismos. Lo que de los caracteres del pensamiento inconsciente y de sus diferencias del "preconsciente", capaz de conciencia, conocemos, se debe, hasta ahora, únicamente a los resultados de la "elaboración onírica".

Una teoría totalmente nueva, nada sencilla, y contraria a nuestros hábitos mentales no puede ganar en luminosidad al ser expuesta abreviadamente. Con estas explicaciones no puedo, por lo tanto, pretender otra cosa que remitir al lector al extenso análisis que de lo inconsciente llevo a cabo en mi *Interpretación de los sueños* y a los trabajos de Lipps, que, a mi juicio, son de una capital importancia en esta materia. Sé perfectamente que todas aquellas personas que hayan seguido fielmente una disciplina filosófica determinada o se agrupen bajo la enseña de alguno de los llamados sistemas filosóficos repugnarán aceptar la existencia de "lo psíquico inconsciente" en el sentido de Lipps y mío, y querrán demostrarnos su imposibilidad por la definición misma de lo psíquico. Mas aparte de que todas las definiciones son convencionales y pueden modificarse fácilmente, he visto con frecuencia que personas que negaban lo inconsciente como absurdo e imposible no conocían siquiera aquellas fuentes de las que, al menos para mí, ha surgido la necesaria aceptación de dicho concepto. Estos adversarios de lo inconsciente no habían presenciado jamás los efectos de una sugestión posthipnótica, y aquellos datos que como muestra les comunicaba yo de mis análisis de sujetos neuróticos no hipnotizados les causaban el mayor asombro. No habían nunca reflexionado que lo inconsciente es, en realidad, algo que no "sabemos", pero que nos vemos obligados a deducir, y lo suponían algo capaz de la percatación consciente, pero en lo que no se había pensado todavía por hallarse fuera del "punto de mira de la atención". Nunca tampoco habían intentado convencerse de la existencia de tales pensamientos en su propia vida anímica por medio de un análisis de alguno de sus sueños, y cuando yo les he guiado en la realización de tal análisis han quedado asombrados y confusos ante sus propias ocurrencias o asociaciones libres. Mi impresión es la de que la aceptación de lo inconsciente halla en su camino grandes obstáculos afectivos, fundados en que no queremos conocer nuestro inconsciente y, por lo tanto, hallamos un cómodo expediente en negar en absoluto su posibilidad.

Así, pues, la elaboración del sueño, a la que retornamos después de la anterior digresión, somete el material ideológico, que le es dado en optativo, a un singularísimo proceso. En primer lugar, le hace pasar del optativo al presente, sustituyendo el '¡Ojalá fuera!' por un 'es'. Este "presente" es el destinado a la representación alucinatoria, proceso que yo he calificado de *regresión* de la elaboración del sueño; esto es, el recorrido desde los pensamientos a las imágenes de percepción o, si queremos hablar en función de la tópica —aún desconocida y no interpretable anatómicamente— del aparato psíquico: desde el campo de las formaciones ideológicas al de las percepciones sensoriales. Por este camino, opuesto a la dirección evolutiva de las complicaciones anímicas, llegan las ideas del sueño a adquirir perceptibilidad y se constituye una escena plástica como nódulo de la imagen onírica manifiesta. Para alcanzar tal capacidad de representación sensorial han tenido ya que experimentar las ideas latentes profundas transformaciones en su expresión. Mas durante la transformación regresiva de las ideas en imágenes sensoriales, son aquellas objeto de nuevas modificaciones que en parte reconocemos como necesarias y en parte nos producen sorpresa. Como obligada consecuencia accesoria de la regresión, desaparecen en el contenido manifiesto casi todas aquellas relaciones que mantenían formando un todo a las ideas latentes. La elaboración del sueño no se hace cargo para exponerlo en el contenido manifiesto más que del material bruto de las representaciones y no de las relaciones intelectuales que las enlazan y entretejen. No podemos, en cambio, derivar de la regresión que supone la transformación de las ideas en imágenes sensoriales otra parte de la elaboración del sueño, y precisamente aquella que nos es más importante para establecer la analogía de la misma con la elaboración del chiste. El material de las ideas latentes experimenta durante la elaboración onírica una extraordinaria compresión o *condensación*, cuyos puntos de partida son las coincidencias que casualmente, o conforme al contenido, existen entre las ideas latentes. Cuando las coincidencias no nos son suficientes para una amplia condensación se crean otras nuevas, pasajeras y artificiosas, y para este fin se emplean preferentemente palabras capaces de varios diferentes sentidos. Estas nuevas coincidencias encaminadas a facilitar la condensación pasan, como representantes de las ideas latentes, al contenido manifiesto, de manera que un elemento del sueño corresponde a un nudo o cruce de las ideas latentes y, con relación a las mismas, tiene que calificársele de *superdeterminado*. La condensación es la parte más fácilmente visible de la elaboración del sueño. Para hallarla nos bastará comparar la extensión de la relación escrita del contenido manifiesto de un sueño con la de las ideas latentes del mismo, descubiertas por el análisis.

Menos sencillo resulta convencerse de la segunda gran transformación que la elaboración del sueño hace experimentar a las ideas latentes, o sea, de aquel proceso que hemos calificado de *desplazamiento del sueño*. Este proceso se revela por el hecho de aparecer centralmente y con gran intensidad sensorial en el contenido manifiesto, lo que en las ideas latentes era periférico y accesorio, o a la inversa. El sueño se muestra entonces desplazado con respecto a las ideas latentes, y principalmente a este desplazamiento se debe que aparezca como extraño e incomprensible para la vida anímica despierta. Para que tal desplazamiento pueda realizarse tiene que pasar libremente la energía de carga desde las representaciones importantes a las triviales, proceso que en el pensamiento normal susceptible de conciencia hace siempre la impresión de un error intelectual.

La condensación, el desplazamiento y la transformación encaminada a facilitar la representación son las tres grandes funciones que hemos de atribuir a la elaboración onírica. Agrégase a ellas una cuarta función a la que en *La interpretación de los sueños* no concedimos, quizá, toda la atención que merece y de la que tampoco aquí podemos ocuparnos por no tener punto alguno de contacto con los fines de nuestra actual investigación. En un penetrante y cuidadoso desarrollo de las ideas de la "tópica del aparato anímico" y de la "regresión" —y sólo un estudio de esta clase daría todo su valor a estas hipótesis— debiera intentarse determinar en qué estaciones de la regresión se realiza cada una de las diversas transformaciones de las ideas latentes. Este intento no ha sido emprendido aún por nadie; mas, no obstante, podemos asegurar que el desplazamiento del material ideológico se lleva a cabo mientras este se halla aún en el grado de los procesos inconscientes. En cambio, la condensación deberemos representárnosla como un mecanismo que actúa a lo largo de todo el proceso hasta su llegada a los dominios de la percepción o, por lo menos, como una actuación simultánea de todas las fuerzas que toman parte en la elaboración. Por último, y dada la prudencia que es necesario observar en el manejo de estos problemas, me contentaré con indicar que la elaboración del sueño, o sea, el proceso que lo prepara, debe situarse en la región de lo inconsciente. De este modo tendríamos que distinguir en la elaboración onírica tres estadios: en primer lugar, el paso de los restos diurnos preconscientes a lo inconsciente, paso al que tendrán que coadyuvar las condiciones del reposo nocturno; en segundo, la elaboración del sueño propiamente dicha, en el inconsciente, y, por último, la regresión del material onírico así elaborado a la percepción en la que el sueño se hace consciente.

Las fuerzas que participan en la elaboración del sueño son las siguientes: el deseo de dormir, la carga de energía restante aún a los restos diurnos después de su minoración por el estado de reposo, la energía psíquica del deseo inconsciente provocador del sueño y la fuerza contraria de la "censura" que reina en nuestra vida despierta y no queda del todo suprimida durante el sueño. A la elaboración del sueño corresponde, sobre todo, la misión de vencer la coerción de la censura, y precisamente esta misión es la que es llevada a cabo por el desplazamiento de la energía psíquica dentro del material de las ideas latentes.

Recordemos en qué ocasión nos hizo pensar nuestra investigación del chiste en los sueños. Al descubrir que el carácter y el efecto del chiste se hallaban ligados a determinadas formas expresivas o medios técnicos, entre los cuáles los más singulares eran las diversas especies de condensación, desplazamiento y representación indirecta, vimos que procesos de idénticos resultados nos eran ya conocidos como peculiares a la elaboración de los sueños. Coincidencia tal tiene que hacernos deducir que la elaboración del chiste y la de los sueños han de ser idénticas por lo menos en un punto esencial. La elaboración de los sueños nos ha descubierto, a mi juicio, con toda claridad sus principales caracteres. En cambio, de los procesos del chiste queda aún encubierta precisamente aquella parte que podríamos comparar a la elaboración onírica: el proceso de la elaboración del chiste en la primera persona. ¿Por qué no abandonarnos a la tentación de reconstruir este proceso por analogía con la formación del sueño? Algunos de los rasgos del sueño son tan extraños al chiste que nos es imposible transportar la parte de elaboración onírica que a ellos corresponde sobre la elaboración de los chistes. La regresión del proceso mental a la percepción falta seguramente en el chiste; mas los otros dos estadios de la elaboración de los sueños, el descenso de un pensamiento preconsciente a lo inconsciente y la elaboración inconsciente, nos proporcionarían, transportados a la elaboración del chiste, idénticos resultados a los que en la misma podemos observar. Nos decidiremos, por lo tanto, a suponer que el proceso de la formación del chiste en la primera persona es el siguiente: *Un pensamiento preconsciente es abandonado por un momento a la elaboración inconsciente, siendo luego acogido en el acto el resultado por la percepción consciente.*

Antes de examinar en detalle esta hipótesis, saldremos al paso de una posible objeción. Partiendo nosotros del hecho de que las técnicas del chiste muestran procesos idénticos a los que nos son conocidos como peculiaridades de la elaboración de los sueños, se nos pudiera objetar fácilmente que no hubiéramos descrito las técnicas del chiste como condensación, desplazamiento, etc., ni hubiéramos hallado tan amplias coincidencias entre los medios representativos del chiste y los del sueño, si nuestro anterior conocimiento de la elaboración onírica no hubiera inclinado ya en este sentido nuestra concepción de la técnica del chiste. Una tal génesis de dichas coincidencias no constituiría, ciertamente, la más firme garantía de su real existencia fuera de nuestro prejuicio. Y si a todo esto agregamos la circunstancia de que los investigadores que en el examen de estos problemas nos han precedido no mencionan para nada tales procesos, parecerá harto justificada la objeción opuesta a nuestra teoría. Pero lo mismo hubiera podido suceder que la fuerza de penetración que el previo conocimiento de la elaboración de los sueños ha prestado a nuestra labor investigadora fuese precisamente lo que nos ha permitido descubrir las coincidencias observadas, que antes permanecían ocultas. En último término, siempre podrá quedar resuelta esta cuestión por medio de un examen crítico que, analizando ejemplos de chiste, demuestre que nuestra teoría de su técnica es forzada o artificiosa y que existen otras más evidentes y profundas que hemos dado de lado en favor de la nuestra, o compruebe la existencia efectiva de las coincidencias por nosotros señaladas. A mi juicio, no tenemos por qué temer tal crítica; nuestros experimentos de reducción nos han mostrado en qué formas expresivas habíamos de buscar las técnicas del chiste, y dando a estas nombres que anticipaban el resultado de coincidencia de la técnica del chiste con la elaboración del sueño, no hicimos nada a que no tuviésemos derecho, pues, realmente todo ello no constituye más que una simplificación fácilmente justificable.

Aún podrá hacérsenos otra objeción que si bien presenta una menor importancia, nos es, en cambio, imposible rebatir tan fundamentalmente. Pudiera opinarse que las técnicas del chiste por nosotros descubiertas son efectivamente admisibles; pero que no son todas las existentes, pues, influidos por el modelo de la elaboración onírica, no habríamos buscado más que aquellas técnicas que con ella se hallasen de acuerdo, mientras que otras, desdeñadas por nosotros, hubiesen demostrado que la coincidencia deducida no era, ni mucho menos, general. No nos atrevemos a afirmar, desde luego, que hayamos conseguido explicar la técnica de todos los chistes que se encuentran en circulación, y, por lo tanto, admitimos la posibilidad de que nuestra enumeración de las técnicas del chiste demuestre ser incompleta; pero, por otra parte, estamos seguros de no haber omitido intencionadamente ninguna de las que han aparecido a nuestra vista, y podemos afirmar que los más frecuentes, importantes y característicos medios técnicos del chiste no han escapado a nuestra atención.

El chiste posee aún otro carácter que se adapta satisfactoriamente a nuestra teoría de su elaboración, establecida por analogía con la del sueño. Decimos que "hacemos" el chiste, pero nos damos perfecta cuenta de que en este acto nos conducimos de muy distinto modo a cuando exponemos un juicio o presentamos una objeción. El chiste posee en alto grado el carácter de "ocurrencia involuntaria". Un instante antes no sabemos cuál es el chiste que vamos a hacer y que sólo necesitamos ya revestir de palabras. Se siente más bien algo indefinible, que compararíamos, más que a nada, a una ausencia, a una repentina desaparición de la tensión intelectual, y en el acto surge el chiste de un solo golpe, y la mayor parte de las veces provisto ya de su revestimiento verbal. Algunos de los medios del chiste hallan también empleo fuera del mismo en la expresión de nuestros pensamientos; por ejemplo: la metáfora y la alusión. Podemos hacer una alusión intencionadamente. En este caso, nos damos cuenta (por la audición interna) de la forma expresiva directa de nuestro pensamiento; pero un obstáculo, producto de la situación externa, nos impide manifestarla en dicha forma. Entonces, nos proponemos sustituir la expresión directa por una forma de la indirecta, y escogemos la alusión. Mas la alusión así nacida bajo nuestro ininterrumpido control no será nunca chistosa, por muy acertada que sea. En cambio, la alusión chistosa surge sin que hayamos podido perseguir en nuestro pensamiento tales etapas preparatorias. No queremos evaluar exageradamente esta diferencia que no creemos constituya nada decisivo; pero, de todos modos, sí haremos constar que se adapta perfectamente a nuestra hipótesis de que en la elaboración del chiste dejamos caer por un momento en lo inconsciente un proceso mental que surge luego de nuevo en calidad de chiste.

Los chistes muestran también asociativamente una diferente conducta. Con frecuencia rehúsan acudir a nuestro pensamiento en el momento en que los requerimos, y, en cambio, surgen otras veces como involuntariamente y en puntos de nuestro proceso mental en que no comprendemos cómo han podido entretejerse. Son estos caracteres de escasa importancia, pero que de todos modos constituyen indicaciones de la procedencia inconsciente del chiste.

Resumamos ahora todos aquellos caracteres del mismo que pueden considerarse producto de su formación en lo inconsciente. Ante todo, hallamos la singular brevedad del chiste, signo no indispensable, pero sí muy característico. Cuando lo hallamos por primera vez nos inclinamos a ver en él una manifestación de la tendencia economizadora, pero rechazamos en seguida tal concepción ante importantes objeciones contrarias. Actualmente nos parece más bien un signo de la elaboración inconsciente que el pensamiento del chiste ha experimentado. Lo que a este carácter corresponde en el sueño —la condensación— no lo podemos hacer coincidir con ningún otro factor más que con la localización en lo inconsciente, y tenemos que suponer que en el proceso mental inconsciente se dan las condiciones que para tal condensación faltan en lo preconsciente[40]. No

---

[40] Todavía en otro fenómeno anímico, distinto de la elaboración del sueño y de la técnica del chiste, he podido descubrir la condensación como proceso regular e importantísimo. Me refiero al mecanismo del olvido normal (no tendencioso). Cuando impresiones singulares presentan resistencias al olvido, son olvidadas otras que presentan con ellas una cualquier analogía, siendo condensadas a partir de sus puntos de contacto. La confusión de impresiones análogas es uno de los grados preliminares del olvido.

podemos extrañar que en el proceso de condensación se pierdan algunos de los elementos a él sometidos, mientras otros, a los que pasa su energía de carga, quedan intensificados y robustecidos. La brevedad del chiste sería, como la del sueño, un necesario fenómeno concomitante de la condensación que en ambos tiene lugar; esto es, un resultado del proceso de condensación. A este origen debería también la brevedad del chiste su especialísimo carácter, que no nos es posible precisar más, pero que sentimos como algo muy singular.

Hemos definido antes varios de los resultados de la condensación, el múltiple empleo del mismo material, el juego de palabras y la similicadencia como economía localizada, y hemos derivado de tal economía el placer que el chiste (inocente) nos procura. Posteriormente descubrimos la intención original del chiste en la consecución de dicho placer por medio del manejo de palabras, cosa que le era aún permitida como juego; pero que luego, en el curso del desarrollo intelectual, le fue prohibida por la crítica de la razón. Por fin, ahora nos hemos decidido a aceptar que tales condensaciones, puestas al servicio de la técnica del chiste, nacen automáticamente, sin intención determinada, en lo inconsciente durante el proceso mental. Mas, ¿no aparecen aquí dos distintas teorías incompatibles sobre el mismo hecho? No lo creo; trátase, ciertamente, de dos distintas teorías que necesitaremos armonizar, pero que desde luego no son contradictorias. Una es sencillamente extraña a la otra, y cuando lleguemos a establecer una relación entre ellas habremos realizado un considerable progreso en nuestro conocimiento. Que tales condensaciones son fuentes de placer es cosa muy compatible con la hipótesis de que hallan en lo inconsciente las condiciones de su génesis; en cambio, vemos el motivo de la sumersión en lo inconsciente en la circunstancia de que en él se logra fácilmente la condensación productora de placer que el chiste precisa. También otros dos factores que a primera vista parecen totalmente extraños entre sí y que se encuentran como por un indeseado azar se demostrarán, en cuanto profundicemos un poco, como íntimamente unidos y hasta consubstanciales. Me refiero a las dos conclusiones antes establecidas de que el chiste podía hacer surgir al principio de su desarrollo en el grado de juego; esto es, en la infancia de la razón, tales condensaciones aportadoras de placer y de que, por otra parte, lleva a cabo la misma función en grados más elevados mediante la sumersión del pensamiento en lo inconsciente. Lo que sucede es que lo infantil es la fuente de lo inconsciente y que los procesos mentales de este género son precisamente los únicos posibles durante la primera época infantil. El pensamiento que para la formación del chiste se sumerge en lo inconsciente busca allí la antigua sede del pasado, juego con palabras. La función intelectual retrocede por un momento al grado infantil para apoderarse así nuevamente de la infantil fuente de placer. Si la investigación de la psicología de las neurosis no nos lo hubiera revelado ya, la del chiste nos haría sospechar que la singular elaboración inconsciente no es otra cosa que el tipo infantil de la labor intelectual. Mas no es nada fácil descubrir en el niño esta ideación infantil, cuyas singularidades conserva luego el adulto en su inconsciente, pues en la mayoría de los casos queda, por decirlo así, rectificada *in statu nascendi*. Algunas veces consigue, sin embargo, manifestarse, y en ellas reímos de lo que denominamos "simpleza infantil". Todo descubrimiento de tal inconsciente nos hace, en general, un efecto "cómico"[41].

Los caracteres de estos procesos mentales inconscientes se muestran con mayor claridad en las manifestaciones de los

---

[41] Muchos de los pacientes neuróticos a los que someto al tratamiento psicoanalítico acostumbran a confirmar, echándose a reír, los resultados del análisis que descubren a su percepción consciente lo inconsciente oculto, y ríen incluso cuando el contenido de lo descubierto no justifica en absoluto la hilaridad.

enfermos atacados de algunas perturbaciones psíquicas. Es muy verosímil que, conforme a la antigua hipótesis de Griesinger, nos fuese más fácil llegar a la comprensión de los delirios de los enfermos mentales, prescindiendo para interpretarlos de las exigencias del pensamiento consciente y aplicándoles un procedimiento interpretativo análogo al que aplicamos a los sueños[42]. También para el sueño hemos hecho valer nosotros, a su tiempo, este punto de vista del "retorno de la vida anímica al estado embrional"[43].

Hemos examinado tan minuciosamente, en lo que respecta a los procesos de condensación, la significación de la analogía entre el chiste y el sueño, que en los procesos restantes podemos ser ya más concisos. Sabemos que los desplazamientos que aparecen en la elaboración del sueño indican la actuación de la censura del pensamiento consciente, y, por lo tanto, al hallar el desplazamiento entre las técnicas del chiste nos inclinaremos a suponer que también la elaboración del mismo interviene un poder coercitivo. Así es, en efecto; la tendencia del chiste a conseguir el antiguo placer en el disparate o en el juego con palabras encuentra, hallándose el sujeto en un estado de ánimo normal, el obstáculo que a ella opone la razón crítica, obstáculo que debe ser vencido en cada caso. Mas en la forma en que la elaboración del chiste consigue esta victoria es en donde se muestra una diferencia decisiva entre el chiste y el sueño. En la elaboración onírica, el vencimiento del obstáculo se realiza siempre mediante desplazamientos y por la elección de representaciones lo bastante lejanas a las efectivamente dadas para poder traspasar la censura; pero, sin embargo, derivadas de ellas y provistas de toda su carga psíquica, que han adquirido

---

[42] Teniendo, desde luego, en cuenta la deformación impuesta por la censura vigilante aún en la psicosis.

[43] *La interpretación de los sueños*, en los tomos VI y VII de estas *Obras Completas*.

por una completa transferencia. Así, pues, en ningún sueño dejan de existir desplazamientos —y, por cierto, más amplios que en ningún otro proceso—, debiéndose considerar como tales no sólo las desviaciones de la ruta mental, sino también todas las especies de representación indirecta y especialmente la sustitución de un elemento importante, pero que sería repelido por la censura, por otro indiferente que parezca inocente a la misma, aun constituyendo una lejana alusión al primero. Asimismo, la sustitución por un simbolismo, una metáfora o una minucia. No puede negarse que trozos de esta representación indirecta se constituyen ya en las ideas inconscientes del sueño; por ejemplo, la representación simbólica y metafórica, pues, si no, no hubiese llegado la idea representada al grado de la expresión preconsciente. Las representaciones indirectas de este género y aquellas alusiones cuya relación con lo aludido puede establecerse fácilmente son también habituales medios de expresión de nuestro pensamiento consciente. Mas la elaboración del sueño exagera hasta lo ilimitado el empleo de estos medios de la representación indirecta. Bajo la presión de la censura, cualquier conexión resulta suficiente para que la sustitución por la alusión quede constituida, y el desplazamiento se verifica con toda libertad y sin sujetarse a condición alguna. Especialmente singular y muy característica de la elaboración del sueño es la sustitución de las asociaciones internas (analogía, causalidad, etc.) por las llamadas externas (simultaneidad, contigüidad en el espacio, similicadencia).

Todos estos medios del desplazamiento constituyen también técnicas del chiste; pero cuando se muestran como tales respetan casi siempre aquellos límites impuestos a su empleo en el pensamiento consciente y pueden asimismo faltar, aunque el chiste tenga casi siempre la misión de remover un obstáculo. Se comprenderá esta falta de desplazamientos en la elaboración del chiste recordando que este dispone, en general, para defenderse de la coerción, de otra técnica distinta, que constituye, además, su más singular característica. El chiste no establece, como el sueño, transacciones; no elude el obstáculo, sino que se obstina en mantener intacto el juego verbal o desatinado, pero se limita a elegir casos en los que el juego o el disparate pueden aparecer admisibles (chanza) o atinados (chiste) merced al múltiple significado de las palabras y a la diversidad de las relaciones intelectuales. Nada distingue mejor al chiste de las demás formaciones psíquicas que esta bilateralidad, y por lo menos en este punto han logrado aproximarse grandemente los investigadores al conocimiento de su esencia al acentuar el extremo del "sentido en lo desatinado".

Dada la eficacia de esta técnica peculiarísima del chiste para el vencimiento de los obstáculos que al mismo se oponen, pudiéramos hallar superfluo el que en ocasiones emplee también el desplazamiento; mas, por un lado, determinadas especies de esta última técnica son siempre valiosas para el chiste en calidad de fines y fuentes de placer —así, el desplazamiento propiamente dicho (desviación de las ideas), que participa de la naturaleza del disparate—; y, por otro, no debe olvidarse que el grado superior del chiste —el chiste tendencioso— tiene con frecuencia que vencer obstáculos de dos clases: aquellos que se oponen a su propia consecución y aquellos otros que se oponen a su tendencia, siendo las alusiones y los desplazamientos en extremo apropiados para lograr la remoción de estos últimos.

El amplio e ilimitado empleo de la representación indirecta del desplazamiento, y especialmente de las alusiones en la elaboración del sueño, tiene una consecuencia que no cito aquí por su importancia, sino porque constituyó para mí la ocasión subjetiva de ocuparme del problema del chiste. Cuando comunicamos a un profano el análisis de un sueño, análisis en el que naturalmente se hacen visibles los extraños medios, tan contrarios al pensamiento despierto, utilizados por la elaboración onírica, tales como la alusión y el desplazamiento, experimenta nuestro oyente una singular impresión de descontento y califica nuestras interpretaciones de "chistosas"; pero no ve en ellas chistes conseguidos, sino extremadamente forzados y contrarios, sin que pueda determinar en qué a las leyes del chiste. Esta impresión es fácilmente explicable: proviene de que la elaboración del sueño actúa con iguales medios que la del chiste, pero traspasa en su empleo los límites dentro de los que el mismo se mantiene. Pronto veremos que el chiste, a consecuencia del papel desempeñado por la tercera persona, se encuentra ligado a cierta condición de la que el sueño se halla libre.

Entre las técnicas comunes al chiste y al sueño presentan un especial interés la representación antinómica y el empleo del contrasentido. Pertenece la primera a los medios más enérgicos del chiste, como podemos ver en los ejemplos que calificamos de "chistes por superación". La representación antinómica no consigue sustraerse, cual otras técnicas del chiste, a la atención consciente; aquel que procura lo más intencionadamente posible poner en actividad en sí el mecanismo de la elaboración del chiste —esto es, el sujeto habitualmente chistoso— suele encontrar en seguida que cuando más fácilmente se contesta con un chiste a una afirmación es cuando se opina contrariamente a la misma y se deja a la ocurrencia del momento el cuidado de eludir, por medio de una transformación del sentido, un argumento o una réplica. Quizá deba la representación antinómica esta ventaja a la circunstancia de constituir el nódulo de otra forma expresiva, productora de placer, del pensamiento. Me refiero aquí a la *ironía*, que se aproxima mucho al chiste y ha sido incluida entre los subgrupos de la comicidad. Su esencia consiste en expresar lo contrario de lo que deseamos comunicar a nuestro interlocutor; pero ahorra a este al mismo tiempo toda réplica, dándole a entender por medio del tono, de los gestos o, si se trata del lenguaje escrito, de pequeños signos del estilo, que uno mismo piensa lo contrario de lo que manifiesta. La ironía no puede emplearse más que cuando el oyente está preparado a oírnos contradecirle, de manera que existe en él, *a priori*, una tendencia a la contrarréplica. A consecuencia de esta condicionalidad, la ironía se halla muy expuesta al peligro de no ser comprendida, pero siempre procura al que la emplea la ventaja de eludir fácilmente las dificultades de la expresión directa; por ejemplo, en las invectivas. En el oyente despierta probablemente placer moviéndole a un gasto de contradicción que es reconocido en el acto como superfluo. Tal comparación del chiste con una especie no lejana a él de lo cómico robustece nuestra hipótesis de que la relación con lo inconsciente es una cualidad peculiarísima del mismo y quizá lo que le diferencia de la comicidad[44].

En la elaboración del sueño corresponde a la representación antinómica un papel mucho más considerable que el que desempeña en el chiste. El sueño gusta no sólo de representar dos contrarios por una y la misma formación mixta, sino que transforma también con tal frecuencia un objeto incluido en las ideas latentes en su contrario, que ello constituye gran dificultad para la labor interpretativa. "De ningún elemento de las ideas del sueño puede afirmarse, *a priori*, que no represente precisamente a su contrario"[45].

Es este un hecho que permanece aún totalmente incomprendido. Mas parece indicar un importante carácter del pensamiento inconsciente: la carencia de un proceso comparable al de "juzgar". En lugar del juicio encontramos en lo inconsciente

---

[44] En la disociación de la expresión verbal y los gestos acompañantes (en el más amplio sentido) reposa también aquel carácter de la comicidad al que se da el nombre de "sequedad".

[45] *La interpretación de los sueños* (6.ª edición alemana, pág. 217).

la *represión*. Esta puede ser acertadamente descrita como el grado intermedio entre un reflejo de defensa y la condenación[46].

El disparate y el absurdo, que con tanta frecuencia aparecen en el sueño y le han atraído tan inmerecido desprecio, no nacen nunca casualmente de la acumulación de elementos de representación, sino que son siempre, como puede probarse en cada caso, permitidos por la elaboración onírica y se hallan destinados a la representación de una amarga crítica o una contradicción desdeñosa existente en las ideas del sueño. El absurdo que aparece en el contenido manifiesto del sueño sustituye en él a un juicio despreciativo incluido entre las ideas latentes. En mi *Interpretación de los sueños* he insistido grandemente en esta circunstancia por creer que constituye la mejor refutación del difundido error de que el sueño no es un fenómeno psíquico, error que cierra el camino del conocimiento de lo inconsciente. Antes, al analizar determinados chistes tendenciosos, hemos visto que el disparate es utilizado en el chiste para idénticos fines de representación, y sabemos también que una fachada especialmente disparatada del chiste es en extremo apropiada para elevar el gasto psíquico en el oyente y aumentar con ello la magnitud liberada en la descarga por medio de la risa. Aparte de esto, no queremos olvidar que el desatino constituye en el chiste un fin en sí, dado que la intención de reconquistar el antiguo placer del disparate es uno de los motivos de la elaboración. Existen aún otros caminos para reconquistar el disparate y extraer de él placer. La carica-

---

[46] Esta conducta singularísima y aún insuficientemente reconocida de la relación antinómica en la inconsciente no está quizá desprovista de valor para la inteligencia del "negativismo" en los neuróticos y enfermos mentales. (*Cf.* A los últimos trabajos sobre esta cuestión: Bleuler: "Ueber die negative Suggestibilitaet", en *Psych.-Neurol.*, Wochenschrift, 1904; y Otto Gross; *Zur Differentialdiagnostik negativisticher Phenomene.* Asimismo mi artículo "Gegensinn der Urworte", en *Jahrb. f. Psychoanalyse*, II, 1910).

tura, la parodia y la exageración se sirven de ellos y crean de este modo el "disparate cómico". Sometiendo estas formas de expresión a un análisis semejante al que hemos llevado a cabo en el chiste hallaremos que en ninguna de ellas surge ocasión de referirnos, para explicarlas, a procesos inconscientes de nuestra vida anímica. Comprendemos ahora también por qué el carácter de lo "chistoso" puede añadirse, como un agregado, a la caricatura, parodia o exageración; lo que hace posible que esto suceda es la diversidad de la "escena psíquica"[47].

El hecho de situar la elaboración del chiste en el sistema de lo inconsciente ha ganado considerablemente en importancia desde que nos ha descubierto que las técnicas de las que el chiste depende no son, sin embargo, de su exclusiva propiedad. De este modo hallamos ahora resueltas varias dudas que en la investigación inicial de las técnicas tuvimos que dejar inexplicadas. Pero pudiera sospecharse que la innegable relación del chiste con lo inconsciente sólo existe en determinadas categorías del chiste tendencioso y no en todos y cada uno de los grados evolutivos y especies del chiste, como nosotros suponemos. Es esta una objeción de suficiente importancia para no dejarla pasar sin un detenido examen.

El caso innegable de formación del chiste en lo inconsciente es aquel en que se trata de chistes al servicio de tendencias inconscientes o reforzadas por lo inconsciente; esto es, en la mayoría de *los chistes cínicos*. En estos casos, la tendencia inconsciente hace descender hasta ella a la idea preconsciente, sumergiéndola en lo inconsciente para transformarla allí; proceso muy análogo a otros descubiertos por la psicología de las neurosis. En los chistes tendenciosos de otro género — en el chiste inocente y en la chanza— parece, en cambio, faltar

---

[47] Tomo esta expresión de los trabajos de G. Th. Fechner.

esta fuerza atractiva y es, por lo tanto, dudosa la relación del chiste con lo inconsciente.

Mas examinaremos el caso de expresión chistosa de un pensamiento valioso de por sí y surgido en conexión con cualquier proceso mental. Para convertir en chiste dicho pensamiento se necesitará llevar a cabo una selección entre las diversas formas expresivas posibles, con el fin de encontrar precisamente aquella que haya de traer consigo la consecución de placer verbal. Por autoobservación sabemos que no es la atención consciente la que lleva a cabo esta selección, pero sí, en cambio, permitirá que la carga psíquica de los pensamientos preconscientes sea atraída a lo inconsciente, pues en este sistema los caminos de enlace que parten de la palabra son tratados, como vimos al examinar la elaboración del sueño, en igual forma que las relaciones objetivas. La carga psíquica inconsciente ofrece las condiciones más favorables para la elección de expresión verbal. Podemos, además, suponer, desde luego, que la posibilidad de expresión que encierra en sí la consecución de placer verbal actúa sobre la aún vacilante concepción del pensamiento preconsciente, haciéndola descender, del mismo modo que en el primer caso de la tendencia inconsciente. Para el orden más simple del chiste podemos representarnos que una intención constantemente vigilante —la de conseguir placer verbal— se apodera de la ocasión dada precisamente en lo preconsciente, para atraer a lo inconsciente, en la forma ya conocida, el proceso de revestimiento.

Quisiera hallar la posibilidad de exponer con claridad meridiana y robustecer con incontrovertibles argumentos este punto decisivo de mi teoría del chiste. Pero ninguno de ambos deseos me es dado lograr, pues resultan interdependientes. Si no puedo presentar una más clara exposición de mi teoría es porque no dispongo de más pruebas demostrativas que las ya aducidas. Mi concepción del chiste es fruto del estudio de su técnica y de la comparación de su elaboración con la de los sueños. Trátase, pues, de una serie de deducciones que hemos visto se adaptan, en general, perfectamente a las singularidades del chiste. Mas como tales deducciones nos han llevado no a un terreno conocido, sino a dominios totalmente nuevos y un tanto desconcertantes para nuestro pensamiento, nos limitamos a considerar su totalidad como una "hipótesis" y no estimamos como "prueba" la relación de la misma con el material del que ha sido deducida. Sólo la consideraremos demostrada cuando lleguemos de nuevo a ella por otros caminos deductivos y podamos indicarla como punto de reunión de otras distintas rutas mentales. Pero esta demostración es imposible en el estado aún naciente de nuestro conocimiento de los procesos inconscientes. Sabiendo, pues, que nos hallamos ante un terreno inexplorado, nos contentaremos con tender desde nuestro punto de observación un único y vacilante puente hacia lo desconocido.

Relacionando los diversos grados del chiste con las disposiciones anímicas favorables a cada uno de ellos, podremos establecer lo que sigue: la *chanza* nace de un bien dispuesto estado de ánimo al que parece peculiar una tendencia a una minoración de las cargas anímicas. Se sirve ya de todas las técnicas características del chiste y cumple, igualmente, la condición fundamental del mismo mediante la elección de un material verbal o un enlace de ideas que satisfagan tanto las exigencias de la consecución de placer como las de la crítica comprensiva. Deduciremos, pues, que el descenso de la carga mental al grado inconsciente, facilitado por el buen estado de ánimo, se verifica ya en la chanza. En el *chiste inocente*, pero ligado a la expresión de un pensamiento valioso, falta este auxilio proporcionado por el estado de ánimo, y, por lo tanto, tendremos que suponer existente una especial *aptitud personal* para abandonar la carga psíquica preconsciente y cambiarla durante un momento por la inconsciente. Una tendencia de continuo vigilante a renovar la primitiva consecución de placer del chiste actúa aquí, atrayendo a lo inconsciente la expresión preconsciente del pensamiento aún indecisa. En una alegre disposición espiritual, la mayoría de los hombres es capaz de producir chanzas, y la aptitud para el chiste sólo en contadísimas personas es independiente del estado de ánimo. Por último, actúa como el más enérgico estímulo para la elaboración del chiste la existencia de intensas tendencias que se extienden hasta lo inconsciente y representan una especial aptitud para la producción chistosa, constituyendo al mismo tiempo una explicación de que las condiciones subjetivas del chiste aparezcan cumplidas con gran frecuencia en personas neuróticas. Bajo la influencia de enérgicas tendencias puede convertirse en chistoso el sujeto antes inepto para el chiste.

Con esta última aportación al esclarecimiento aún hipotético de la elaboración del chiste en la primera persona queda en realidad agotado nuestro interés por el chiste. Réstanos tan sólo una corta comparación del mismo con los sueños, comparación fundada en la esperanza de que funciones anímicas tan distintas tienen que presentar, al lado de la coincidencia entre ellas descubierta, decisivas diferencias. La principal de estas yace en su conducta social. El sueño es un producto anímico totalmente asocial. No tiene nada que comunicar a nadie. Nacido en lo íntimo del sujeto como transacción entre las fuerzas psíquicas que en él luchan, permanece incomprensible, incluso para él mismo, y carece, por lo tanto, de todo interés para los demás. No sólo no necesita aspirar a ser comprendido, sino que tiene que evitar llegar a serlo, pues entonces quedaría destruido. Los sueños sólo pueden subsistir encubiertos por su disfraz. Pueden, pues, servirse libremente del mecanismo que rige los procesos inconscientes hasta lograr una deformación que los haga irreconocibles. En cambio, el chiste es la más social de todas las funciones anímicas encaminadas a la consecución de placer. Precisa muchas veces de tres personas, y su perfeccionamiento requiere la participación de un extraño en los procesos anímicos por él estimulados. Tiene, por lo tanto, que hallarse ligado a la condición de comprensibilidad, y la deformación, que por medio de la condensación y del desplazamiento pueda sufrir en lo inconsciente, tendrá que detenerse antes de hacerle irreconocible por la tercera persona. Por lo restante, sueño y chiste surgen en dominios totalmente diferentes de la vida anímica y en puntos del sistema psicológico muy alejados uno de otro. El sueño es siempre un deseo, aunque irreconocible, y el chiste un juego desarrollado. El sueño conserva, a pesar de su nulidad práctica, una relación con grandes intereses vitales. Busca satisfacer las necesidades por medio del rodeo regresivo de la alucinación y debe su posibilidad a la única necesidad activa durante el estado de reposo nocturno: la necesidad de dormir. En cambio, el chiste busca extraer una pequeña consecución de placer de la simple actividad —carente de toda necesidad— de nuestro aparato anímico, y más tarde, lograr tal aportación de la actividad del mismo, y de este modo llega *secundariamente* a importantes funciones dirigidas hacia el mundo exterior. El sueño se encamina predominantemente al ahorro de displacer, y el chiste, a la consecución de placer. Pero no hay que olvidar que a estos dos fines concurren todas nuestras actividades anímicas.

VII
El chiste y las especies de lo cómico

El camino por el que hemos logrado aproximarnos a los problemas de lo cómico se aparta bastante de los seguidos por investigadores anteriores. Pareciéndonos que el chiste, considerado generalmente como un subgrupo de la comicidad, ofrecía suficientes peculiaridades para ser objeto por sí mismo de una investigación directa, hemos ido eludiendo, mientras nos ha sido posible, su relación con la más amplia categoría de lo cómico, aunque no sin hallar en el curso de nuestra labor algunos datos muy importantes para el conocimiento de la comicidad. Así, hemos descubierto, sin gran dificultad, que la conducta social de lo cómico es distinta de la del chiste. Lo cómico no precisa sino de dos personas, una que lo descubre y otra en la que es descubierto. La participación de una tercera persona, a la que lo cómico es comunicado, intensifica el proceso cómico, pero no agrega a él nada nuevo. Por el contrario, el chiste precisa obligadamente de dicha tercera persona para la perfección del proceso aportador de placer, pudiendo, en cambio, prescindir de la segunda cuando no es agresivo o tendencioso. El chiste "se hace", y la comicidad "se descubre", o sea, en primer lugar, en las personas, o, secundariamente y merced a una transferencia, en los objetos, situaciones, etc. En nuestro análisis del chiste, hemos averiguado que no es en personas extrañas a nosotros, sino en nuestros propios procesos mentales, donde el mismo halla las fuentes de placer que de alumbrar se trata. Vemos también que el chiste sabe abrir de nuevo fuentes de placer que habían devenido inaccesibles, y que lo cómico le sirve con frecuencia de fachada y se sustituye al placer preliminar que tendría que lograr por medio de la técnica ya investigada en capítulos anteriores, circunstancias todas que indican la existencia de múltiples relaciones entre el chiste y la comicidad. Mas los problemas de lo cómico muestran tal complicación y han eludido tan obstinadamente los esfuerzos de la investigación filosófica, que no podemos abrigar la esperanza de que, partiendo del estudio del chiste, hemos de lograr resolverlos sin dificultad. Además, si para la investigación del chiste disponíamos de un instrumento —el conocimiento de la elaboración de los sueños— del que no pudieron servirse los que en el estudio de esta materia nos han precedido, para la investigación de la comicidad no poseemos nada análogo que facilite nuestra labor. Debemos, pues, hallarnos preparados a no descubrir de la esencia de la comicidad mucho más de lo que ya se nos ha revelado al estudiar el chiste como parte hasta cierto punto integrante de la misma, que entrañaba en su esencia —intactos o modificados— determinados rasgos de lo cómico.

Lo *ingenuo* es la especie de lo cómico más cercana al chiste. Es, en general, "descubierto" como la comicidad, y no "hecho", como el chiste, carácter que presenta con mayor exclusividad que ninguna otra especie de lo cómico, pues dentro de lo cómico puro cabe todavía una cierta voluntad de hacer surgir la comicidad; esto es, de aquello que, por analogía con la corriente expresión de "poner en ridículo", pudiéramos denominar "poner en cómico". Lo ingenuo tiene que producirse, sin nuestra intervención, en los actos o palabras de otras personas, que ocupan el lugar de la *segunda* persona del chiste o de la comicidad, y nace cuando el sujeto parece vencer sin esfuerzo alguno una coerción que, en realidad, no existe en él. Esta ausencia en el sujeto de la coerción que nosotros suponemos existente es condición precisa de lo ingenuo, pues, si no, no lo calificaríamos de tal, sino de desvergonzado, y no despertaría nuestra hilaridad, sino nuestra indignación. El efecto de lo ingenuo es irresistible y nada difícil de comprender. Un gasto de coerción, efectuado habitualmente por nosotros, deviene de pronto superfluo por la audición de la ingenuidad y es descargado en la risa, sin que sea necesaria desviación alguna de la atención, dado que la remoción del obstáculo se lleva a cabo directamente y no por medio de un proceso puesto en actividad por un estímulo determinado. Nos conducimos aquí de un modo análogo al de la tercera persona del chiste, a la que el ahorro de coerción es regalado sin necesidad de esfuerzo alguno por su parte.

Tras el conocimiento que de la génesis del chiste hemos adquirido persiguiendo el desarrollo de este último desde su grado de juego, no puede maravillarnos que lo ingenuo aparezca sobre todo en los niños y, secundariamente, en los adultos poco cultivados, a los que por su escaso desarrollo intelectual podemos considerar como niños. Naturalmente, los dichos ingenuos se prestarán mejor que los actos de igual naturaleza para establecer una comparación de la ingenuidad con el chiste, dado que este encuentra su habitual forma expresiva en la palabra y no en la acción. Ahora bien: es muy significativo el hecho de que determinadas manifestaciones ingenuas, como las de los niños, puedan, sin violencia alguna, ser igualmente calificadas de "chistes ingenuos". En algunos ejemplos podremos ver con facilidad tanto aquello en lo que el chiste y la ingenuidad coinciden, como aquello en que difieren.

Una niña de tres años y medio advierte a su hermano: "No comas tanto. Te pondrás malo y tendrás que tomar una bubicina (por medicina)". "¿Bubicina? —pregunta la madre—. ¿Qué es eso?" "Sí —replica la niña—; cuando yo estuve mala también tuve que tomar una medicina". La niña cree que el remedio que le prescribió el médico se llamaba 'medicina' por estar destinado a ella (*Mädi*—niña, nena; *Medizin*—medicina), y deduce, que siendo para su hermanito, deberá llamarse *bubicina* (*Bubi*—niño, nene). Las palabras de la niña se nos muestran como un chiste verbal por similicadencia, pero considerándolas como tal chiste apenas si nos harán sonreír forzadamente. En cambio, como ingenuidad nos parecen excelentes y nos mueven a risa. Mas, ¿qué es lo que en este caso constituye la diferencia entre el chiste y lo ingenuo? Observamos, desde luego, que tal diferencia no estriba en la expresión verbal ni tampoco en la técnica, que son idénticas para ambas posibilidades, sino en un factor a primera vista muy alejado de las mismas. La determinación dependerá exclusivamente de que supongamos que el sujeto ha tenido la intención de hacer un chiste o que, por el contrario, no ha hecho sino deducir de buena fe una consecuencia, dejándose guiar por su infantil ignorancia. Sólo en este último caso se tratará de una ingenuidad. Vemos, pues, que lo ingenuo nos ofrece, por vez primera en el curso de estas investigaciones, un caso de transporte del oyente al proceso psíquico de las personas productoras. El análisis de un segundo ejemplo confirmará esta hipótesis:

Dos hermanos, una niña de doce años y un niño de diez, representan ante un público familiar una obra teatral de la que ellos mismos son autores. La escena representa una cabaña a orillas del mar. En el primer acto se lamentan los dos únicos personajes, un pobre pescador y su mujer, de lo trabajoso y miserable de su vida. El marido decide embarcar en un bote y salir a buscar fortuna en lejanos países. Una cariñosa despedida pone fin al primer acto. Al comenzar el segundo han pasado varios años. El pescador ha hecho fortuna y torna a su hogar con una gran bolsa de dinero. Encuentra a su mujer esperándole en la puerta de la choza y le hace el relato de sus aventuras. La buena mujer, no queriendo ser menos, le responde llena de orgullo: "Tampoco yo he estado holgazaneando todo este tiempo. ¡Mira!", y abriendo la puerta de la cabaña, le muestra doce niños —todos los muñecos de los actores-autores— durmiendo en el suelo... Al llegar a este punto quedó la representación interrumpida por las estruendosas carcajadas del auditorio, y los intérpretes enmudecieron, llenos de asombro, ante aquella inesperada hilaridad de sus familiares, que hasta entonces habían constituido un público modelo de corrección. Estas risas se explican por la circunstancia de que los espectadores suponen, naturalmente, que los infantiles autores desconocen aún por completo las condiciones del nacimiento de los niños y creen, por lo tanto, que una mujer puede vanagloriarse de la descendencia obtenida durante una larga ausencia del esposo y que este ha de regocijarse del fausto suceso. Aquello que los autores han producido basándose en su ignorancia puede calificarse de absurdo o desatinado, y esta ignorancia infantil, que tan radicalmente transforma el proceso psíquico en el oyente, es lo que constituye la esencia de la ingenuidad. Es fácil, por lo tanto, incurrir en error al apreciar lo ingenuo, suponiendo existente en el niño una ignorancia ya desaparecida, error que es con frecuencia aprovechado por el sujeto infantil para permitirse, simulando ingenuidad, libertades que de otro modo no le serían consentidas.

El análisis de estos ejemplos nos descubre y aclara la posición de lo ingenuo entre el chiste y lo cómico. La ingenuidad (verbal) coincide con el chiste en la expresión y en el contenido, haciendo nacer un equivocado empleo de palabras, un absurdo o un "dicho verde". Pero el proceso psíquico que se realiza en la primera persona y que tan interesante y misterioso se nos ha mostrado en el chiste falta aquí por completo. La persona ingenua cree haberse servido normalmente de sus medios expresivos e intelectuales. No abriga la menor segunda intención, ni extrae placer alguno de la producción de la ingenuidad. Todos los caracteres de la misma dependen tan sólo de la interpretación del oyente, el cual ocupa aquí el lugar de la tercera persona del chiste. La primera persona —el autor de la ingenuidad— crea esta sin esfuerzo alguno, y la complicada técnica, destinada en el chiste a paralizar la coerción que la razón crítica pudiera ejercer, no tiene por qué existir en la ingenuidad, puesto que la misma se halla aún libre de tal coerción y puede producir directamente —sin recurrir a transacción alguna— el desatino o la procacidad. En este sentido constituye lo ingenuo aquel caso límite del chiste, que resultaría de hacer igual a cero, en la fórmula de la elaboración del mismo, la magnitud de la censura. Si para la eficacia del chiste era condición que ambas personas se hallasen sometidas a idénticas o muy análogas coerciones o resistencias internas, en cambio, lo será de la ingenuidad, que una de las personas posea coerciones de las que la otra está libre. De estas personas, la primera será la que decida si algo constituye o no una ingenuidad y, además, la única en la que lo ingenuo producirá una aportación de placer. Este placer que la ingenuidad hace surgir podemos determinarlo como producto de la remoción de una coerción, y dado que el placer del chiste posee idéntico origen —un nódulo de placer verbal o disparatado y una envoltura de placer de remoción y de minoración—, podremos fundar en la analogía de sus relaciones con la coerción el íntimo parentesco del chiste con la ingenuidad. En ambos nace placer de la remoción de una coerción interna; mas el proceso psíquico que se verifica en la persona receptora (que en la ingenuidad es, generalmente, nuestro propio *yo*, mientras que en el chiste puede este ocupar el puesto de persona productora) es en la ingenuidad mucho más complicado que en el chiste, y, en cambio, mucho más sencillo el correspondiente a la persona productora. Sobre la persona receptora tiene la ingenuidad oída que actuar, desde cierto punto de vista, como chiste —circunstancia que aparece patente en los ejemplos antes expuestos—, pues, como con el chiste sucede, facilita en dicha persona y sin el menor esfuerzo por parte de la misma la remoción de la censura. Mas sólo una parte del placer provocado por la ingenuidad puede explicarse por este proceso, y aun esta parte desaparecería en casos como el de la procacidad ingenua, ante la cual podríamos reaccionar con igual indignación que ante una franca procacidad, si un diferente factor no nos ahorrara dicha indignación y produjera al mismo tiempo la parte más importante del placer de lo ingenuo.

Este otro factor está constituido por la condición, antes indicada, de que para aceptar algo como una ingenuidad tiene que sernos conocida la falta de coerción interna en la persona productora. Sólo cuando esta falta nos consta que reímos en lugar de indignarnos. Tomamos, por lo tanto, en cuenta el estado psíquico de la persona productora y nos transportamos a él tratando de comprenderlo por medio de su comparación con el nuestro propio, comparación de la que resulta un ahorro de gasto que descargamos por medio de la risa. A esta explicación pudiéramos preferir otra más sencilla, consistente en suponer que, al darnos cuenta de que la persona productora no tenía necesidad de dominar ninguna coerción, devenía superflua nuestra indignación. De este modo, la risa nacería de la indignación ahorrada. Mas para alejarnos de esta hipótesis, que habría de inducirnos en error, estableceremos una definida separación entre dos casos que antes expusimos conjuntamente. Lo ingenuo que ante nosotros aparece puede ser de la naturaleza del chiste, como en los ejemplos expuestos, y también de la del "dicho verde", o, en general, pertenecer a aquello que motiva nuestra repulsa, sobre todo si se trata no ya de palabras, sino de actos. Este último caso es especialmente apto para confundir nuestro juicio, pues en él pudiéramos aceptar que el placer nacía de la indignación ahorrada y transformada. Pero el primer caso, el de la ingenuidad puramente verbal, nos sirve de guía. Así, la ingenua frase de la "bubicina" puede hacer de por sí el efecto de un chiste harto débil y no da el menor motivo de indignación. Es este, ciertamente, el caso menos frecuente, pero también el más puro e instructivo. Al aceptar que la niña cree de buena fe y sin segunda intención alguna en la identidad de las sílabas 'medi' de 'medicina' con el nombre que cariñosamente le dan sus familiares (*Mädi—nena*), experimenta nuestro placer una intensificación que no tiene ya nada que ver con el placer del chiste. Consideramos, pues, lo dicho por la niña desde dos puntos vista, una vez, tal y como en ella se ha producido, y otra tal y como se produciría en nosotros. De esta comparación resulta que la niña ha hallado una identidad que sabemos inexistente y ha traspasado una barrera que en nosotros continúa alzada, y prosiguiendo luego nuestra reflexión nos damos cuenta de que si queremos comprender la ingenuidad podemos ahorrarnos el gasto necesario para mantener en pie dicha barrera. El gasto que como resultado de esta comparación queda libre constituye la fuente del placer de la ingenuidad y es descargado por medio de la risa, siendo el mismo que hubiéramos transformado en indignación si el infantil desarrollo intelectual de la persona productora y la naturaleza de lo manifestado no excluyeran en este caso todo motivo para ello. Mas tomando ahora al chiste ingenuo como modelo para el caso restante, o sea, el de lo ingenuo que es objeto de nuestra repulsa, veremos que también en esta clase de ingenuidades puede nacer el ahorro de coerción directamente del proceso comparativo, no siendo necesario suponer una naciente indignación ahogada en sus comienzos. Tal indignación no sería, por lo tanto, sino el empleo, en otro lugar, del gasto liberado, empleo contra el cual eran necesarios en el chiste complicados dispositivos protectores.

Esta comparación y este ahorro de gasto resultante de nuestra identificación con el proceso psíquico que se verifica en la persona productora, sólo no siendo privativos de lo ingenuo podrán adquirir cierta importancia. Y realmente surge en nosotros la sospecha de que este mecanismo totalmente extraño al chiste es una parte, y quizá la esencial, del proceso psíquico de lo cómico. De este modo, lo ingenuo no sería sino una de las especies de la comicidad, y lo que en nuestros ejemplos de ingenuidades verbales se agrega al placer del chiste sería placer "cómico", producido, en general, por el ahorro de gasto resultante de la comparación de las manifestaciones de otra persona con las nuestras propias. Mas dado que al llegar a este punto nos hallamos ante cuestiones que pueden llevarnos muy lejos, terminaremos ante todo nuestro examen de la ingenuidad. Esta sería, pues, una de las especies de lo cómico, en tanto en cuanto su placer nace de la diferencia de gasto resultante de la comparación estimulada por nuestro deseo de comprender una determinada manifestación de otra persona, y se aproximaría al chiste por la condición de que el gasto ahorrado en dicha comparación tiene que ser un gasto de coerción[48].

Establezcamos aún, rápidamente, algunas analogías y diferencias entre los conceptos a los que hemos llegado últimamente y aquellos otros que constan ha largo tiempo en la psicología de la comicidad. La identificación, el querer comprender, no son otra cosa que el "prestar cómico" que desde Jean Paul desempeña un papel en el análisis de la comicidad. La "comparación" de un proceso psíquico que se realiza en otra persona con el nuestro propio corresponde al "contraste psicológico", para el cual hallamos por fin aquí un lugar, después de haberle buscado inútilmente alguna aplicación en el chiste. Mas en la explicación del placer cómico nos separamos de muchos investigadores para los que dicho placer nace de la oscilación de la atención entre las representaciones que han de ser contrastadas. Pareciéndonos incomprensible tal mecanismo del placer, preferimos indicar que de la comparación de los contrastes nace una diferencia de

---

[48] En estas consideraciones hemos identificado lo ingenuo con lo ingenuo-cómico, cosa no siempre posible. Mas, para nuestros propósitos, nos basta estudiar los caracteres de lo ingenuo en el chiste ingenuo y en la ingenuidad *verde*. Una mayor penetración en estas cuestiones supondría la intención, que no tenemos, de descubrir, partiendo de este punto, la esencia de lo cómico.

gasto que cuando no recibe empleo distinto es susceptible de ser descargada y constituye, por lo tanto, una fuente de placer[49].

Al aproximarnos al problema de lo cómico, lo hacemos con cierto temor. Sería presuntuoso esperar que nuestro esfuerzo consiguiera aportar algo decisivo para la solución de un problema que la intensa labor de toda una serie de brillantes pensadores no ha logrado aún esclarecer satisfactoriamente en todos sus aspectos. No nos proponemos, por lo tanto, más que perseguir por algún trecho, en los dominios de lo cómico, aquellos puntos de vista que en la investigación del chiste han demostrado poseer un innegable valor.

Lo cómico aparece primeramente como un involuntario hallazgo que hacemos en las personas; esto es, en sus movimientos, formas, actos y rasgos característicos, y probablemente al principio tan sólo en sus cualidades físicas, pero luego también en las morales y en aquello en que estas se manifiestan. Más tarde, y por una especie de personificación, muy frecuente, encontramos lo cómico en los animales y en objetos inanimados. Resulta, pues, la comicidad susceptible de ser separada de las personas, siempre que de antemano conozcamos las condiciones en que las mismas resultan cómicas. De este modo nace la comicidad de la situación, y con tal conocimiento aparece la posibilidad de hacer resultar cómica, a voluntad, a una persona, colocándola en situaciones en las que dichas condiciones de lo cómico se muestren ligadas a sus actos. El descubrimiento de que está en nuestro poder el hacer resultar cómica a una persona cualquiera —incluso la nuestra propia— abre el acceso a insospechadas consecuciones de placer cómico y da origen a una técnica muy amplia. Los medios de que para ello dis-

---

[49] También Bergson (*Le rire*, 1904) niega la posibilidad de una tal derivación del placer cómico, indudablemente influida por la tendencia a establecer una analogía con la risa de la persona a la que hacen cosquillas.

ponemos son, entre otros muchos, la imitación, el disfraz, la caricatura, la parodia y, sobre todo, el colocar a la persona de que se trate en una situación cómica. Naturalmente, pueden todas estas técnicas entrar al servicio de tendencias hostiles y agresivas, haciendo resultar cómico a una persona con el fin de mostrarla ante los demás como desprovista de toda autoridad o dignidad y sin derecho a consideración ni respeto. Mas aun cuando tal intención constituyera siempre el fondo de todo intento de hacer resultar cómica a una persona, no tendría por qué ser este el sentido de lo cómico espontáneo.

Ya con esta desordenada revisión de las manifestaciones de la comicidad nos damos cuenta de que debemos atribuir a la misma condiciones de origen mucho más amplias que a lo ingenuo. Para descubrir el rastro de tales condiciones, lo principal será acertar en la elección del punto de partida de nuestra labor, y recordando que la representación escénica más primitiva, la pantomima, utiliza la comicidad de los movimientos para provocar la risa, elegiremos esta especie de lo cómico para comenzar por ella la investigación que nos proponemos. A la interrogante de por qué reímos de los movimientos de los *clowns* responderíamos que porque nos parecen excesivos e inapropiados. Reímos, pues, de un gasto desproporcionado. Busquemos ahora la condición fuera de la comicidad artificialmente provocada; esto es, allí donde aparece involuntariamente. Los movimientos infantiles no nos parecen cómicos, aunque el niño patalea y salta sin objeto visible. En cambio, sí hallamos cómico el que el niño que aprende a escribir saque la lengua y siga con ella los movimientos de la pluma. En este manejo vemos un superfluo gasto de movimiento, que nosotros ahorraríamos al dedicarnos a igual actividad. Del mismo modo hallamos cómicos, en el adulto, otros movimientos que acompañan innecesariamente a la actividad principal o que simplemente nos parecen superar la medida normal del gesto expresivo. Casos puros de esta clase

211

de comicidad son aquellos movimientos que el jugador de bolos ejecuta después de haber arrojado la bola, como si con ellos quisiera regular su curso, y también los gestos que exageran la expresión normal de nuestros pensamientos, aunque sean involuntarios, como sucede en los enfermos de *corea* (baile de San Vito). Igualmente parecerán cómicos los movimientos de nuestros modernos directores de orquesta a todas aquellas personas poco versadas en música que no comprenden a qué fin corresponden. De esta comicidad de los movimientos se deriva la de las formas corporales y de los rasgos fisonómicos, que son considerados como el resultado de un movimiento exagerado e inútil. Unos ojos demasiado abiertos, una nariz ganchuda, unas orejas muy separadas del cráneo, una joroba o cualquier análogo defecto físico, sólo se hacen cómicos en tanto en cuanto nos representamos los movimientos que serían necesarios para su constitución, representación en la que atribuimos a las partes del cuerpo correspondientes mayor movilidad de la que realmente poseen. Encontramos innegablemente cómico que una persona pueda mover las orejas y aún nos lo parecería más que pudiera mover la nariz. Una gran parte de la comicidad que en los animales hallamos procede de que vemos en ellos movimientos que no podemos imitar.

Mas, ¿cómo llegamos a reír cuando reconocemos como inútiles y exagerados los movimientos de otros? A mi juicio, lo que nos lleva a reír es la comparación de los movimientos observados en los demás con los que, hallándonos en su lugar, hubiésemos ejecutado. Claro es que a los dos términos de la comparación habremos de aplicar la misma medida, y esta será precisamente aquel gasto de inervación que va ligado con la representación del movimiento correspondiente a cada uno de ellos. Esta afirmación necesitará ser ampliada y explicada.

Lo que aquí ponemos en relación es, por un lado, el gasto psíquico correspondiente a determinada representación, y, por otro, el contenido de esta última. Nuestra afirmación implica que el primero de dichos factores no es esencial y generalmente independiente del segundo; esto es, del contenido de la representación y, sobre todo, que la representación de algo considerable necesita de un gasto mayor que la de algo pequeño. Mientras no se trata más que de la representación de diversos grandes movimientos, no presenta el establecimiento de nuestra afirmación, ni su comprobación experimental, graves dificultades, pues vemos en seguida que en este caso coincide una cualidad de la representación con otra de lo representado, aunque la Psicología nos prevenga siempre contra tales confusiones.

La representación de determinado movimiento considerable la adquirimos al ejecutarlo por vez primera espontáneamente o por imitación, acto en el que, además, descubrimos en nuestras sensaciones de inervación una medida para tal movimiento[50].

Cuando observamos en otra persona un movimiento análogo a cualquiera de los que por experiencia propia conocemos, el camino más seguro para la comprensión, o percepción del mismo, será el ejecutarlo por imitación, y entonces podemos decidir, por comparación, en qué movimiento —el nuestro o el ajeno imitado— fue mayor el gasto por nosotros efectuado. Tal impulso a la imitación aparece seguramente siempre que observemos un movimiento. Mas, en realidad, no llevamos a cabo tal imitación, como tampoco seguimos deletreando cuando el deletrear nos ha enseñado ya a leer. En el lugar de la imitación

---

[50] El recuerdo de este gasto de inervación quedará como la parte esencial de la representación el movimiento de referencia y existirán siempre en nuestra vida anímica procesos intelectuales en los que la idea será únicamente representada por dicho gasto. En otros terrenos aparecerá una sustitución de este elemento por otro, tal como la representación visual del fin del movimiento o la representación verbal, y en algunas especies del pensamiento abstracto bastará con un signo en lugar del contenido total de la representación.

muscular del movimiento colocamos la representación del mismo por medio de nuestro recuerdo de los gastos efectuados en movimientos análogos. La representación o "pensamiento" se diferencia, ante todo, de la acción o ejecución, por ser mucho más pequeña la carga psíquica cuyo desplazamiento provoca y por impedir la descarga del gasto principal. Mas, ¿de qué manera se manifiesta en la representación el factor cuantitativo —la mayor o menor magnitud— del movimiento percibido? Y si falta una exposición de la cantidad en la representación formada por cualidades, ¿cómo podremos diferenciar las representaciones de movimientos diferentemente grandes y establecer la comparación que constituye aquí la cuestión capital?

En este punto nos indica el camino la Fisiología, mostrándonos que también durante el proceso de representación parten inervaciones hacia los músculos, aunque no correspondan sino a un modestísimo gasto, lo cual nos hace suponer que este gasto de inervación que acompaña al proceso representativo es empleado en la exposición del factor cuantitativo de la representación y ha de ser mayor cuando es representado un movimiento considerable que cuando se trata de uno pequeño. La representación del movimiento mayor sería también realmente la mayor; esto es, la acompañada de mayor gasto.

La observación nos muestra directamente que los hombres nos hallamos acostumbrados a expresar lo grande y lo pequeño de los contenidos de nuestras representaciones por un diverso gasto, como en una especie de *mímica de representación*.

Cuando un niño, un adulto poco cultivado o un sujeto perteneciente a ciertas razones de escaso desarrollo intelectual describen o comunican algo, puede verse fácilmente que no se contentan con hacer comprensible su representación por la elección de palabras apropiadas, sino que exponen también el contenido de la misma por medio de movimientos expresivos, uniendo de este modo la exposición mímica a la verbal e indicando al mismo tiempo las cantidades y las intensidades. Al decir "una alta montaña" elevarán la mano por encima de su cabeza, y si su frase es "un enano chiquitín", la bajarán hasta cerca del suelo. En aquellos casos en que tales sujetos han perdido ya el hábito de pintar con sus manos aquello que describen, lo harán elevando o bajando la voz, y si también logran dominar esta costumbre, puede apostarse que abrirán mucho los ojos al hablar de algo grande y los entornarán cuando se refieran a algo pequeño. Lo que de este modo expresan no son sus sentimientos personales, sino realmente el contenido de su representación.

¿Habremos, pues, de suponer que esta necesidad de mímica es despertada por las exigencias de la comunicación y que gran parte de este medio expositivo escapa en general a la atención del oyente? Creo más bien que esta mímica, aunque menos marcada, subsiste con independencia de toda comunicación y aparece también cuando el sujeto se representa algo a sí mismo exclusivamente o piensa algo de una manera plástica. Por lo tanto, los individuos antes señalados expresarán por medio de modificaciones somáticas y del mismo modo que en la descripción verbal su representación íntima de lo grande y lo pequeño, aunque tales modificaciones pueden quedar reducidas a una diversa inervación de los rasgos fisonómicos y los órganos sensorios. Esto nos hace pensar que la inervación física consensual al contenido de lo representado fue el comienzo y origen de la mímica destinada a la comunicación. Para hacerse inteligible a los demás no necesitó dicha inervación más que intensificarse hasta resultar fácilmente perceptible. Claro es que al exponer de este modo mi opinión de que a la "expresión de los sentimientos", conocida como efecto físico concomitante de los procesos anímicos, debiera añadirse esta "expresión del contenido de las representaciones", me doy perfecta cuenta de que mis observaciones sobre las categorías de lo grande y lo pequeño no agotan el tema. Todavía pudiéramos agregar muchas interesantes consideraciones antes de llegar a los fenómenos de tensión por los que una persona revela físicamente la concentración de su atención y el nivel de abstracción que alcanza, en un momento determinado, su pensamiento. Creo importantísima esta materia y opino que la prosecución del estudio de la mímica representativa sería tan útil en otros dominios de la Estética como lo ha sido aquí para la inteligencia de lo cómico.

Volviendo a la comicidad del movimiento, repetiremos que con la percepción de determinado ademán nace el impulso a su representación por cierto gasto. Realizamos, pues, en la percepción de dicho movimiento, o sea, en nuestra voluntad de comprenderlo, cierto gasto, conduciéndonos en esta parte del proceso psíquico exactamente como si nos situáramos en el lugar de la persona observada. Probablemente al mismo tiempo advertimos el fin a que tiende dicho movimiento y podemos estimar, por anterior experiencia, la magnitud de gasto necesaria para alcanzar tal fin. En este punto prescindimos ya de la persona observada y nos conducimos como si quisiéramos lograr por nuestra cuenta el fin al que el movimiento tiende. Estas dos posibilidades de representación nos llevan a una comparación del movimiento observado con el nuestro propio. Ante un movimiento inadecuado y excesivo de la persona observada, nuestro incremento de gasto para la comprensión es cohibido en el acto, *in statu nascendi*; esto es, declarado superfluo en el mismo momento de su movilización, y queda libre para un distinto empleo o, eventualmente, para su descarga por medio de la risa. De esta clase sería, coadyuvando otras condiciones favorables, la génesis del placer producido por los movimientos cómicos: un gasto de inervación devenido inútil, como exceso, en la comparación del movimiento ajeno con el propio.

Dos diferentes problemas se presentan ahora a nuestra labor investigativa: el de fijar las condiciones de la descarga del exceso resultante de la comparación y el de comprobar si nuestras hipótesis sobre la génesis de la comicidad de los movimientos son aplicables a las demás especies de lo cómico.

Dediquémonos, ante todo, a esta segunda labor y sometamos a investigación, tras de lo cómico del movimiento y de la acción, la comicidad que hallamos en los rendimientos anímicos y en los rasgos característicos de los demás.

Podemos tomar como modelo de este género los disparates cómicos que los estudiantes poco aplicados producen en los exámenes. Más difícil nos sería dar un sencillo ejemplo de comicidad de un rasgo característico. No debe inducirnos en error el que el disparate y la simpleza, que con tanta frecuencia producen un efecto cómico, no puedan ser, sin embargo, sentidos siempre como cómicos, análogamente a como sucede con un mismo rasgo característico del que unas veces reímos, pero otras, nos puede parecer despreciable y hasta odioso. Este hecho, que no debemos olvidarnos de tener en cuenta, indica tan sólo que en el efecto cómico intervienen, además de la comparación antes detallada, otros factores distintos que iremos descubriendo en el curso de nuestra investigación.

La comicidad que hallamos en la cualidades anímicas e intelectuales de otras personas es también, claramente, el resultado de una comparación entre las mismas y nuestro propio *yo*, mas con la singularidad de que el producto de esta comparación es, la mayoría de las veces, el opuesto del de la que llevábamos a cabo en el caso del movimiento o acto cómicos. En este caso nacía la comicidad cuando la persona-objeto realizaba un gasto mayor de lo que nosotros imaginábamos necesario. En cambio, tratándose de una función anímica, lo cómico surge cuando la persona-objeto ahorra un gasto que consideramos indispensable, pues el desatino y la simpleza son rendimientos imperfectos. En el primer caso reímos viendo cómo la persona observada se ha dificultado determinado rendimiento, y en el segundo, cómo se lo ha hecho excesivamente fácil. Por lo tanto, parece que el efecto cómico no depende sino de la diferencia entre ambos gastos de carga psíquica o revestimiento —el de la "proyección simpática"[51] y el del *yo*— y no de aquello a lo que favorezca tal diferencia. Mas esta singularidad, que al principio nos desorienta, desaparece en cuanto reflexionamos que el limitar el trabajo muscular e intensificar, en cambio, el intelectual es una de las características de la tendencia evolutiva del hombre hacia un más alto grado de civilización. Intensificando el gasto intelectual dedicado a la ejecución de un acto cualquiera alcanzamos una minoración del gasto de movimiento necesario para su realización, resultado de cultura del que testimonian nuestras máquinas. Comprendemos ahora que nos parezca igualmente cómico aquel que comparado con nosotros emplea demasiado gasto en sus rendimientos físicos

---

[51] N. del Traductor. —*Einfühlung*. Dudando sobre la exacta versión castellana de esta palabra, consultamos a personas que por su alta autoridad en estas materias nos ofrecía máxima garantía de acierto. A continuación copiamos su respuesta, por la que hacemos constar aquí nuestro agradecimiento: *Einfühlung*: Neologismo introducido no hace mucho en la filosofía alemana sobre todo para usos psicológicos y estéticos. No tiene adecuada versión al castellano. Suele traducirse por *proyección simpática* y su sentido en el siguiente:

De los objetos —animados o inanimados— recibimos sólo sus cualidades sensibles —colores, formas, etcétera—. Sin embargo, los percibimos siempre como dotados de ciertas cualidades dinámicas, análogas a las que por percepción de nuestra intimidad psíquica conocemos. ¿Cómo es esto posible? Ejemplo: de la columna sólo vemos positivamente su forma y color; sin embargo, nos parece la columna como "irguiéndose" y como "soportando" el frontispicio. Vemos de un retrato sólo las manchas de color; sin embargo, nos aparece como la figura "expresiva" de un hombre. Vemos del prójimo sólo su exterior; sin embargo, nos parece tener un *yo*, como nosotros. Luego es que al recibir los datos sensoriales de todos esos objetos los confundimos con nuestros estados internos psíquicos y todo junto lo proyectamos de nuevo al exterior. "Sentimos" nuestro *yo* en el objeto. Esta proyección de nuestro psiquismo en lo que no somos nosotros es la *Einfühlung*. Otros —así H. Gomperz— la llaman *empatía*.

y aquel que emplea demasiado poco en los anímicos, y no podemos negar que nuestra risa es en ambos casos la expresión de un placiente sentimiento de superioridad. Cuando la proporción se hace en ambos casos inversa; esto es, cuando el gasto somático de la persona observada se nos muestra menor que el nuestro y mayor el gasto psíquico, entonces ya no reímos, sino que experimentamos asombro o admiración.

El origen que aquí atribuimos al placer cómico, haciéndolo nacer de la comparación de la persona observada con nuestro propio *yo*, o sea, de la diferencia entre el gasto de la "proyección simpática" y el propio, es probablemente el más importante, aunque no el único. Ya en ocasiones anteriores vimos que era posible prescindir de este género de comparación y hallar la diferencia productora de placer en un solo elemento, fuera este la proyección simpática o los procesos de nuestro propio *yo*, con lo cual queda demostrado que el sentimiento de superioridad no tiene una relación esencial con el placer cómico. Mas, de todos modos, para la génesis de este placer es indispensable una comparación, que, como hemos visto, se realiza entre dos gastos consecutivos de revestimientos, referentes al mismo rendimiento y provocados por nuestra proyección simpática en la persona observada, o independientemente de la misma, por nuestros propios procesos psíquicos. El primer caso, en el cual desempeña todavía un papel la persona observada, aunque ya no su comparación con nuestro propio *yo*, aparece cuando la diferencia productora de placer de los gastos de revestimiento queda establecida por influencias exteriores que podemos reunir formando una "situación", razón por la cual es denominada esta clase de comicidad como *comicidad de la situación*. Las cualidades de la persona que proporciona lo cómico no influyen en esto esencialmente, pues reímos, aunque tengamos que confesarnos que en idéntica situación hubiéramos obrado de la misma manera. Extraemos aquí la comicidad de la relación del hombre con el mundo exterior, que tan tiránicamente actúa con gran frecuencia sobre sus procesos psíquicos. A este mundo exterior pertenecen no sólo las imposiciones y conveniencias sociales, sino nuestras propias necesidades físicas. Un caso típico de esta última clase aparece cuando una persona es interrumpida en el ejercicio de una actividad anímica por un dolor o una necesidad excrementicia. La antítesis que en la proyección hace nacer la diferencia cómica es la existente entre el alto interés que el individuo muestra por tal actividad psíquica antes de sobrevenir la perturbación somática y el escasísimo que le concede una vez sobrevenida la misma. La persona que nos da esta diferencia se hace cómica de nuevo por inferioridad; pero no es inferior más que comparada con su *yo* anterior y no con nosotros, pues sabemos que en el mismo caso no podríamos conducirnos diferentemente. Es, de todos modos, singular que esta inferioridad del hombre no nos resulte cómica más que en el caso de proyección simpática, o sea, en personas extrañas a la nuestra propia, mientras que cuando nos hallamos personalmente en tales situaciones no experimentamos sino penosos sentimientos. Seguramente, la ausencia de dolor propio es lo que nos permite hallar placer en la diferencia resultante de la comparación de los diversos revestimientos sucesivos.

Otra fuente de comicidad, que hallamos en nuestros propios cambios de revestimiento, surge de nuestra relación con lo venidero, cuya llegada acostumbramos a anticipar por medio de nuestras representaciones de espera. A mi juicio, tales representaciones entrañan un gasto cuantitativamente determinado, que, al no cumplirse lo esperado, queda minorado en cierta diferencia, y para completar esta hipótesis recordaremos las observaciones que antes hicimos sobre la "mímica de representación". Pero en estos casos de espera resulta mucho más fácil de llevar a cabo la determinación del gasto de revestimiento efectivamente realizado. En toda una serie de ejemplos de este género vemos con completa claridad que la expresión de la espera está constituida por preparativos motores, sobre todo cuando el suceso esperado ha de exigir un rendimiento de nuestra motilidad, y tales preparativos pueden, desde luego, determinarse cuantitativamente. Cuando espero coger una pelota que me ha sido lanzada, determino en mi cuerpo tensiones que le han de permitir resistir el choque, y los movimientos superfluos que habré de hacer si la pelota resulta menos pesada de lo que yo esperaba me harán resultar cómico a los ojos de los espectadores. Mi representación anticipada me ha hecho errar, impulsándome a un excesivo gasto de movimiento. Lo mismo sucederá al sacar de una cesta una fruta que juzgamos pesada y que resulta luego hueca e imitada en cera. Nuestra mano se alzará rápidamente revelando que habíamos preparado una inervación excesiva para el fin propuesto, y los que nos vean reirán de nuestro error. Existe, por lo menos, un caso en el que el gasto de expectación puede ser medido por medio de un experimento fisiológico. Nos referimos a los experimentos de Pavlov sobre las secreciones salivares, en los cuales se provee a varios perros de un aparato especial para la acumulación de la saliva, y se les muestran después diversos alimentos. La saliva secretada varía según el perro ve o no confirmada su esperanza de recibir el alimento que le es enseñado.

También cuando lo esperado ha de exigir simplemente un rendimiento de los órganos sensorios y no de la motilidad tenemos que suponer que la expectación se manifiesta en un cierto gasto motor encaminado a la tensión de los sentidos y a detener otras impresiones distintas de la esperada, y hemos de considerar la concentración de la atención como un rendimiento motor equivalente a cierto gasto. Podemos, además, adelantar que la actividad preparatoria de la espera no será independiente de la magnitud de la impresión esperada, sino que manifestaremos la importancia o pequeñez de la misma mímicamente, por medio de un mayor o menor gasto de preparación como en el caso de la comunicación o en el del pensamiento. En este gasto de espera habremos de tener en cuenta diversos factores, lo mismo que en el caso en que quedemos decepcionados, bien por ser lo que realmente llegue mayor o menor que lo esperado, bien por no ser digno del interés con que lo esperábamos. De este modo llegamos a tomar en consideración, además del gasto para la representación de lo grande o lo pequeño (la mímica de representación), el gasto de tensión de la atención (gasto de espera) y, por último, en otros casos, el gasto de abstracción. Mas todas estas otras clases de gastos pueden reducirse a la de la mímica de representación, dado que lo más interesante, lo más elevado y hasta lo más abstracto son tan sólo casos especiales y especialmente cualificados de lo mayor. Si a todo esto agregamos que, según Lipps y otros autores, se debe considerar en primer lugar como fuente del placer cómico el contraste *cuantitativo* y no el *cualitativo*, tendremos motivo más que suficiente para felicitarnos de haber escogido como punto de partida de nuestra investigación lo cómico de los movimientos.

Desarrollando el principio kantiano de que "lo cómico es una espera decepcionada", ha intentado Lipps, en su obra citada, derivar, en general, de la espera el placer cómico. Mas, a pesar de los valiosos resultados que este intento ha producido, tenemos que unirnos a otros autores que opinan que Lipps ha limitado extraordinariamente el terreno de origen de lo cómico y no ha podido, por lo tanto, someter a su fórmula, sino muy forzadamente, los fenómenos correspondientes.

Los hombres no se han contentado con gozar de lo cómico allí donde ha aparecido ante ellos, sino que han tendido a constituirlo intencionadamente. De este modo, como mejor puede llegarse al conocimiento de la esencia de lo cómico es estudiando los medios encaminados a hacer surgir artificialmente la comicidad. En primer lugar podemos hacer surgir lo cómico en nuestra propia persona, con objeto de divertir a los demás, fingiéndonos, por ejemplo, simples o desmañados. Obrando de esta forma creamos la comicidad exactamente, como si la torpeza o tontería fuesen reales, pues provocamos aquella comparación de la que nace la diferencia de gasto, pero no nos hacemos ridículos o despreciables, sino que, en determinadas circunstancias, podemos incluso provocar admiración, pues el sentimiento de superioridad no surge en los espectadores cuando estos saben que el sujeto finge aquello que le hace resultar cómico, circunstancia que nos proporciona una nueva y excelente prueba de cómo la comicidad es por completo independiente de dicho sentimiento.

El medio más socorrido de hacer resultar cómico a un individuo es colocarlo, sin tener para nada en cuenta sus cualidades personales, en aquellas situaciones a las que la general dependencia del hombre, de las circunstancias exteriores y, especialmente, de las de la vida social, da una marcada comicidad. Entra, pues, aquí en juego lo que antes denominamos *comicidad de la situación*. Tales situaciones cómicas pueden ser reales (*a practical joke*) —poner a alguien la zancadilla y hacer que caiga al suelo dando la impresión de torpeza en sus movimientos, hacerle aparecer tonto explotando su credulidad, etc.—, pero pueden también ser fingidas por la palabra o el juego. La agresión, a cuyo servicio se pone con gran frecuencia este medio de hacer que un individuo resulte cómico, halla un eficacísimo auxiliar en la circunstancia de ser el placer cómico independiente de la realidad de la situación que lo produce, de manera que todos y cada uno de nosotros nos hallamos indefensos ante aquellos que, utilizando este procedimiento, quieran reír a costa nuestra.

Aún existen, para la consecución de este mismo fin, otros medios que merecen ser objeto de un examen especial y que, en parte, revelan nuevos orígenes del placer cómico. Entre ellos encontramos, por ejemplo, la *imitación*, que produce en el oyente un placer extraordinario y hace resultar cómico al que es objeto de ella, aun cuando se mantenga alejada de la exageración caricaturizante. Resulta mucho más fácil explicar el efecto cómico de la *caricatura* que el de la simple imitación. La caricatura y la parodia, así como su antítesis práctica, el "desenmascaramiento", se dirigen contra personas y objetos respetables e investidos de autoridad. Son procedimientos de *degradar* objetos *eminentes*[52]. No siendo "lo eminente" más que lo que en el terreno psíquico corresponde a "lo grande" en el físico, podríamos arriesgar la hipótesis de que es representado, lo mismo que lo grande somático, por medio de un incremento de gasto. No es preciso ser muy observador para darse cuenta de que cuando hablamos de lo eminente inervamos de distinta manera nuestra voz al mismo tiempo que modificamos nuestro gesto e intentamos armonizar nuestra actitud con la dignidad de lo que representamos. Nos imponemos, en este caso, una actitud solemne, análogamente a cuando hemos de hallarnos en presencia de una eminente personalidad, un monarca o un príncipe de la ciencia. No creo equivocarme suponiendo que esta distinta inervación de la mímica representativa corresponde a un incremento de gasto. El tercer caso de tal incremento aparece cuando nos entregamos a pensamientos abstractos, abandonando las habituales representaciones concretas y plásticas. En aquellas ocasiones en que los procedimientos antes examinados de degradación de lo eminente nos llevan a representárnoslo como algo vulgar a lo que no tenemos que guardar consideración alguna, ahorramos el incremento de gasto que supone la solemnidad que

---

[52] *Degradation*. A. Bain (*The emotions and the will*, 2.ª edición, 1865) dice: *The occasion of the ludicrous is the degradation of some person or interest, possessing dignity, in circumstances that excite no other strong emotion.*

habríamos de imponernos, y la comparación de esta forma de representación, provocada por la proyección simpática, con aquella otra que hasta el momento nos era habitual y que intenta establecerse simultáneamente, crea de nuevo la diferencia de gasto que puede ser descargada por medio de la risa.

La caricatura lleva a cabo la degradación extrayendo del conjunto del objeto eminente un rasgo aislado que resulta cómico, pero que antes, mientras permanecía formando parte de la totalidad, pasaba desapercibido. Por este medio se consigue un efecto cómico que en nuestro recuerdo es hecho extensivo a la totalidad, siendo condición para ello que la presencia de lo eminente no nos mantenga en una disposición respetuosa. En los casos en que no existe tal rasgo cómico que ha pasado desapercibido, es este creado por la caricatura misma, exagerando uno cualquiera que no era cómico de por sí. Hallamos, pues, de nuevo, como característica del origen del placer cómico, la circunstancia de que el efecto de la caricatura no es esencialmente influido por tal falsificación de la realidad.

La parodia alcanza la degradación de lo eminente por otro camino distinto, destruyendo la unidad entre los caracteres que de una persona conocemos y sus palabras o actos, por medio de la sustitución de las personas eminentes o de sus manifestaciones, por otras más bajas. En esto se diferencia la parodia de la caricatura y no, en cambio, en el mecanismo de la producción de placer cómico. El mismo mecanismo sirve también para el desenmascaramiento, que sólo aparece cuando alguien se ha investido de dignidad y autoridad por medio de un engaño, debiendo, en realidad, ser despojado de ellas. En algunos chistes anteriormente analizados hemos aprendido a conocer el efecto cómico de este género de la comicidad; por ejemplo, en aquella historieta de la distinguida dama, que al sentir los primeros dolores del parto, exclama: *Ah, mon Dieu!*, y a la que el médico no quiere hacer caso hasta que comienza a proferir chillidos inarticulados. Después de haber descubierto los caracteres de lo cómico no podemos ya negar que esta historieta es realmente un ejemplo de desenmascaramiento cómico y no tiene derecho alguno a ser calificada de chiste. Sólo recuerda al chiste por su escenificación y por el medio técnico de la "representación de una minucia", la cual es, en este caso, el grito inarticulado considerado por el médico como indicación suficiente de la proximidad del parto. Sin embargo, debemos confesar que nuestro sentimiento del idioma no opone dificultad ninguna a dar a esta historieta el calificativo de chiste, circunstancia cuya explicación se hallará quizás en el hecho de que los usos del lenguaje no parten del conocimiento científico de la esencia del chiste que nuestra laboriosa investigación nos ha procurado. Mas, teniendo en cuenta que el volver a hacer accesibles fuentes de placer segadas por un determinado proceso represivo constituye una de las funciones del chiste, nada hay que no impida dar este nombre, por analogía, a todo artificio que nos haga surgir a la luz una franca comicidad. Esto se aplicará, sobre todo, al desenmascaramiento y a algunos otros medios de hacer resultar cómica a una persona.

En el desenmascaramiento podemos incluir también aquel medio de hacer surgir la comicidad, que degrada la dignidad del individuo atrayendo nuestra atención sobre su debilidad específicamente humana, y en especial sobre la dependencia de sus rendimientos psíquicos de sus necesidades corporales. El desenmascaramiento equivaldrá entonces a la siguiente advertencia: "Ese individuo, al que admiras y veneras como a un semidios, no es sino un hombre como tú". También pertenecen a esta comicidad todos los esfuerzos encaminados a revelar, tras de la riqueza y la aparente contingencia de las funciones anímicas, el monótono automatismo psíquico. En las historietas de intermediarios matrimoniales judíos hallamos ya algunos casos de desenmascaramiento y experimentamos la duda de si podíamos o no calificarlos de chistes. Ahora podemos ya afirmar con mayor seguridad que, por ejemplo, aquella historieta en que el acompañante que el intermediario ha traído consigo acentúa fielmente todos los elogios que el mismo hace de la novia, y, por último, pondera también la joroba, tímidamente confesada, es un ejemplo de desenmascaramiento del automatismo psíquico. Pero la historieta cómica no actúa en este caso más que como fachada; para todo aquel que no quiera eludir el oculto sentido de tales historietas matrimoniales, ésta a que ahora nos referimos constituirá un chiste excelentemente escenificado. En cambio, aquellos otros que no penetren de este modo en su esencia continuarán considerándola como una historieta cómica. Análogamente sucede en el otro chiste que nos muestra cómo el intermediario, queriendo rebatir una objeción de su cliente, confiesa toda la verdad, al exclamar: "¡Quién se atreve a prestar nada a esta gente!", caso que nos presenta una revelación cómica como fachada de un chiste. Pero aquí el carácter de chiste resulta más patente, pues la frase del intermediario es al mismo tiempo una representación antinómica. Queriendo demostrar que la familia de la novia es rica, demuestra que no sólo no lo es, sino que es muy pobre. El chiste y la comicidad se combinan en este caso, y nos enseñan que la misma frase puede ser, simultáneamente, cómica y chistosa.

Aprovecharemos aquí la ocasión de volver al chiste desde la comicidad del desenmascaramiento, puesto que el esclarecimiento de la relación entre el chiste y la comicidad, y no la determinación de la esencia de lo cómico, es lo que constituye el verdadero fin de nuestra labor. Así, pues, nos limitamos a agregar estos casos de descubrimiento del automatismo psíquico, de los que no hemos podido determinar si eran cómicos o chistosos, a aquellos otros en los que vimos se confundían del mismo modo, el chiste y la comicidad; esto es, a los chistes disparatados. Más adelante hemos de ver cómo nuestra investigación nos muestra que en estos últimos resulta teóricamente explicable dicha confusión.

En la investigación de las técnicas del chiste hemos hallado que la aceptación de aquellos procesos mentales que son regla habitual en lo inconsciente, pero que la conciencia tiene que calificar de "errores intelectuales", constituye el medio técnico de muchos chistes, cuyo carácter chistoso aparecía tan inseguro que hasta nos inclinábamos a considerarlos simplemente como historietas cómicas. No pudimos entonces resolver esta duda por no sernos conocido aún el carácter esencial del chiste. Más tarde, dirigidos por nuestro conocimiento de la elaboración de los sueños, hallamos que dicho carácter consistía en la función transaccional de la elaboración del chiste entre las exigencias de la razón crítica y el instinto de no renunciar al antiguo placer producido por el juego verbal o por el disparate. Lo que en calidad de transacción nacía de este modo, cuando la parte preconsciente del pensamiento era abandonada por un momento a la elaboración inconsciente, satisfacía en todos los casos a las dos encontradas exigencias, pero se presentaba a la crítica en formas distintas y tenía que permitir que la misma hiciera recaer sobre ellas diversos juicios. El chiste conseguía unas veces introducirse sigilosamente bajo la forma de una frase falta de significado, pero que podía eludir la censura, y otras, como expresión de un valioso pensamiento. En el caso límite de la función transaccional había, sin embargo, renunciado a satisfacer a la crítica y se presentaba desafiador ante ella sin temor de despertar su repulsa, pues podía contar con que el oyente rectificaría la transformación que la forma expresiva había sufrido en lo inconsciente, y restablecería así el verdadero sentido.

¿En qué caso aparece entonces el chiste como disparate ante la crítica? Especialmente cuando se sirve de aquellos procedimientos mentales peculiares a lo inconsciente, pero prohibidos a la conciencia; esto es, de los errores intelectuales. Algunos procesos mentales de lo inconsciente han sido, sin embargo, aceptados por la conciencia. Así, determinadas clases de representación indirecta, alusión, etc., aunque su empleo consciente tiene que mantenerse dentro de ciertos límites. Con estas técnicas no despertará el chiste repulsa alguna por parte de la crítica, pues esta repulsa no tiene lugar más que cuando aquel utiliza como técnica los medios rechazados por el pensamiento consciente. Sin embargo, el chiste puede aún evitar la repulsa, ocultando el error intelectual empleado, o sea, disfrazándose con una apariencia de lógica, como en la historieta del pastel y la copa de licor. Mas si el error intelectual aparece al descubierto, es segura la repulsa crítica.

En este último caso acude aún un factor en auxilio del chiste. Los errores intelectuales que como procedimientos mentales de lo inconsciente emplea en su técnica son juzgados por la crítica —aunque no regularmente— como cómicos. La aceptación consciente de los defectuosos procedimientos de lo inconsciente es un medio para la producción de placer cómico, cosa fácil de comprender, pues para la constitución de un revestimiento preconsciente es preciso desde luego un mayor gasto que para la aceptación del inconsciente. Comparando el pensamiento que parece creado en lo inconsciente con su rectificación, nace para nosotros la diferencia de gasto de la que surge el placer cómico. Un chiste que se sirva de este procedimiento intelectual como técnica y aparezca, por lo tanto, desatinado, puede, pues, actuar simultáneamente como cómico. De este modo, si no logramos hallar las huellas del chiste, siempre nos quedará la historieta cómica.

Recordemos una de las historietas que expusimos en la primera parte de nuestra investigación: un individuo ha pedido prestado un caldero y lo devuelve agujereado. El propietario le reclama una indemnización, pero él se defiende, alegando:

"Primeramente, nadie me ha prestado ningún caldero; en segundo lugar, el caldero estaba ya agujereado, y, por último, yo he devuelto el caldero a su dueño completamente intacto". Es este un excelente ejemplo de efecto puramente cómico por aceptación de un método intelectual inconsciente, pues en lo inconsciente no existe la exclusión recíproca de pensamientos incompatibles, aunque aisladamente bien motivados. El sueño, en el que se patentizan los procedimientos intelectuales inconscientes, no conoce, por lo tanto, alternativas (esto o aquello), sino tan sólo yuxtaposiciones. Uno de mis sueños que, a pesar de su complicación, elegí en mi obra sobre los mismos para presentar un ejemplo del arte interpretativo, me ofrecía simultáneamente y para desvanecer el reproche que en él me hacía de no haber sabido hacer desaparecer, por medio del tratamiento psíquico, la enfermedad de una de mis pacientes, las razones que siguen: primera, la paciente misma tenía la culpa de seguir enferma por no haber aceptado mis consejos; segunda, su enfermedad era de origen orgánico y, por lo tanto, se hallaba fuera de mi especialidad; tercera, su enfermedad era una consecuencia de su viudez, de la que yo no tenía la culpa, y cuarta, su enfermedad procedía de que alguien le había dado una inyección con una jeringuilla sucia. Todas estas razones aparecían en el sueño consecutivamente, como si cada una de ellas no excluyera a las demás. Para no caer en el disparate, habría, pues, que sustituir la agregación por una alternativa.

La siguiente historieta cómica es totalmente análoga: un herrero de un pueblo húngaro cometió un sangriento crimen y fue sentenciado a morir en la horca. Pero el alcalde, fundándose en que en el pueblo no había más que aquel herrero y, en cambio, dos sastres, mandó ahorcar a uno de estos para que el delito no quedara impune. Un tal desplazamiento de la pena contradice todas las leyes de la lógica consciente, pero se halla de completo acuerdo con la disciplina intelectual de lo inconsciente. No nos atrevemos a calificar de cómica esta historieta, a pesar de haber incluido entre los chistes la del caldero. Pero tenemos que conceder que también esta última es más propiamente "cómica" que chistosa. Comprendemos ahora cómo aquella sensación, tan segura otras veces, que nos indicaba si una cosa debía ser calificada de cómica o de chistosa, nos deja aquí en la duda. Sucede que nos hallamos precisamente ante el caso en el que no podemos decidir, fundándonos en la sensación; esto es, cuando la comicidad nace por el descubrimiento de los procedimientos intelectuales exclusivamente peculiares a lo inconsciente. Una tal historia puede ser al mismo tiempo cómica y chistosa, pero hará impresión de chiste, aunque sea exclusivamente cómica, pues el empleo de los errores intelectuales de lo inconsciente nos recuerda al chiste como antes lo hacían los procedimientos encaminados al descubrimiento de la comicidad oculta.

Tenemos que esforzarnos en esclarecer este importantísimo punto de nuestra investigación, o sea, la relación del chiste con la comicidad, y para conseguirlo añadiremos a lo antes expuesto algunas otras consideraciones. Haremos observar, ante todo, que el caso que ahora examinaremos, de unión del chiste con la comicidad, no es el mismo del que nos ocupamos en páginas anteriores. Es esta, sin duda, una sutil diferenciación, pero puede hacerse sin peligro de incurrir en error. En el caso anterior la comicidad provenía del descubrimiento del automatismo psíquico, el cual no es, en ningún modo, privilegio de lo inconsciente y no desempeña tampoco papel alguno de importancia entre las técnicas del chiste. El desenmascaramiento no entra sino casualmente en relación con el chiste, poniéndose al servicio de otra técnica del mismo, por ejemplo, de la representación antinómica. En el caso de la aceptación de métodos intelectuales inconscientes es, en cambio, necesaria la reunión del chiste y la comicidad, porque el mismo medio empleado en la primera persona del chiste para la técnica de la consecución de placer crea, conforme a su naturaleza, placer cómico en la tercera persona.

Pudiera caerse en la tentación de generalizar este último caso y buscar la relación entre el chiste y la comicidad en la circunstancia de que el efecto del chiste en la tercera persona se verifica siguiendo el mecanismo de la comicidad. Pero esto sería totalmente erróneo; la relación con lo cómico no aparece en todos los chistes, ni siquiera en la mayoría de ellos; por el contrario, puede casi siempre separarse muy definitivamente el chiste de la comicidad. Siempre que el chiste consigue eludir la apariencia de desatino, esto es, en la mayor parte de los chistes de doble sentido y alusivos, resulta imposible descubrir en el oyente efecto ninguno análogo a la comicidad. Puede hacerse la prueba en los ejemplos hasta aquí expuestos y en estos otros que ahora agregamos:

»Un telegrama de felicitación dirigido a un jugador el día en que cumple setenta años: "Treinta y cuarenta". (Fragmentación con alusión).

»Madame de *Maintenon* era llamada madame de *Maintenant*. (Modificación de nombre).

»El conde Andrássy, ministro del Exterior, era denominado el *ministro del bello exterior*.

Pudiera creerse que por lo menos los chistes de fachada disparatada muestran una apariencia cómica y tienen que producir un efecto de dicho género. Pero debemos recordar aquí que tales chistes producen en el oyente, con gran frecuencia, muy distinto efecto, despertando en él el desconcierto y la tendencia a la repulsa. Dependerá, pues, el efecto de que el disparate del chiste se muestre francamente cómico o aparezca como un simple desatino corriente, circunstancia cuyas condiciones no hemos investigado aún. Por lo tanto, nos limitamos a dejar establecida la conclusión de que el chiste y la comicidad poseen naturaleza muy distinta, coincidiendo únicamente en casos especiales y en la tendencia a extraer placer de las fuentes intelectuales.

En el curso de esta investigación de las relaciones del chiste con la comicidad se nos ha revelado una diferencia entre ambos, a la que debemos atribuir una máxima importancia y que nos señala uno de los principales caracteres de la comicidad. La fuente del placer del chiste tuvimos que situarla en lo inconsciente; en cambio, en la comicidad no encontramos motivo alguno para tal localización. Más bien indican todos los análisis hasta ahora efectuados que la fuente del placer cómico es la comparación de dos gastos, localizados ambos en lo preconsciente. El chiste y la comicidad se diferencian, pues, ante todo en su localización psíquica, y el primero es, por decirlo así, *la aportación que lo inconsciente procura a la comicidad.*

No puede acusársenos de habernos desviado, con las consideraciones que anteceden, del fin principal de nuestra labor, pues precisamente la relación del chiste con la comicidad es lo que nos ha obligado a emprender la investigación de esta última. Mas es tiempo ya de que volvamos al tema con que inauguramos dicha investigación; esto es, al examen de los medios de que nos servimos para hacer surgir artificialmente la comicidad. Hemos llevado a cabo, en primer lugar, la investigación de la caricatura y del desenmascaramiento porque ella podía proporcionarnos preciosos datos para el análisis de la comicidad de la *imitación*. Esta última se halla mezclada casi siempre con algo de caricatura —exageración de ciertos rasgos que normalmente pasan desapercibidos— y constituye también una degradación. Pero tales caracteres no parecen constituir toda su esencia, pues la hilaridad que despierta cuando es acertada demuestra que es en sí y por sí sola una de las más ricas fuentes del placer cómico, circunstancia cuya explicación resulta harto difícil, a menos de aceptar la hipótesis bergsoniana[53] que aproxima la comicidad de la imitación a la producida por el descubrimiento del automatismo. Opina Bergson que todo aquello que en una persona nos hace pensar en un mecanismo inanimado produce un efecto cómico y encierra esta hipótesis en la fórmula *mecanisation de la vie*. Para su esclarecimiento de la comicidad de la imitación elige, como punto de partida, el problema que Pascal plantea en sus *Pensamientos*: de por qué nos hace reír la comparación de dos fisonomías semejantes, que consideradas separadamente no producen efecto cómico ninguno. "Nunca esperamos que lo animado se repita idénticamente, y allí donde encontramos tal repetición sospechamos, detrás de lo animado, la existencia de un mecanismo". Viendo dos caras de marcada semejanza pensamos en dos copias sacadas del mismo molde o en el producto de un cualquier procedimiento mecánico análogo. La causa de la risa será, pues, en estos casos la desviación de lo animado hacia lo inanimado o, como nosotros diríamos, la degradación de lo animado hasta lo inanimado. Al aceptar esta concepción bergsoniana vemos que, sin violencia alguna, podemos someterla a nuestra propia fórmula. Sabiendo por experiencia que lo animado no se repite y que cada una de sus manifestaciones exige de nuestra comprensión un gasto especial, nos encontramos decepcionados cuando, a consecuencia de una total identidad o una engañadora imitación, resulta superfluo el nuevo gasto que nos disponíamos a realizar. Pero esta decepción trae consigo una minoración de la carga psíquica y el gasto de expectación, devenido superfluo, es descargado por medio de la risa. Esta misma fórmula será asimismo aplicable a todos los casos examinados por Bergson de la cómica rigidez (*raideur*) de los hábitos profesionales,

---

[53] Bergson: *Le rire, essai sur signification du comique.*

234

las ideas fijas y las muletillas verbales. En todos estos casos se produciría la comparación del gasto de expectación con el necesario para la inteligencia de lo idéntico, siendo debida la superior magnitud del primero a nuestra experiencia de la diversidad y plasticidad individual de lo animado. Así, pues, en la imitación no sería la comicidad de la situación, sino la de la expectación la fuente del placer cómico.

Derivando, como lo hacemos, el placer cómico, en general, de una comparación, deberemos investigar también la comicidad de la comparación misma, que constituye de por sí uno de los medios de hacer surgir la comicidad. El interés que este problema nos inspira se hará más intenso recordando que al tratar de la metáfora nos dejó con gran frecuencia en la estacada aquella "sensación" que nos orientaba para decidir si algo podía ser calificado de chistoso o simplemente de cómico.

Merece ciertamente este tema un más minucioso examen del que aquí podemos dedicarle. La principal cualidad que en una metáfora buscamos es la de su eficacia; esto es, que llame realmente la atención sobre una coincidencia de dos objetos heterogéneos. El placer primitivo del reencuentro de lo conocido (Groos) no es el único factor que favorece el empleo de la metáfora; agrégase a él el hecho de ser esta susceptible de un empleo que nos procura una minoración del trabajo intelectual. Nos referimos a la habitual comparación de lo desconocido con lo conocido y de lo abstracto con lo concreto, por medio de la cual esclarecemos lo que nos parece difícil o extraño. Cada una de estas comparaciones, y especialmente la de lo abstracto con lo objetivo, trae consigo cierta degradación y cierto ahorro de gasto de abstracción (en el sentido de una mímica representativa); pero, como es natural, esta minoración no es suficiente para producir la comicidad, la cual no surge de improviso, sino poco a poco, del placer de minoración resultante del proceso comparativo.

Existen numerosos casos que no hacen sino rozar la comicidad y a los que vacilamos en atribuir el carácter cómico. La comparación sólo resulta indudablemente cómica cuando el gasto de abstracción exigido por cada uno de los dos términos comparados presenta una gran diferencia de nivel; esto es, cuando algo importante y singular, especialmente de naturaleza intelectual o moral, es comparado con algo trivial y bajo. Quizá el placer de minoración y las particulares condiciones de la mímica de representación expliquen el paso paulatino, determinado por circunstancias cuantitativas, que de lo placiente en general a lo cómico se efectúa en la comparación. Para evitar probables errores en la inteligencia de esta hipótesis, haremos de nuevo resaltar que no derivamos el placer cómico producido por la metáfora del contraste de los dos términos comparados, sino de la diferencia existente entre los dos gastos de abstracción correspondientes uno a cada uno de dichos términos. Aquello que por su calidad de extraño, abstracto o intelectualmente elevado nos resulta difícil de comprender, lo aproximamos a nuestra inteligencia afirmándolo coincidente con algo trivial y bajo que nos es familiar y para cuya representación no precisamos de gasto de abstracción ninguno. Resulta, pues, que la comicidad de la comparación se reduce a un caso de degradación.

Como anteriormente observamos, la comparación puede también ser chistosa sin mezcla de comicidad alguna, caso que se nos presenta cuando la misma elude toda degradación. Así, la comparación de la verdad con una antorcha que no se puede llevar a través de una multitud sin chamuscar a alguien las barbas, es puramente chistosa, pues da un valor vivo a una expresión que, al convertirse en lugar común, ha perdido su verdadero significado ("la antorcha de la verdad") y no tiene nada de cómica, por ser la antorcha un objeto que, aunque concreto, no carece de cierta dignidad. Pero, de todos modos, una comparación puede ser al mismo tiempo cómica y chistosa, presentando ambos caracteres con absoluta independencia uno de otro, pues puede constituir un medio auxiliar de determinadas técnicas del chiste, por ejemplo, de la unificación o de la alusión. Un ejemplo de este género es la frase antes citada, en que un personaje de Nestroy compara la memoria con una "almacén", comparación que resulta cómica y chistosa simultáneamente, lo primero por la extraordinaria degradación que sufre el concepto psicológico al ser comparado con un almacén, y lo segundo porque, siendo un hortera quien la establece, queda constituida una inesperada unificación entre la Psicología y la actividad comercial del sujeto. La frase de Heine "Hasta que, por fin, me estallaron todos los botones del pantalón de la paciencia" se nos muestra al principio tan sólo como un excelente ejemplo de una comparación cómicamente depresiva; pero, a poco que reflexionemos, tenemos que concederle el carácter de chiste, pues poniéndose al servicio de la alusión roza los dominios de la obscenidad y consigue hacer surgir el placer que la misma produce. Resulta, pues, que de un mismo material nacen simultáneamente para nosotros, por una coincidencia no del todo casual, consecuciones de placer cómico y chistoso y aunque observamos que las condiciones de uno de estos caracteres favorecen la génesis de otro, siempre ejercerá esta coincidencia un influjo desorientador sobre la "sensación" que ha de indicarnos si nos hallamos ante un caso de chiste o de comicidad, y sólo podemos decidirlo por medio de una cuidadosa investigación independiente de la disposición del placer.

Por muy atractivo que me parezca el examen de esta condicionalidad íntima de la consecución de placer cómico, tengo aquí que renunciar a él, pues ni mi preparación científica ni mi actividad profesional me dan derecho a llevar mis investigaciones mucho más allá de la esfera del chiste, y, además, debo confesar que precisamente el tema de la comparación cómica me hace sentir más que otro ninguno mi incompetencia.

Veamos, pues, lo que sobre estos problemas opinan otros investigadores. Lo primero que hallamos es que muchos de ellos no reconocen la definida separación, conceptual y objetiva, que entre el chiste y la comicidad nos hemos visto llevados a establecer, y consideran simplemente el chiste como "lo cómico del discurso" o "de las palabras". Para examinar estas opiniones elegiremos un ejemplo de comicidad voluntaria y otro de comicidad involuntaria del discurso, y los compararemos con el chiste. Ya anteriormente hemos hecho constar que creemos poder distinguir fácilmente el discurso cómico del discurso chistoso.

Así, el dicho "Con un bieldo y con esfuerzo le sacó su madre de la masa" es simplemente cómico, y, en cambio, la frase de Heine sobre las cuatro castas en que se dividía la población de Gottingen, "profesores, estudiantes, filisteos y ganado", es exquisitamente chistosa.

Como ejemplo de comicidad voluntaria del discurso escogeremos el *Wippchen* de Stettenheim, autor que posee una destreza poco común para hacer surgir la comicidad. Es innegable que las cartas de Wippchen son, además de cómicas, chistosas, pues contienen numerosos chistes de toda clase, y entre ellos algunos de extraordinaria bondad. Pero lo que presta a esta obra su singular carácter no son estos chistes aislados, sino la continuada e inagotable comicidad del discurso. Wippchen fue seguramente concebido al principio como una figura satírica, análoga al Schmock, de G. Freytag; esto es, como uno de aquellos individuos poco cultivados que manejan a ciegas e incurriendo en las mayores equivocaciones el tesoro de la cultura; pero la satisfacción que el autor fue hallando, conforme avanzaba su obra, en los cómicos efectos que con su protagonista obtenía, le hicieron ir relegando poco a poco a un segundo término la tendencia satírica. Las ocurrencias de Wippchen son, en su mayoría, "disparates cómicos", y el autor se ha servido del placiente estado de ánimo producido en el lector por la acumulación de tales producciones para introducir otras cosas, harto insulsas, que por sí solas hubieran resultado intolerables. Una técnica especial da a los desatinos de Wippchen un carácter específico. Examinando con cierta detención sus "chistes", hallamos algunos que atraen preferentemente nuestra atención y resultan pertenecer todos a un mismo género, que imprime su sello a los restantes. Wippchen se sirve, sobre todo, de las fusiones, de la modificación de lugares comunes y conocidas citas literarias y de la sustitución de triviales elementos de las mismas por expresiones más altisonantes, técnicas que no se apartan mucho de las del chiste.

Un ejemplo de fusión: "No soy ya más que una seca columna que testimonia de antiguas grandezas", frase resultante de la condensación de otras dos, "un seco árbol" y "una columna que, etc.", conocidísimas ambas como lugares comunes de la literatura pedestre. En otro ejemplo de este mismo género: "¿Dónde está el hilo de Ariadna que me guíe fuera de la peligrosa Escila de este establo de Augías?", contribuyen a la formación de la frase, con un elemento cada una, tres distintas leyendas griegas.

Las modificaciones y las sustituciones podemos considerarlas conjuntamente sin gran violencia. Su carácter aparece con toda claridad en el siguiente ejemplo, característico de Wippchen: "Desde muy temprana edad alentaba en mí el Pegaso". Sustituyendo 'poeta' a 'Pegaso' quedará una frase que constituye un lugar común por lo muy empleada que ha sido en las autobiografías. 'Pegaso' no es una apropiada sustitución de 'poeta', pero se halla en una relación ideológica con este concepto y es, además, una palabra altisonante.

Del cúmulo de ocurrencias de Wippchen pueden también extraerse algunos ejemplos de pura comicidad. Así, en calidad de decepción cómica, la siguiente frase: "La victoria osciló mucho tiempo entre ambos bandos, y por fin, quedó indecisa", o como desenmascaramientos cómicos (de la ignorancia), esta otra: "Clío, la Medusa de la Historia", y citas como la siguiente: *Habent sua fata morgana*. Pero nuestro interés se dirige preferentemente hacia las fusiones y modificaciones, por recordarnos estas conocidas técnicas del chiste. Compárense, por ejemplo, con las modificaciones, chistes como el de "Ese hombre tiene un gran porvenir detrás de él", o los chistes, por modificación, de Lichtenberg: "Baños nuevos curan bien", etc. ¿Deberemos, pues, calificar de chistes las creaciones —de idénticas técnicas— de Wippchen? Y en caso negativo, ¿en qué se diferencian estas del chiste?

No es, ciertamente, muy difícil contestar a estas interrogantes. Recordemos que el chiste muestra al oyente una doble fisonomía y le obliga a dos diversas interpretaciones. En los chistes disparatados, como los últimamente expuestos, una de estas interpretaciones, basándose exclusivamente en el sonido verbal, concluye que se trata de un disparate, y, en cambio, la otra, guiada por determinados indicios, halla el sentido del chiste recorriendo, en lo inconsciente de la persona receptora, el mismo camino que aquel ha seguido antes, para constituirse en lo inconsciente de su autor. En las ocurrencias de Wippchen, que a primera vista nos parecen chistosas, falta, como si hubiese quedado atrofiada, una de las dos fisonomías que forman la doble faz característica del chiste. Creemos ver la cabeza de Jano; pero al examinarla observamos que sólo una de sus dos caras ha llegado a desarrollarse. De este modo, si engañados por la técnica de estas ocurrencias recorremos los caminos de lo inconsciente, no hallaremos en ellos cosa alguna. Tampoco entre las fusiones encontramos ningún caso en el que los dos elementos fundidos den realmente un nuevo sentido, y en cuanto llevamos a cabo un intento de análisis se separan por completo. Las modificaciones y sustituciones conducen, como en el chiste, a una expresión conocida y usual, pero carecen de todo sentido propio. No puede considerarse, por lo tanto, a estos "chistes" más que como disparatados, y lo único que depende de nuestra voluntad es decidir si tales creaciones, que se han separado de uno de los caracteres más esenciales del chiste, pueden calificarse de chistes "malos" o hemos de negarles en redondo la cualidad chistosa.

Lo que sí es indudable es que estos chistes imperfectos producen un efecto cómico diversamente explicable. Su comicidad puede nacer del descubrimiento de los procedimientos intelectuales de lo inconsciente, como en los casos antes examinados, y puede también ser el resultado de su comparación con el chiste perfecto. Nada nos impide suponer que ambas formas de la génesis del placer cómico obran en este caso conjuntamente, pues no puede negarse que el apoyo que buscan estas ocurrencias, aproximándose al chiste, es lo que al demostrarse insuficiente convierte al disparate en disparate cómico.

Existen, en efecto, casos harto transparentes, en los cuales tal insuficiencia hace irresistiblemente cómico al disparate, por su comparación con el rendimiento que hubiera debido producir. La adivinanza puede darnos aquí mejores ejemplos que el chiste mismo. Una de estas adivinanzas chistosas es la siguiente: "¿Qué es una cosa que se cuelga de la pared y con la que podemos secarnos las manos?" Si la solución fuese: "Una toalla", la adivinanza sería bien tonta. Pero esta solución es rechazada: "No, no es una toalla, es un arenque". "Pero ¡si un arenque no se cuelga nunca de la pared!", será la asombrada respuesta. "Lo puedes colgar si quieres". "Además, a nadie se le ocurre secarse las manos con un arenque". "En efecto, no es lo más a propósito, pero también se puede hacer". Estas explicaciones, que reposan en dos típicos desplazamientos, muestran lo lejos que esta pregunta se halla de ser una verdadera adivinanza, y a causa de esta absoluta insuficiencia se nos muestra, en lugar de simplemente disparatada, irresistiblemente cómica. De este modo, por la transgresión de ciertas condiciones esenciales, pueden convertirse aquellos chistes, adivinanzas, etc., que no producen de por sí placer cómico, en abundantes fuentes del mismo.

Aún más fácilmente comprensibles resultan los casos de comicidad involuntaria del discurso, de la cual podemos hallar numerosísimos ejemplos en las poesías de Friederike Kempner. Así, la siguiente cuarteta, titulada *Contra la vivisección*.

> Un desconocido lazo de las almas
> une al hombre con los pobres animales.
> El animal tiene una voluntad —ergo un alma—,
> aunque más pequeña que la nuestra.

O esta otra, que figura un diálogo entre dos tiernos esposos (*El contraste*):

> "¡Qué feliz soy!", murmura ella.
> "También yo —exclama el esposo—.
> Tu manera de ser me enorgullece,
> mostrándome el acierto de mi elección".

No hay aquí nada que nos recuerde al chiste. La insuficiencia de estas "poesías", lo pedestre de su estilo, la simpleza de las ideas expresadas y la falta de toda huella poética es indudablemente lo que las hace resultar cómicas. Mas no es cosa tan natural que así nos lo parezcan, pues muchas creaciones análogas no nos hacen tal impresión, sino que las calificamos únicamente de *malas* y nos irritan en lugar de causarnos risa. Precisamente lo mucho que se apartan de las cualidades que exigimos a una poesía es lo que nos inclina a considerarlas como cómicas; si tal distancia fuera menor, en lugar de reír de ellas, las criticaríamos. Además, este efecto cómico de las poesías de la Kempner depende de varias circunstancias accesorias, entre ellas, la innegable buena intención de la autora y una cierta sensibilidad que descubrimos tras de sus torpes frases y que desarma nuestra burla. Todo esto dirige ahora nuestra atención sobre un problema cuyo examen hemos eludido hasta el momento. La diferencia de gasto es seguramente la condición fundamental del placer cómico, pero la observación nos muestra que no siempre surge placer de tal diferencia. ¿Qué condiciones tendrán entonces que cumplirse o qué perturbaciones tendrán que ser evitadas para que pueda surgir realmente placer de la diferencia de gasto? Antes de dedicarnos a esclarecer esta cuestión dejaremos establecido el resultado de la labor investigadora que antecede. El chiste no coincide con lo cómico del discurso; tiene, por lo tanto, que ser algo distinto de esta comicidad.

Al disponernos a contestar la interrogante antes expuesta, relativa a las condiciones de la génesis del placer cómico derivado de la diferencia de gasto, observamos que la exacta solución del problema que dicha interrogante plantea equivaldría a una total exposición de la naturaleza de lo cómico. Mas como esta labor sobrepasa nuestra competencia, nos contentaremos con esclarecer el problema de la comicidad hasta lograr que sus contornos se destaquen con toda precisión, independientemente de los del problema del chiste.

Todas las teorías de lo cómico han incurrido, según los críticos, en un mismo defecto: el de olvidar en su definición aquello que constituye precisamente la esencia de la comicidad. Lo cómico —dicen estas teorías— reposa en un contraste de representaciones; sí, pero sólo cuando este contraste produce un efecto cómico y no de otro género. El sentimiento de lo cómico procede de la decepción que nos causa algo que esperábamos; desde luego, pero sólo cuando la decepción no es dolorosa. Estas objeciones son, ciertamente, justificadas, pero se les concede un valor exagerado al deducir de ellas que la esencial característica de lo cómico ha escapado hasta ahora a toda investigación. Si las definiciones citadas no poseen una validez general, ello se debe a determinadas condiciones que resultan indispensables para la génesis del placer cómico, pero en las que no hemos de ver obligadamente la esencia de la comicidad. Sin embargo, sólo aceptando nuestra teoría de que el placer cómico nace de la diferencia resultante de la comparación de dos gastos resulta fácil rebatir las objeciones antes consignadas. El placer cómico y el efecto en que el mismo se manifiesta —o sea, la risa— no pueden surgir sino cuando tal diferencia deviene inútil y, por lo tanto, susceptible de descarga. Cuando, por el contrario, recibe inmediatamente después de su aparición cualquier otro empleo, no experimentamos ningún efecto de placer, sino, a lo más, una fugitiva sensación placentera exenta de todo carácter cómico. Así como en el chiste tienen que constituirse determinados dispositivos para evitar el aprovechamiento del gasto reconocido como superfluo, también el placer cómico tiene que contar, para producirse, con circunstancias favorables que llenen igual cometido. De este modo, siendo innumerables los casos en los que en nuestra vida ideológica nacen tales diferencias de gasto, son, en cambio, comparativamente raros aquellos en que las mismas producen la comicidad.

Dos circunstancias principales surgen a los ojos de todo observador que dedique alguna atención a la generación de lo cómico por la diferencia de gasto. En primer lugar, verá que existen casos en los que la comicidad surge de un modo regular y como necesariamente, y, por lo contrario, otros en los que su aparición se muestra independiente en absoluto de las condiciones particulares de cada caso y del punto de vista del observador. En segundo lugar, descubrirá que cuando las diferencias alcanzan una considerable magnitud, logran con gran frecuencia vencer el obstáculo opuesto a la génesis de la comicidad por condiciones desfavorables, de manera que el sentimiento cómico surge, a pesar de las mismas. Con relación a la primera de estas observaciones, podríamos establecer dos clases de comicidad: la comicidad forzosa y la comicidad ocasional, aunque ya al establecerlas sepamos que en la primera de ellas tenemos que admitir numerosas excepciones. Resultará muy interesante perseguir ahora las condiciones que regulan ambas clases de lo cómico.

Para la segunda, las condiciones esenciales son aquellas mismas que en gran parte reunimos bajo la calificación de "aislamiento" del caso cómico. Un más minucioso análisis nos da a conocer las siguientes circunstancias:

a) La condición más favorable para la génesis del placer cómico es aquel sereno estado de ánimo en el que nos hallamos "dispuestos a reír". Cuando tal estado de ánimo ha sido producido tóxicamente en nosotros, nos parece cómico casi todo, probablemente por comparación con el gasto necesario en estado normal. El chiste, la comicidad y todos los demás métodos de conseguir placer extrayéndolo de nuestra propia actividad anímica no son sino medios de restablecer, con un cualquier pretexto, este buen estado de ánimo —la euforia— cuando el mismo no aparece como una disposición general de la psiquis.

b) En un análogo sentido favorable actúa la expectación de lo cómico, o sea, nuestra disposición a experimentar placer de este género, circunstancia a la que se debe que para conseguir el propósito de hacer resultar cómica a una persona basten, cuando dicho propósito no halla obstáculo en los espectadores, diferencias tan pequeñas, que habrían pasado desapercibidas si hubieran surgido en un proceso inintencionado. Aquel que emprende una lectura cómica o va al teatro a ver una farsa de este género debe a esta intención el que le causen risa cosas que en su vida normal apenas si hubiera considerado cómicas. Por último, llegamos a reír ante el recuerdo de haber reído, o en expectación de reír, en cuanto aparece en escena el actor

cómico y antes que este pueda intentar provocar nuestra hilaridad. A tal punto llega esta influencia de la expectación, que
muchas veces nos avergonzamos de haber podido reír, en el
teatro, de verdaderas insulseces.

c) Del género de actividad espiritual que en el momento
ocupe al individuo pueden surgir condiciones desfavorables
para la comicidad. Un trabajo intelectual dirigido a fines interesantes perturba la capacidad de descarga de los revestimientos,
de los cuales precisa para los desplazamientos que ha de efec-
tuar, y, de este modo, sólo grandes e inesperadas diferencias de
gasto pueden llegar a imponer el placer cómico. Especialmente
desfavorables a la comicidad son todas aquellas formas de los
procesos mentales que se alejan de lo plástico lo suficiente para
hacer cesar toda mímica de representación. Así, la reflexión
abstracta no deja lugar alguno a la comicidad, salvo cuando
es interrumpida repentinamente.

d) La posibilidad de producción de placer cómico desaparece también cuando la atención se halla fija precisamente en
la comparación de la que la comicidad puede surgir. En tales
circunstancias pierde su fuerza cómica incluso aquello que con
toda regularidad produce un efecto de este género. Un movimiento o una producción anímica no pueden resultar cómicos
para aquel cuyo interés se dirige, en el mismo momento en que
se producen, a compararlos con una medida de la que tiene
clara y perfecta conciencia. De este modo, el examinador no
encuentra cómicos, sino irritantes, los disparates de un alumno
ignorante, mientras que los colegas del examinado, a los que
interesa más la habilidad que este pueda mostrar en sortear las
dificultades del examen que la amplitud de sus conocimientos,
ríen de todo corazón a cada desatino. Sólo raras veces obser-
vará un profesor de gimnasia o de baile la comicidad de los
movimientos de sus alumnos, y el predicador no verá jamás
el lado cómico de las debilidades humanas, que, en cambio,

el comediógrafo sabrá explotar con gran destreza. El proceso cómico no soporta la sobrecarga producida por la atención; análogamente al del chiste, tiene, para llegar a su fin, que poder pasar totalmente desapercibido en su desarrollo. Pero sería contrario a la calificación de "procesos de la conciencia", que justificadamente di a este género de procesos en mi *Interpretación de los sueños*, el considerar al que ahora nos ocupa como *inconsciente*. Pertenece más bien a lo *preconsciente*, y a estos procesos que se desarrollan en lo preconsciente y carecen de la carga o revestimiento de atención inherente a la conciencia podemos calificarlos, con toda propiedad, de *automáticos*. Así, pues, el proceso de la comparación de los gastos tendrá que ser automático si ha de crear placer cómico.

e) La génesis de la comicidad resulta perturbada cuando el caso de que ha de surgir da simultáneamente ocasión al nacimiento de intensos afectos, pues queda entonces excluida la descarga de la diferencia productora de placer. Los afectos individuales y la diversa disposición espiritual explican, en cada caso particular, la génesis o la ausencia de la comicidad. De este modo, sólo en casos excepcionales puede existir una comicidad absoluta, y esta dependencia o relatividad de lo cómico resulta mucho mayor que la del chiste, el cual no se rinde nunca y es "hecho" siempre, pues en su formación pueden tenerse en cuenta las circunstancias en que se produce. El desarrollo de afectos es, en cambio, la más intensa de todas las circunstancias perturbadoras de la comicidad y ha sido reconocida como tal sin excepción alguna. Por esta razón se dice que el sentimiento cómico nace con mayor facilidad que nunca en los casos indiferentes, allí donde no existen intensos sentimientos ni grandes intereses. Sin embargo, podemos observar que diferencias de gasto muy considerables suelen crear, precisamente en casos de gran desarrollo afectivo, el automatismo de la descarga. Cuando el coronel Butler contesta, riendo *despechadamente* a las advertencias de Octavio, con la exclamación: *¡La gratitud de la casa de Austria!,* su despecho no le impide reír, y lo que provoca su risa es el recuerdo de la decepción que cree haber sufrido. Por otra parte, el poeta no podía describir más impresionantemente la magnitud de la decepción, que mostrándola capaz de imponer la risa en medio de la tempestad de los afectos desencadenados. A mi juicio, esta explicación es aplicable a todos aquellos casos en los que la risa aparece en ocasiones distintas de las placientes y se une a intensos sentimientos dolorosos o a un estado cualquiera de tensión espiritual.

f) Si a todo lo que antecede añadimos que el desarrollo del placer cómico puede ser facilitado por cualquier otra agregación placiente como por una especie de efecto de contacto —a semejanza de como lo hace el placer preliminar en el chiste tendencioso—, no habremos agotado la investigación de las condiciones del placer cómico, pero sí conseguido el fin que nos proponíamos, pues vemos ahora con toda claridad que tales condiciones, así como la inconstancia y dependencia del efecto cómico, se adaptan, mejor que a otra hipótesis ninguna, a la que deriva el placer cómico de la descarga de una diferencia que hubiera podido recibir un empleo distinto.

La comicidad de lo sexual y de lo obsceno merecería un examen más detenido que el que aquí podemos dedicarle y cuyo punto de partida sería, de nuevo, el desnudamiento. Un desnudamiento casual nos produce un efecto cómico porque comparamos la facilidad con que gozamos del espectáculo de la desnudez con el gran gasto que hubiera sido necesario para conseguir por otro camino el mismo fin. Aproxímanse así estos casos a los de ingenuidad cómica, aunque son mucho menos complicados. Todo desnudamiento del que se nos hace testigos por un tercero equivale a hacer resultar cómica a la persona desnudada. Hemos visto antes que una de las funciones del chiste era la de sustituir al dicho obsceno y hacer accesibles de este modo perdidas fuentes de placer cómico. En cambio, el espiar a escondidas una desnudez no es, para el que lo hace, un caso de comicidad, pues el esfuerzo que realiza es por completo contrario a la condición del placer cómico, y no pudiendo este producirse, el espectador de la desnudez no gozará sino del placer puramente sexual que lo contemplado produzca. Mas en el relato que el mismo hace luego de su aventura, vuelve a resultar cómica la persona espiada, pues predomina entonces de nuevo el punto de vista de que aquella ha dejado de realizar el gasto necesario para ocultar sus intimidades a ojos extraños. Fuera de estos casos, lo sexual y lo obsceno ofrecen las más numerosas ocasiones para la producción de placer cómico al mismo tiempo que para la de excitación sexual, sea mostrando al hombre dependiente de sus necesidades corporales (degradación), sea descubriendo detrás del amor espiritual las exigencias carnales (desenmascaramiento).

De la obra de Bergson, tan bellamente sugestiva, sobre estos problemas (*Le rire*), ha surgido para nosotros, en forma inesperada, el deseo de buscar también la comprensión de lo cómico por la investigación de su psicogénesis. Bergson, cuya teoría del carácter cómico puede encerrarse en las fórmulas *mecanisation de la vie* y *substitution quelconque de l'artificiel au naturel*, pasa, por medio de una natural asociación de ideas, del automatismo al autómata e intenta explicar una serie de efectos cómicos por nuestro ya empalidecido recuerdo de un juguete infantil. Persiguiendo esta idea, la lleva hasta el punto de intentar derivar lo cómico del efecto a larga distancia de las alegrías infantiles, pero la abandona antes de llegar a conclusión definitiva alguna. *Peut-être même devrions-nous pousser la simplification plus loin encore, remonter à nos souvenirs les plus anciens, chercher dans les jeux qui amusèrent l'enfant, la première ébauche des combinaisons qui font rire l'homme... Trop souvent surtout nous méconnaissons ce qu'il y a encore d'enfantin, pour ainsi dire, dans la plupart de nos émotions joyeuses* (pág. 68 y siguientes). Habiendo nosotros perseguido el chiste hasta hallarlo como un juego infantil con palabras e ideas, tiene necesariamente que atraernos la labor de investigar estas raíces infantiles de la comicidad, cuya existencia sospecha Bergson.

En realidad, al investigar la relación de la comicidad con el niño tropezamos con toda una serie de conexiones que nos parecen harto significativas. El niño mismo no nos resulta cómico, aunque muestra cumplidas en su persona todas aquellas condiciones que, comparadas con las nuestras, producen una diferencia cómica, o sea, entre otras, el excesivo gasto de movimiento y el insuficiente gasto espiritual y la sumisión de las funciones anímicas o las somáticas. Sin embargo, no hallamos cómico al sujeto infantil cuando se comporta como tal, sino únicamente cuando se disfraza con la gravedad del adulto, y entonces el efecto cómico que produce es idéntico al que hallamos en el disfraz de cualquier otra persona. En cambio, mientras permanece fiel a su esencia infantil, su percepción nos produce un placer puro que quizá —y solamente quizá— recuerde algo al placer cómico. De este modo calificamos de ingenuo al niño cuando nos muestra su carencia de coerciones y aceptamos, en calidad de ingenuo-cómicas aquellas de sus manifestaciones que en otra persona hubiéramos juzgado obscenas o chistosas.

El niño carece, además, del sentido de la comicidad. Esto parece al principio significar únicamente que dicho sentido no se constituye sino en un estadio algo más avanzado del desarrollo anímico, cosa que, de todos modos, no tendría nada de singular, tanto más cuanto que el mismo surge todavía con toda claridad en años que aún tenemos que contar entre los infantiles. Pero puede demostrarse que la afirmación de que el niño carece del sentido de la comicidad va más allá de ser algo que cae por su propio peso. En primer lugar, resulta fácilmente visible que ello no puede ser de otro modo si no es equivocada nuestra teoría que deriva el sentido cómico de la diferencia de gasto que resulta al querer comprender alguna cosa. Elijamos de nuevo, como ejemplo, la comicidad del movimiento. La comparación productora de la diferencia sería, reducida a una fórmula consciente, como sigue: "Así lo hace ese", y "Así lo hago yo, así lo he hecho". Mas en el niño falta la medida contenida en la segunda de estas frases. Comprende exclusivamente por medio de la imitación; esto es, haciendo lo mismo que ha visto hacer. Por otro lado, la educación mantiene siempre ante él el precepto: "Haz esto así", y si el niño se sirve de él a su vez en la comparación, llegará con facilidad a las conclusiones siguientes: "Ese no lo ha hecho bien" y "Yo puedo hacerlo mejor". En este caso ríe el niño, con burla del otro, sintiéndose superior a él. También esta risa puede ser derivada, sin inconveniente alguno, de la diferencia de gasto; pero, por analogía con los casos en los que hemos reído a costa de otros, tenemos que deducir que en la risa que el sentimiento de superioridad provoca en el niño no aparece la menor huella de sentido de lo cómico. Es una risa de puro placer. El adulto que percibe claramente su propia superioridad se limita a sonreír, o cuando ríe, puede distinguir con toda precisión la percatación de su superioridad de la comicidad que provoca su risa.

Es probablemente acertado suponer que el niño ríe de puro placer en diversas circunstancias que nos dan la sensación de "cómicas", pero cuyos motivos no encontramos, mientras que los motivos del niño son siempre bien definidos y patentes. Cuando, por ejemplo, alguien resbala y cae en la calle ante nosotros, reímos porque la caída nos produce —sin que sepamos la causa— una impresión cómica. En igual caso, lo que provoca la risa del niño es el sentido de su superioridad o la alegría del daño ajeno: "Tú te has caído y yo no". Ciertos motivos de placer del niño parecen perdidos para el adulto, el cual, como compensación, goza en las mismas circunstancias del placer cómico.

Si pudiéramos permitirnos una generalización, sería muy atractivo deducir de las anteriores consideraciones que el carácter específico de la comicidad era precisamente este renacimiento de lo infantil, y considerar lo cómico como "la perdida risa infantil" reconquistada. Podríamos entonces decir que reímos de una diferencia de gasto entre la persona-objeto y nosotros, siempre que en la primera hallamos de nuevo al niño. De este modo la comparación de la que nace la comicidad sería la siguiente:

> Así lo hace ese. —Yo lo hago de otra manera.—
> Ese lo hace como yo lo he hecho de niño.

La risa surgirá, por lo tanto, de la comparación entre el *yo* del adulto y el *yo* considerado como niño. La misma dualidad del sentido de la diferencia cómica, en la que tan pronto el exceso como el defecto de gasto nos resultan cómicos, se halla de acuerdo con las condiciones infantiles, pues en uno y otro caso la comicidad surge siempre del lado en que aparece lo infantil.

A nada de esto contradice el que el niño mismo no nos produzca, como objeto de la comparación, una impresión cómica, sino puramente placiente, ni tampoco que esta comparación con lo infantil no ocasione un efecto cómico más que cuando es evitado un distinto aprovechamiento de la diferencia, pues de lo que dependen estas circunstancias es de las condiciones necesarias para la descarga. Todo aquello que inscribe a un proceso psíquico en una determinada totalidad actúa en contra de la descarga del revestimiento sobrante y lo conduce a un distinto aprovechamiento; en cambio, todo lo que contribuye a aislar un acto psíquico favorece la descarga. Nuestra conciencia de la situación del niño como término de la comparación hace imposible la descarga necesaria para el placer cómico; sólo dado un revestimiento o carga preconsciente se produce un aislamiento aproximado, que es además el que corresponde, en general, a los procesos anímicos infantiles. El agregado "así lo he hecho yo también cuando niño", que añadimos a la comparación y del que parte el efecto cómico, sólo tendrá, por lo tanto, eficacia, dada una diferencia media, cuando ninguna otra totalidad pueda apoderarse del exceso que queda libre.

Si queremos proseguir nuestro intento de hallar la esencia de lo cómico en la conexión preconsciente con lo infantil hemos de avanzar más allá de las teorías bergsonianas y conceder que la comparación productora de lo cómico no tiene necesidad de despertar todo el antiguo placer y todo el antiguo juego infantiles, sino que bastará con que toque a la esencia general infantil y quizá hasta al dolor infantil mismo. Con esto nos apartamos de Bergson, pero permanecemos de acuerdo con nosotros mismos refiriendo el placer cómico no a placer recordado, sino, como siempre, a una comparación. Quizá los casos del primero de estos géneros encubran, ocultándolo, lo regular e irresistiblemente cómico. Recordaremos aquí el esquema antes detallado de las posibilidades cómicas. Dijimos que la diferencia cómica era hallada alternativamente:

a^1) Por medio de una comparación entre el prójimo y el *yo*.

b^1) Por medio de una comparación totalmente dentro del prójimo.

c^1) Por medio de una comparación totalmente dentro del *yo*.

En el primer caso, el prójimo se me aparecía como niño; en el segundo descendería por sí mismo hasta la categoría infantil, y en el tercero, encontraríamos el niño en nuestro propio *yo*. Al primero pertenece la comicidad del movimiento y de las formas, de la función espiritual y del carácter. Los caracteres infantiles correspondientes a estos géneros de lo cómico serían el impulso al movimiento y el incompleto desarrollo espiritual y moral del niño. De este modo el individuo simple nos resultaría cómico por recordarnos a un niño perezoso e ignorante, y el perverso, a su vez, a un niño malo. De un placer infantil perdido para el adulto no podremos hablar más que en aquellos casos que muestren una relación con el placer que el movimiento inmotivado causa al niño.

El segundo caso, en el cual la comicidad reposa por completo en la "proyección simpática", es el de más amplio contenido, dando origen a la comicidad de la situación, de la exageración (caricatura), de la imitación, de la degradación y del desenmascaramiento. Al mismo tiempo es también el caso a que resulta más fácilmente aplicable nuestra hipótesis de relación con lo infantil, pues la comicidad de la situación se funda, la mayor parte de las veces, en una embarazosa conducta del sujeto, tras de la que adivinamos la torpeza infantil. La más irritante de estas situaciones embarazosas, la perturbación de las funciones anímicas por las imperiosas exigencias de las necesidades naturales, encuentra su correspondiente carácter infantil en la falta de dominio del niño sobre sus funciones somáticas. Del mismo modo aquella comicidad de la situación, que se basa en la continuada repetición, corresponde a un carácter infantil: el afán de repetición (preguntas, cuentos), del que el niño extrae placer y con el que acaba por aburrir a sus guardadores. La exageración, que produce placer al adulto cuando el mismo acierta a justificarla ante la crítica, tendrá su raíz infantil en la peculiar falta de medida del niño y en su ignorancia de todas las relaciones cuantitativas que el sujeto infantil no llega a conocer, sino mucho después de las cualitativas. La mesura y la templanza, aun en los sentimientos lícitos, son frutos posteriores de la educación y quedan establecidas por la coerción que recíprocamente ejercen entre sí las actividades anímicas pertenecientes a una sola totalidad. Allí donde esta cohesión se debilita —en lo inconsciente de los sueños o en la monoideación de las psiconeurosis— aparece de nuevo la falta de mesura peculiar al niño.

El esclarecimiento de la comicidad de la imitación hubo de presentar dificultades relativamente grandes mientras no tuvimos en cuenta en ella el factor infantil, mas precisamente se nos muestra este aquí con especial claridad, pues la imitación es el arte que mejor domina el niño y el motivo ocasional de la mayor parte de sus juegos. La ambición infantil tiende menos a hacer significarse al niño entre sus compañeros que a la imitación de los mayores. La relación del niño con los adultos constituye también la raíz infantil de la comicidad de la degradación, la cual corresponde a la benevolencia que el adulto suele demostrar al niño poniéndose a su nivel. Pocas cosas producen al niño un placer mayor que ver cómo el adulto desciende hasta él, prescindiendo de su abrumadora superioridad, y se convierte en su compañero de juego. La minoración, que procura al niño placer puro, se convierte para el adulto, como degradación, en un medio de hacer resultar cómica a otra persona y en una fuente de placer cómico. Por último, del desenmascaramiento sabemos que, en definitiva, se reduce a la degradación.

Donde mayores dificultades hallamos para descubrir la conexión con lo infantil es en el tercer caso, o sea, en la comicidad de la expectación, circunstancia que nos explica el que los investigadores que han tomado este caso como punto de partida de un examen de lo cómico no hayan encontrado ocasión de introducir en la comicidad el factor infantil. La comicidad de la expectación es, en efecto, la más extraña al niño y la que más tarde aparece en él. En la mayoría de los casos de este género, que el adulto considera cómicos, no experimenta el niño sino una decepción. Sin embargo, pudiera establecerse un enlace de estos casos con la ansiosa expectación del niño y con su credulidad para explicarnos por qué nos sentimos cómicos, "como niños", cuando sufrimos una decepción cómica.

Si bien es cierto que de todo lo que antecede pudiera deducirse la posibilidad de una interpretación del sentimiento cómico, que resumiríamos en la fórmula de que *lo cómico es aquello que no resulta propio del adulto*, no nos sentimos, dada nuestra posición total ante el problema de lo cómico, con valor suficiente para defender esta hipótesis con igual empeño que las anteriores. Así, pues, dejaremos indeciso si el descenso o degradación al grado infantil es tan sólo un caso especial de la degradación cómica o si toda comicidad reposa, en el fondo, en un descenso o degradación a dicho estadio[54].

Nuestra investigación de la comicidad, aun siendo tan poco detenida, quedaría harto incompleta si no contuviese algunas observaciones sobre el *humor*. El esencial parentesco entre ambos procesos es tan poco dudoso, que una tentativa de esclarecer lo cómico tiene que proporcionarnos, por lo menos, algún dato para la inteligencia del humor. De este modo, y aun sabiendo lo mucho y acertado que por otros autores se ha escrito sobre el humor, el cual, siendo uno de los más elevados rendimientos psíquicos, se ha atraído el especial favor de toda una serie de pensadores, no podemos eludir la labor de establecer una definición de su esencia por aproximación a las fórmulas antes halladas para el chiste y la comicidad.

---

[54] Sin embargo, si la comicidad no presentase relación alguna con lo infantil, sería una muy extraña coincidencia la de que, como efectivamente sucede, halle el placer cómico su fuente en el "contraste cuantitativo", o sea, en la comparación de lo pequeño con lo grande, que, en definitiva, expresa la relación del niño al adulto.

Hemos visto que el desarrollo de afectos dolorosos constituye el obstáculo más importante para el efecto cómico. En cuanto el movimiento inútil produce un daño, lleva la simpleza a la desgracia o causa dolor la decepción, desaparece la posibilidad de todo efecto cómico, por lo menos para aquellos sobre los que recae el displacer resultante o tienen que participar de él, mientras que las personas extrañas al suceso testimonian, con su conducta, que en el mismo se halla contenido todo lo necesario para un efecto cómico. El humor es entonces un medio de conseguir placer a pesar de los afectos dolorosos que a ello se oponen y aparece en sustitución de los mismos. La condición que regula su génesis queda cumplida cuando se constituye una situación en la que, hallándonos dispuestos, siguiendo un hábito, a desarrollar afectos penosos, actúen simultáneamente sobre nosotros motivos que nos impulsan a cohibir tales afectos, *in statu nascendi*. En estos casos la persona sobre la que recae el daño, el dolor, etc., puede conseguir placer humorístico, mientras que los extraños ríen sintiendo placer cómico. No tenemos, pues, más remedio que admitir que el placer del humor surge a costa del desarrollo de afecto cohibido; esto es, del ahorro de un gasto de afecto.

El humor es la menos complicada de todas las especies de lo cómico. Su proceso se realiza en una sola persona y la participación de otra no añade a él nada nuevo. Nada hay tampoco que nos impulse a comunicar el placer humorístico que en nosotros ha surgido y podemos gozar de él aisladamente. Es harto difícil descubrir lo que se realiza en el sujeto durante la génesis del placer humorístico, pero podemos aproximarnos algo al conocimiento de este proceso cuando alguna persona nos comunica un caso propio, y al comprenderlo experimentamos el mismo placer que antes a ella le produjo. Los casos más sencillos de esta comicidad, tales como el contenido en la historieta que a continuación reproducimos, pueden servirnos de guía para la inteligencia de otros más sutiles. "¿Qué día es hoy?", pregunta un condenado a muerte a quien conducen a la horca. "Lunes". "¡Vaya; buen principio de semana!" Nos hallamos aquí, en realidad, ante un chiste, pues la observación del reo es de por sí muy acertada, mas si tenemos en cuenta que para su autor ya no ocurrirá nada bueno ni malo en los días siguientes, la encontraremos desatinadamente fuera de lugar. De todos modos, habremos de convenir en el extraordinario humor necesario para hacer tal chiste; esto es, para echar a un lado aquello en que tal principio de semana se diferencia de todos los demás y negar esta diferencia de la que habrían de surgir poderosos motivos para especialísimos sentimientos. El mismo caso se nos presenta en otra historieta en la que el condenado, camino del cadalso, pide una bufanda para abrigarse y no pescar un catarro, medida prudentísima en toda otra circunstancia, pero totalmente superflua y fuera de lugar en la situación dada. Todos estos casos de humor nos ofrecen algo semejante a lo que denominamos "grandeza de ánimo" en la energía con la que el sujeto se aferra a su ser habitual, volviendo la espalda a todo aquello que le conduce a la muerte y puede antes provocar su desesperación. Esta especie de superioridad del humor se hace patente en aquellos casos en que nuestra admiración no se encuentra cohibida por las circunstancias personales del sujeto humorístico.

En el *Hernani*, de Víctor Hugo, cae el protagonista, cabecilla de una conjuración contra el emperador Carlos primero de España y quinto de Alemania, en manos de su poderoso enemigo. Reo de alta traición, sabe la suerte que le espera: su cabeza caerá bajo el hacha del verdugo. Pero esta conciencia de su próximo fin no le impide darse a conocer como grande de España y declarar que no renunciará a los derechos inherentes a tal título. Uno de estos es el de permanecer cubierto ante el rey. Aplicándolo, pues, a su actual situación, dirá:

*Nos têtes ont le droit
De tomber couvertes devant toi.*

Es este un elevado humorismo, y si no reímos al oír la frase en que se manifiesta, ello se debe a que nuestra admiración es más fuerte que el placer humorístico y lo encubre por completo. En el caso antes expuesto del bribón que, camino de la muerte, pide una bufanda para no resfriarse, reímos, en cambio, de todas veras, a pesar de que la situación, que debiera desesperar dolorosamente al reo, podría hacernos sentir una intensa compasión. Pero esta compasión queda cohibida en nosotros al comprender que el propio interesado no se apura grandemente de su próximo fin, y a consecuencia de esta comprensión, el gasto que a la compasión estábamos dispuestos a dedicar deviene, de repente, inútil y es descargado en la risa. La indiferencia de que el reo hace gala se apodera, por contagio, de nosotros, a pesar de darnos cuenta perfecta de que le ha costado un enorme gasto de labor psíquica.

La compasión ahorrada es una de las más generosas fuentes del placer humorístico. El humor de Mark Twain labora habitualmente con este mecanismo. Cuando, relatando la vida de su hermano, nos cuenta que siendo el mismo capataz de una gran empresa de construcción de carreteras fue lanzado al aire por la inesperada explosión de un barreno, yendo a caer muy lejos del puesto que tenía señalado, surgen inevitablemente en nosotros sentimientos de compasión hacia la víctima del accidente, y quisiéramos preguntar el daño que este le produjo. Pero la continuación de la historia, que nos hace saber cómo el desgraciado capataz fue multado con un día de haber, "por alejarse de su puesto sin permiso", nos desvía por completo de todo sentimiento compasivo y nos hace casi tan duros de corazón como el contratista y tan indiferentes como él al posible daño corporal del accidentado. En otra ocasión nos describe

Mark Twain su árbol genealógico, que hace remontar hasta uno de los compañeros de Cristóbal Colón. Mas, cuando después, entre las noticias que nos da de este su antepasado, vemos la de que al desembarcar en América consistía todo su equipaje en unas cuantas piezas de ropa blanca, cada una con diferentes iniciales, reímos a costa del grave sentimiento de veneración familiar que pensábamos iba a despertar en nosotros la historia. El mecanismo del placer humorístico no sufre aquí perturbación alguna por nuestra conciencia de que el relato familiar es fingido y de que esta ficción se halla al servicio de la tendencia satírica de revelar la mentira de la mayor parte de los ilustres hechos que se suelen atribuir a antepasados poco brillantes, y hasta totalmente ficticios, por las personas atacadas de la vanidad de nobleza. Resulta, pues, dicho mecanismo —como ya sucedía con el de hacer cómica a una persona— totalmente independiente de la condición de realidad. Otra historia de Mark Twain nos relata que su hermano se instaló una vez en un foso capaz para contener una cama, una mesa y una lámpara, y lo techó tendiendo sobre él una vela con un agujero en el medio. Pero cuando, terminada su tarea, se acostó y dormía como un bendito, cayó por el agujero de la vela y sobre la mesa una vaca, volcando la lámpara y perturbando toda la instalación. Pacientemente ayudó el despertado inquilino a sacar la vaca del foso y se dedicó después a reorganizar su vivienda. Pero a la noche siguiente se repitió la escena, y luego, cotidianamente, durante una larga temporada, comportándose siempre el buen hombre con igual resignación y paciencia. Esta historia se hace desde luego cómica por la repetición. Pero cuando no podemos retener ya nuestro placer humorístico es cuando Mark Twain nos cuenta que a la noche número ciento cuarenta y seis observó su hermano que la cosa se iba haciendo ya algo monótona, pues hace mucho tiempo que esperábamos que el paciente individuo llegase a irritarse. Los pequeños rasgos humorísticos que producimos a veces en nuestra vida cotidiana surgen realmente en nosotros a costa de la irritación; los producimos en lugar de enfadarnos[55].

El humor comprende numerosísimas especies, cada una de las cuales corresponde a la naturaleza peculiar del sentimiento emotivo que es ahorrado en favor del placer humorístico: compasión, disgusto, dolor, enternecimiento, etcétera.

---

[55] El magno efecto cómico de una figura como la del obseso caballero Sir John Falstaff reposa en el ahorro de desprecio e indignación. Le consideramos como a un indigno libertino, pero no podemos llegar a condenarle, porque toda una serie de factores consigue desarmar nuestra indignación, pues comprendemos que su propio concepto de sí mismo no es muy distinto del nuestro, admiramos su chispeante ingenio y, además, su extravagante aspecto físico ejerce un efecto de contacto en favor de una cómica concepción de su persona. De este modo no tomamos en serio sus hazañas, como si nuestras exigencias morales y caballerescas botaran en su rotunda panza. Aparte de esto, sus engaños no producen grandes perjuicios a terceros y resultan casi inexcusables por la cómica bajeza de los engañados. Hemos, por último, de conceder que el pobre hombre tiene que esforzarse en vivir y gozar como los demás y casi le compadecemos al verle, en las situaciones principales, juguete de alguien muy superior a él. Por todas razones no podemos llegar a sentirnos indignados, y todo lo que de indignación nos ahorramos lo agregamos al placer cómico que, por otra parte, nos produce. El humorismo peculiar de Sir John surge realmente de la superioridad de un *yo* al que ni sus defectos ni sus lacras morales consiguen robar la alegría y la seguridad.

El ingenioso hidalgo Don Quijote de la Mancha es, en cambio, una figura que no posee humor por sí misma, pero nos produce, con toda su gravedad, un placer que pudiéramos calificar de humorístico, aunque su mecanismo se aparta considerablemente del humor. Don Quijote es, en principio, una figura puramente cómica, un niño grande, al que se le han subido a la cabeza las fantasías de sus libros de caballerías. Sabido es que Cervantes no se proponía otra cosa al emprender su obra y que esta superó en mucho las primeras intenciones de su creador. Mas, después que el poeta ha adornado a esta ridícula persona con la más profunda sabiduría y las más nobles intenciones, y ha hecho de él el representante simbólico de un idealismo que cree en la realización de sus fines, cumple exactamente lo que supone su deber y es fiel a la palabra dada, cesa el héroe cervantino de parecernos cómico. Análogamente a como surgía antes el placer humorístico por la evitación de sentimientos emotivos, nace ahora por la perturbación del placer cómico. Mas estos ejemplos nos alejan en demasía de los casos simples de humorismo.

Además, el número de estas especies parece ilimitado, pues los dominios del humor se amplían cada vez que el artista o el escritor logran someter al humorismo emociones que antes reinaban libremente y convertirlas en fuentes de placer humorístico por medio de procedimientos análogos a los de los casos antes examinados. Así, los ilustradores y dibujantes del *Simplicissimus* han llevado hasta un punto insospechable el arte de extraer humor de lo horrible, cruel o repugnante. Hay que tener también en cuenta que los fenómenos del humor son determinados por dos circunstancias relacionadas con las condiciones de su génesis. El humor puede, en primer lugar, aparecer fundido con el chiste o con cualquiera otra especie de lo cómico, hallándose, en estos casos, encargado de alejar una posibilidad de desarrollo afectivo contenida en la situación y que constituiría un obstáculo para el efecto de placer. En segundo lugar, puede también suprimir este desarrollo afectivo por completo o sólo parcialmente, caso este último el más frecuente por su sencillez y del que surgen las diversas formas del humor "discontinuo", o sea, de aquel humor que sonríe entre lágrimas y que, sustrayendo al afecto una parte de su energía, le da, en cambio, el acompañamiento humorístico.

El placer humorístico que conseguimos al conocer y, por lo tanto, sentir *a posteriori* algo que ha sucedido a otra persona nace, como pudimos ver en los ejemplos que anteceden, de una técnica especial, comparable al desplazamiento, por medio de la cual queda hecho superfluo el desarrollo afectivo que nos hallábamos dispuestos a llevar a cabo y es guiada la carga psíquica hacia otro elemento con frecuencia accesorio. Pero con esto no ganamos nada para la comprensión del proceso por medio del cual se realiza en la persona humorística el desplazamiento que la aleja del desarrollo afectivo. Vemos que la persona receptora realiza, por imitación, los procesos anímicos que antes se desarrollaron en el sujeto, pero esta observación no nos proporciona dato alguno que nos aproxime al conocimiento de las fuerzas que hacen posible este proceso imitativo.

Podemos decir únicamente que cuando alguien consigue, por ejemplo, sobreponerse a un afecto doloroso, comparando la magnitud de los intereses universales con la propia pequeñez individual, no vemos en ello un rendimiento del humor, sino del pensamiento filosófico, y no logramos tampoco consecución ninguna de placer al trasladarnos al proceso mental del sujeto. El desplazamiento humorístico es, pues, tan imposible cuando nuestra atención vigila como, en igual caso, la comparación cómica, y se halla, por lo tanto, ligado como la misma a la condición de permanecer preconsciente o automático.

Sólo considerando el desplazamiento humorístico como un proceso de defensa podremos establecer algunas conclusiones sobre él. Los procesos de defensa son lo que en lo psíquico corresponden a los reflejos de fuga, y su misión es la de evitar el nacimiento de displacer producido por fuentes internas. Constituyen, pues, una especie de regulación de la vida anímica, pero por su automatismo llegan a resultar perjudiciales y tienen, por lo tanto, que ser sometidos al dominio del pensamiento consciente. Así, de una clase especial de esta defensa —la represión fallida— he demostrado que constituía el mecanismo de la génesis de las psiconeurosis. Podemos ahora considerar el humor como la principal de estas funciones de defensa, que —a diferencia de la represión— desprecia sustraer a la atención el contenido de representaciones ligado al afecto doloroso, y de este modo domina al automatismo defensivo. Para conseguirlo encuentra además el medio de despojar de su energía a la preparada producción de displacer y la convierte en placer sometiéndola a la descarga. Es también sospechable que sea de nuevo la conexión con lo infantil lo que le permite llevar a cabo esta función, pues en la vida del niño se producen intensos afectos dolorosos, de los que el adulto reiría como ríe el humorista de los de igual género que le asaltan en la edad madura. Aquella superioridad del propio *yo*, de la que testimonia el desplazamiento y cuya interpretación podría muy bien encerrarse en la fórmula: "Soy ya demasiado grande para que esto pueda causarme disgusto", pudiera muy bien ser resultado de la comparación efectuada por el sujeto de su *yo* presente con su *yo* infantil. Esta hipótesis parece, hasta cierto punto, robustecida por el papel que desempeña lo infantil en los procesos neuróticos de represión.

En conjunto, se halla el humor más cerca de la comicidad que del chiste. Con la primera tiene de común la localización psíquica en lo preconsciente, mientras que el chiste queda formado, como antes dedujimos, a manera de transacción entre lo inconsciente y lo preconsciente. En cambio, no tiene el humor participación alguna en un singular carácter en el que coinciden el chiste y la comicidad y que quizá no hemos hecho resaltar hasta ahora suficientemente. Es condición de la génesis de lo cómico que nos veamos impulsados a emplear, *simultáneamente* o *en rápida sucesión*, para la misma función representativa, dos distintas formas de representación, entre las cuales se realiza luego la "comparación", de la que resulta la diferencia de gasto. Tales diferencias de gasto nacen entre lo extraño y lo propio, lo habitual y lo modificado, lo esperado y lo sucedido[56].

En el chiste, la diferencia entre dos diversas interpretaciones que laboran con distinto gasto adquiere tan sólo un valor con relación al proceso que se realiza en el oyente. Una de estas interpretaciones recorre, obedeciendo a las indicaciones contenidas

---

[56] No temiendo violentar un tanto, al concepto de expectación puede atribuirse, a ejemplo de Lipps, un amplísimo campo, dentro de lo cómico, a la comicidad de la expectación; mas, precisamente los casos más primitivos de la comicidad, que son los que surgen de la comparación de un gasto ajeno con el propio, serían los que menos se adaptasen a esta hipótesis.

en el chiste, el camino que el pensamiento ha seguido antes a través de lo inconsciente, y la otra permanece en la superficie y presenta al chiste como una expresión verbal preconsciente devenida consciente. No sería quizá muy equivocado derivar el placer que nos produce el chiste oído de la diferencia de estas dos formas de representación[57].

Lo que aquí decimos del chiste es lo mismo que antes, cuando desconocíamos aún la relación del mismo con la comicidad, describíamos diciendo que el chiste poseía una doble faz, como Jano[58].

En el humor pasa a último término el carácter que aquí aparece en el primero. Experimentamos, ciertamente, el placer humorístico allí donde es evitado un sentimiento emotivo que esperábamos como inherente a la situación, y hasta este punto cae también el humor bajo el concepto, ampliado, de la comicidad de la expectación. Mas en el humor no se trata ya de dos formas representativas del mismo contenido. El hecho

---

[57] Podemos aceptar, desde luego, esta fórmula, pues no contiene nada que contradiga las conclusiones a que anteriormente nos ha llevado nuestra investigación. La diferencia entre los dos gastos tiene que reducirse, en lo esencial, el gasto de coerción ahorrado. La falta de este ahorro de coerción en la comicidad y la desaparición del contraste cuantitativo en el chiste condicionarían, dada una total coincidencia de carácter de las dos distintas labores representativas para la misma interpretación, la diferencia entre el sentimiento cómico y la impresión chistosa.

[58] La singularidad de la *double face* no ha escapado, naturalmente, a los investigadores. Mélinand, del que he tomado esta expresión ("Pourquoi rit-on?" en *Revue des Deux Mondes*, febrero, 1895), encierra la condición de la risa en la siguiente fórmula: *Ce qui fait rire, c'est ce qui est à la fois, d'un côté, absurde, et de l'autre, familier.* Esta fórmula se adapta más al chiste que a lo cómico, pero, sin embargo, tampoco cubre al primero por completo. Bergson (*l.c.* pág. 98) define la situación cómica por la *interférence des séries. Une situation est toujours comique quand elle appartient en même temps à deux séries d'évenements absoluments indépendantes, et qu'elle peut s'interpreter à la fois dans deux sens tout différents.* Para Lipps, la comicidad es la "grandeza y pequeñez de la misma cosa".

de que la situación es dominada por los sentimientos emotivos de carácter displaciente que deben ser evitados pone fin a la posibilidad de comparación con el carácter de lo cómico o del chiste. El desplazamiento humorístico es, en realidad, un caso de aquel aprovechamiento de un gasto sobrante que tan peligroso demostró ser para el efecto cómico.

Una vez que hemos logrado reducir también el mecanismo del placer humorístico a una fórmula análoga a las que hallamos para el placer cómico y para el chiste, tocaremos el término de nuestra labor. El placer del chiste nos pareció surgir del *gasto de inhibición ahorrado*; el de la comicidad del *gasto de representación (de carga) ahorrado*, y el del humor, del *gasto de sentimiento ahorrado*.

En los tres mecanismos de nuestro aparato anímico proviene, pues, el placer de un ahorro, y los tres coinciden en constituir métodos de reconquistar, extrayéndolo de la actividad anímica, un placer que se había perdido precisamente a causa del desarrollo de esta actividad, pues la euforia que tendemos a alcanzar por estos caminos no es otra cosa que el estado de ánimo de una época de nuestra vida en la que podíamos llevar a cabo nuestra labor psíquica con muy escaso gasto; esto es, el estado de ánimo de nuestra infancia, en la que no conocíamos lo cómico, no éramos capaces del chiste y no necesitábamos del humor para sentirnos felices en la vida[59].

---

[59] N. del Traductor. —Hemos de rectificar aquí uno de los datos bibliográficos contenidos en las primeras páginas. Existe de esta obra, cuya primera edición se publicó en 1905, una traducción inglesa hecha por el doctor A. A. Brill (Nueva York, 1917).

II

EL DELIRIO Y LOS SUEÑOS EN LA *GRADIVA* DE W. JENSEN

I

En un círculo de personas que poseen la convicción de que los esenciales problemas del sueño han sido resueltos por la labor investigadora del autor del presente trabajo, surgió un día la curiosidad de examinar los sueños que no han sido nunca soñados; esto es, aquellos que el artista atribuye a los personajes de su obra y no pasan, por lo tanto, de ser una pura invención poética. La proposición de investigar esta clase de sueños pudiera parecer ociosa y un tanto singular; pero, desde un cierto punto de vista, no deja de estar justificada. No es ni con mucho opinión general que los sueños poseen un sentido y pueden ser interpretados. La ciencia y la mayoría de los hombres cultos sonríen cuando se les habla de una interpretación onírica. Tan sólo la supersticiosa clase popular, que en esta cuestión parece constituirse en depositaria de antiguas creencias, permanece fiel a la idea de una posible interpretación de los sueños, y el autor de estas líneas ha osado, en una de sus obras, colocarse enfrente de los severos principios científicos y al lado de la superstición y de las antiguas opiniones. Claro es que está muy lejos de reconocer en los sueños aquella revelación del porvenir a cuyo descubrimiento tiende la humanidad, en vano, desde sus comienzos y por toda clase de medios, a veces harto ilícitos. Pero tampoco puede rechazar por completo una cierta relación de los sueños con lo futuro, pues al término de una penosa labor interpretativa se le demostró el sueño como un *deseo* del sujeto, que el fenómeno onírico le presentaba *cumplido*, y nadie puede negar que los deseos humanos se orientan predominantemente hacia el porvenir.

Afirmamos, pues, que el sueño es un deseo cumplido. Aquellos que no teman emprender una difícil lectura y no exijan que para ahorrarles trabajo se les presente, aun a costa de la fidelidad y de la verdad, como sencillo y fácil un complicado problema, hallarán en mi obra *La interpretación de los sueños*[60] una amplia prueba de esta afirmación. Mientras tanto, y para seguirnos en este trabajo, tendrán que echar a un lado las objeciones que seguramente surgirán en ellos contra esta definición de los sueños como realizaciones de deseos.

Pero hemos entrado de buenas a primeras en el examen de algo que pertenece ya a un estudio muy avanzado de la investigación de los sueños. El primer problema que a esta investigación se presenta no es el de determinar si el sentido de los sueños ha de ser siempre una realización de deseos y no otro cualquiera, tal como una expectación, un propósito, una reflexión, etc. Anterior a estas interrogantes es la de si en realidad poseen los sueños un cualquier sentido y puede dárseles el valor de procesos psíquicos. La ciencia responde negativamente y explica los sueños como simples procesos fisiológicos, detrás de los cuales no hay necesidad de buscar sentido, significado ni intención alguna. Durante el reposo nocturno actúan —según esta teoría— ciertos estímulos somáticos sobre nuestra vida anímica, llevando a la conciencia tan pronto unas como otras representaciones robadas a la coherencia psíquica. De este modo, podrían ser comparados los sueños a contracciones de la vida psíquica, pero nunca a movimientos expresivos de la misma.

En esta discusión sobre la naturaleza del sueño parecen los poetas situarse al lado de los antiguos, de la superstición popular y del autor de estas líneas y de *La interpretación de los sueños*, pues cuando hacen soñar a los personajes creados por su fantasía no sólo se conforman a la cotidiana experien-

---

[60] Tomos VI y VII de estas *Obras Completas*.

cia de que el pensamiento y la sensibilidad de los hombres continúan vivos en el estado de reposo nocturno, sino que al presentarnos los sueños de sus personajes, su intención es precisamente la de darnos a conocer por medio de ellos los estados de alma de los mismos. Y los poetas son valiosísimos aliados, cuyo testimonio debe estimarse en alto grado, pues suelen conocer muchas cosas existentes entre el cielo y la tierra y que ni siquiera sospecha nuestra filosofía. En la Psicología, sobre todo, se hallan muy por encima de nosotros los hombres vulgares, pues beben en fuentes que no hemos logrado aún hacer accesibles a la ciencia. Desgraciadamente, esta aceptación por los poetas de la naturaleza significativa de los sueños no es todo lo inequívoca que fuera de desear, pues una penetrante crítica pudiera objetarnos que el poeta no toma partido en pro ni en contra de la significación psíquica de cada sueño, sino que se limita a mostrar cómo el alma dormida se contrae bajo el efecto de las excitaciones que, como restos de la vida, despierta han permanecido vivas en ella.

El que los poetas no nos ofrezcan todo el apoyo que de ellos esperábamos no ha de debilitar, sin embargo, el interés que nos inspira la forma en que se sirven de los sueños como medio auxiliar de la creación artística. Aunque nuestra investigación no haya de descubrirnos nada nuevo sobre la esencia del fenómeno anímico, nos presentará quizá una visión, desde un nuevo ángulo, de la naturaleza de la producción poética. Pero si los verdaderos sueños pasan por ser creaciones totalmente contingentes y desprovistas de toda norma ¡qué no serán las libres imitaciones poéticas de los mismos! Afortunadamente, la vida anímica posee mucha menos libertad y arbitrariedad de lo que suponemos, y hasta quizá carezca de ellas en absoluto. Lo que en el mundo exterior nos hallamos acostumbrados a calificar de casualidad, demuestra luego hallarse compuesto de múltiples leyes, y también lo que en el mundo psíquico denominamos arbitrariedad, reposa sobre estrictas normas que, por ahora, sólo obscuramente sospechamos.

Dos caminos distintos se nos ofrecen para emprender esta investigación. Sería uno el profundizar en un caso especial; esto es, en los sueños atribuidos por un poeta a los personajes de una de sus obras. El otro consistiría en la exposición conjunta y paralela de todos los ejemplos de empleo literario de los sueños que pudiésemos hallar en las obras de diversos autores. Este segundo camino me parece el más conveniente y quizá el único justificado, pues nos protegería contra los peligros que para nuestra labor ha de suponer la aceptación de un artificial concepto unitario —"el poeta"— que en la investigación se fragmentaría, individualizándose y dando paso a la diversidad de los muchos "poetas" conocidos, a los que estimamos muy diferentemente y entre los que estamos acostumbrados a hallar aquellas figuras que aislamos del conjunto para venerarlas como las de los más profundos conocedores del alma humana. No obstante, tenemos que emprender en el presente trabajo el primero de los caminos antes señalados. Débese esto a que una de las personas del círculo en que surgió la idea de esta investigación manifestó haber leído últimamente, con agrado, una obra literaria en la que se hallaban contenidos varios sueños, los cuales, por presentar aquellas características que su estudio del fenómeno onírico le había hecho familiares, le invitaban a aplicar a ellos el método de interpretación expuesto en nuestra antes citada obra. Confesó, además, la persona en quien surgió esta idea que el agrado que le había producido la lectura de la obra a que se refería dependía con seguridad, en gran parte, de circunstancias puramente subjetivas, pues el desarrollarse la acción en Pompeya y ser el protagonista un joven arqueólogo que traslada todo su interés, desde la vida real, a los restos de la antigüedad clásica, hasta que por un medio indirecto, pero perfectamente admisible, es atraído de nuevo a la vida presente, eran hechos que despertaron en él íntimas resonancias. La obra a que nuestro amigo se refería era la novelita titulada *Gradiva*, a la que W. Jensen, su autor, califica de "fantasía pompeyana".

Ruego ahora a mis lectores que abandonen el presente libro y lo sustituyan por la novela citada, aparecida en 1903, con objeto de que, en adelante, pueda yo referirme a algo conocido. Para aquellos otros que conocen ya la *Gradiva* expondré aquí una ligera síntesis de su contenido, que despierte en su memoria el recuerdo de la totalidad, y confío en que, al mismo tiempo, el de las bellezas que en la misma se contienen y que en una síntesis no pueden por menos de desaparecer.

Un joven arqueólogo, Norbert Hanold, descubre en un museo de Roma una figura en bajorrelieve, que desde el primer momento ejerce sobre él una particular atracción. Deseoso de contemplarla y estudiarla con todo detenimiento, hace sacar una copia en escayola y la transporta a su domicilio, en una ciudad universitaria alemana, colocándola en sitio preferente de su gabinete de estudio. La figura representada en el bajorrelieve es la de una muchacha, ya plenamente formada, que, en actitud de andar, recoge sus amplias vestiduras, dejando ver sus pies, calzados de sandalias, uno de los cuales reposa por entero en el suelo mientras el otro sólo se apoya ya sobre las puntas de los dedos, quedando la planta y el talón casi perpendiculares a tierra. Este paso, poco vulgar, cuyo especial atractivo quiso el artista fijar en su obra escultórica, es también lo que siglos después encadena la atención de nuestro arqueólogo.

El interés que la figura descrita despierta en el protagonista de la novela constituye el hecho psicológico fundamental de la misma y resulta un tanto singular, pues "el doctor Norbert Hanold, catedrático de Arqueología, no hallaba en aquel relieve nada que desde el punto de vista científico de su disciplina justificara una especial atención". "No conseguía explicarse lo que en él le había interesado; sólo sabía que desde el primer momento se había sentido dominado por una intensa atracción que el tiempo no lograba debilitar". Su fantasía no deja un solo momento de ocuparse de la singular imagen, en la que encuentra algo vivo y "presente", como si el artista hubiera trasladado a su obra una visión "del natural" percibida momentos antes en un paseo por las calles. Tanta vida toma en su imaginación aquella figura, que acaba por darle el nombre de *Gradiva* —"la que avanza"— y suponerla perteneciente a una noble familia, hija quizá "de un edil patricio que ejercía su cargo bajo la advocación de Ceres". El relieve la representaría en el momento de dirigirse hacia el templo de esta diosa. Mas, después, le parece contrario a la serena naturaleza de la figura encuadrarla en el bullicio de una gran ciudad, y llega a la convicción de que el vivo modelo copiado por el desconocido artista no pudo habitar sino en Pompeya, donde con su andar característico hollaría aquellas singulares hiladas de piedras, descubiertas en las excavaciones, que, sin estorbar el tránsito rodado, permitían a los transeúntes atravesar las calles a pie enjuto en tiempo de lluvia. Por otro lado, pareciéndole hallar en los rasgos fisonómicos de Gradiva un cierto corte griego, deduce que los ascendientes de la bella muchacha debieron ser de origen heleno. De este modo va nuestro buen arqueólogo poniendo toda su ciencia de la antigüedad al servicio de sus fantasías sobre el modelo del bajorrelieve.

En medio de tales imaginaciones, surge en él una interrogante crítica, que cree científicamente motivada. Trátase de determinar "si el artista ha reproducido en su obra una realidad viva"; esto es, si el singular movimiento con que Gradiva avanza corresponde a algo efectivo, aunque poco común. No pudiendo Hanold resolver este problema sino por medio de la observación directa, se ve forzado a emprender una actividad totalmente opuesta a sus hábitos personales. En efecto, "el sexo femenino no había sido para él, hasta aquel momento, más que un concepto expresado en mármol o bronce, sin que jamás hubiese concedido la menor atención a aquellas representantes del mismo que vivían y alentaban en derredor suyo". Los deberes sociales le habían parecido siempre una insoportable molestia, y cuando alguna vez pasaba breves instantes en una reunión femenina, se fijaba tan poco en sus interlocutoras, que en días sucesivos pasaba a su lado sin saludarlas, cosa que, naturalmente, no le hacía ganar muchas simpatías entre las mujeres. Mas ahora, la misión científica que se había impuesto le obligaba a observar a todas las que encontraba, fijándose con especial interés en su modo de pisar. Esta actividad hubo de valerle numerosas miradas femeninas, tanto disgustadas como halagadas, "sin que él llegara nunca a darse cuenta del significado de unas ni de otras". Como resultado de este cuidadoso estudio, tuvo que admitir que el modo de andar de Gradiva no se daba en la realidad, conclusión que le produjo gran disgusto.

Poco después tiene un terrible sueño en el que se ve transportado a la antigua Pompeya, precisamente en el día en que la erupción del Vesubio sepulta la ciudad bajo su ardiente lava. "Hallándose en el Foro, cerca del templo de Júpiter, ve de repente ante sí a la propia Gradiva. Hasta aquel momento no había ni siquiera imaginado que pudiera hallarla en aquellos lugares, mas en el acto le parece naturalísimo el encuentro, puesto que se trata de una pompeyana que vive en su ciudad natal, y *sin que él tuviera de ello la menor sospecha*, en la misma época que él". Sabiendo el peligro inminente que a todos amenaza, lanza Hanold un grito, como queriendo prevenir a la bella muchacha. Gradiva se vuelve un instante hacia él, pero después sigue indiferente su camino hacia el templo y, sentándose en la escalinata del pórtico, reclina lentamente su cabeza sobre la fría piedra, mientras su rostro va adquiriendo la rígida palidez del mármol. Norbert se dirige hacia ella, pero al llegar a su lado la encuentra como sumida, con serena expresión, en un profundo sueño. La lluvia de cenizas, haciéndose cada vez más densa, acaba por enterrar la bella figura yacente.

Al despertar de su sueño resuenan aún en los oídos de Norbert los gritos de angustia de los pompeyanos y el sordo mugir del mar embravecido. Pero aun después de recobrar el dominio sobre su pensamiento y reconocer en tales ruidos los de la populosa calle a la que da su alcoba, continúa por largo tiempo creyendo en la realidad de lo soñado, y todavía después de haber rechazado la idea de que dos mil años antes había asistido a la destrucción de Pompeya, perdura en él la convicción de que Gradiva había vivido en dicha ciudad y perecido en la catástrofe que la sepultó el año 79. Este sueño da tal impulso a las fantasías del joven arqueólogo, que el pensamiento de la muerte de Gradiva le produce igual emoción que si se tratase de una persona querida.

Asomado a la ventana, dejaba así vagar sus pensamientos, cuando los trinos de un canario que cantaba dentro de su jaula, colgada en la abierta ventana de la casa frontera, atrajeron su atención. Bruscamente, como si fuera ahora cuando despertase de su sueño, salió de su ensimismamiento, y al dirigir su mirada hacia la calle creyó ver pasar ante su casa una figura femenina semejante a su Gradiva y hasta quiso reconocer el paso característico que tan en vano hubo de buscar anteriormente. Sin darse exacta cuenta de sus actos, salió de su casa en persecución de la desconocida, y sólo el asombro y la burla de la gente al verle correr por las calles a medio vestir le hizo retornar a su habitación sin haber conseguido su propósito. Acodado de nuevo a la ventana, se comparó con aquel canario que cantaba en la casa vecina. También a él le parecía hallarse prisionero, pero si quería, podía evadirse de su jaula. Como una nueva consecuencia de su sueño, y quizá también por el influjo del dulce ambiente primaveral, surgió en él la decisión de emprender un viaje a Italia, para el que halló en seguida un pretexto científico, aunque reconocía que "el impulso a emprender aquel viaje había sido determinada en él por una sensación indefinible".

Hemos de detenernos un momento, al llegar a esta decisión tan vagamente motivada, con objeto de formarnos una más concreta idea de la personalidad y la conducta de nuestro héroe, el cual nos resulta hasta ahora un tanto incomprensible e insensato, pues no conocemos aún por qué caminos llegará a adquirir su particular locura un carácter general humano que despierte nuestra simpatía. Mas el dejarnos en una tal inseguridad durante algún tiempo es un derecho innegable del poeta, que con la belleza de su estilo y la ingeniosidad de su trama imaginativa recompensa la confianza que en él ponemos y la simpatía que nos hallamos dispuestos a conceder al protagonista de su obra. Entre los datos que sobre el mismo nos proporciona, hallamos los de que fue, desde luego, consagrado, por tradición de familia, a la ciencia arqueológica, y que cuando, a la muerte de sus padres, quedó aislado e independiente, se sumió por completo en sus estudios, apartándose de la vida exterior y de los goces que la misma ofrece a la juventud. El mármol y el bronce fueron siempre para él lo verdaderamente vivo y lo único que podía dar objeto y valor a la existencia. Mas la naturaleza —quizá con piadosa intención— hubo de dotarle con una cualidad nada científica que sirviese de correctivo a las anteriores: una arrebatada fantasía, que no se manifestaba tan sólo en sus sueños, sino también, a veces, en su actividad despierta. Una tal disociación entre su labor intelectual y su fantasía le predestinaba a acabar en poeta o en neurótico, incluyéndolo entre aquellos hombres cuyo reino no es de este mundo. Así pudo suceder que permaneciera obsesionado por la juvenil figura femenina del bajorrelieve, y que, entretejiéndola en su fantasía, la personificara, dándole un nombre y situando su vida en la ciudad de Pompeya, destruida por el Vesubio mil ochocientos años atrás. Por último, después de un singular sueño de angustia, o pesadilla, pasa esta fantasía de la existencia y muerte de la personificada Gradiva a constituirse en un delirio que influye ya en sus actos. Estos fenómenos de la fantasía nos parecerían extraños e incomprensibles si los hallásemos en una persona viva. Mas como Norbert Hanold, nuestro héroe, no pasa de ser un ente de ficción creado por el poeta, quisiéramos arriesgarnos a dirigir a este la pregunta de si su fantasía no ha sido quizá determinada por poderes distintos de su propia voluntad contingente.

Abandonamos antes a nuestro joven arqueólogo en el momento en que el canto de un canario enjaulado parece sugerirle la idea de un viaje a Italia, sin que él mismo se dé cuenta exacta del motivo que le impulsa a partir ni tampoco del fin y objeto que con el tal viaje se propone. Llegado a Italia, un íntimo desasosiego le lleva de ciudad en ciudad, mezclado con la nube de turistas y jóvenes parejas en viaje de novios que invade en primavera la bella península latina. La ternura de los amorosos recién casados le parece incomprensible y le lleva a sentar la conclusión de que entre todas las locuras humanas "la mayor y más incomprensible es el matrimonio; sobre todo, coronado por el neciamente indispensable viaje a Italia". Huyendo de una de tales tiernas parejas, que no cesa de arrullarse en la habitación vecina a la suya, sale de Roma para Nápoles; mas allí tropieza con otras de igual género, y al enterarse de que la mayoría de ellas, siguiendo un clásico itinerario, no hacen sino una rapidísima visita a Pompeya y salen luego para Capri, decide, para librarse de ellas, seguir una opuesta conducta. De este modo, y "contrariamente a lo que se había propuesto al emprender el viaje", llega a Pompeya a los pocos días de salir de su casa.

Mas tampoco aquí encuentra la deseada paz. La misión de mantener su ánimo en un continuo estado de irritación y desasosiego, de la que hasta entonces se habían encargado los amorosos matrimonios recientes, es asumida ahora por las innumerables y pegajosas moscas meridionales, en las que acaba por ver Norbert la encarnación de lo absolutamente perverso e inútil. Reuniendo en una unidad las dos plagas que le han atormentado, le parece volver a hallar a las parejas conyugales en las moscas que revolotean dos a dos, y supone que, en su idioma, se interpelarán con los mismos dulces apelativos. Sin embargo, acaba por darse cuenta de que "su disgusto no depende únicamente de circunstancias exteriores, sino que tiene, en parte, un origen íntimo", pues "siente que se halla malhumorado porque le falta algo, sin que pueda precisar el qué".

A la mañana siguiente se encamina hacia la destruida ciudad y, después de despedir al guía, se pone a recorrerla al azar, sin acordarse siquiera, por un singular olvido, de su reciente sueño, en el que fue testigo de la catástrofe que hubo de sepultarla. Cuando luego, en la "cálida y divina" hora de mediodía, que para los antiguos era la de los espíritus, han desaparecido todos los visitantes y no quedan ante él sino las solitarias ruinas bañadas por el ardiente sol, surge en el arqueólogo la capacidad de trasladarse a las pasadas épocas, mas no ya con ayuda de la ciencia. "Lo que esta enseña es una fría concepción arqueológica expresada en un muerto idioma filológico e insuficiente para llegar a la comprensión del alma de las cosas. Aquel que sienta el anhelo de adentrarse en la íntima realidad de Pompeya habrá de pasar solitario esta ardiente hora meridiana entre los restos del pasado y mirar y oír con algo de más sutil capacidad de percepción que los ojos y los oídos. Sólo entonces verá despertar de nuevo a los muertos y comenzará a vivir Pompeya ante él".

Hallándose Hanold entregado a esta evocación del pasado en su fantasía, ve de repente salir de una casa cercana y atravesar la calle a la propia Gradiva del bajorrelieve, tal y como en su sueño se le había aparecido camino del templo de Apolo. "Este recuerdo de su sueño le hizo darse cuenta de algo de que hasta el momento no había tenido conciencia. Si, aun ignorando el impulso interior que le había decidido a emprender el viaje, había partido para Italia y, sin detenerse en Roma ni en Nápoles, había llegado hasta Pompeya, era con el propósito de buscar en esta ciudad las huellas de su Gradiva. Y precisamente las huellas en el propio y estricto sentido de la palabra, pues el característico paso de la fantástica beldad debía de haber dejado una impronta inconfundible en la ceniza de las calles pompeyanas".

La tensión en que nos mantiene el poeta se eleva ahora por unos momentos hasta la categoría de una penosa confusión. Encontramos ya desconcertante no sólo el franco desequilibrio del protagonista, sino la aparición de la Gradiva, que hasta ahora no había pasado de ser primero una figura escultórica y luego una creación de la fantasía de Hanold. ¿Se trata de una alucinación de este, perturbado por el delirio de un fantasma "real" o de una persona de carne y hueso? Claro es que esta interrogante no implica el que creamos en los aparecidos. El poeta, que califica su obra de "fantasía", no nos ha dicho aún si se propone dejarnos en nuestro mundo, regido por las leyes científicas, o, por el contrario, intenta conducirnos a otro mundo fantástico en el que se concede realidad a los espíritus y al que, recordando los ejemplos del Hamlet y del Macbeth shakespearianos, nos hallamos, en calidad de lectores, dispuestos a seguirle, aunque el delirio del imaginativo arqueólogo sea de muy distinto género. Considerando la inverosimilitud de la real existencia de una persona cuyo aspecto exterior copie fielmente el de una escultura antigua, habremos de pensar que la aparición de Gradiva entre las ruinas de Pompeya no puede ser sino una alucinación de Hanold o un fantasma meridiano. Mas un detalle del relato excluye la primera de estas dos interpretaciones. Una gran lagartija yace inmóvil tomando el sol sobre una piedra, y al acercarse Gradiva, huye asustada a su madriguera. No se trata, pues, de una alucinación de Norbert, sino de algo por completo exterior a él. Mas, por otra parte, no creemos que un fantasma pueda con su ingrávido paso turbar la tranquilidad de una lagartija.

Llegada ante la casa de Meleagro, desaparece la figura de Gradiva. No nos maravilla que Norbert Hanold prosiga ahora su delirio suponiendo que la antigua Pompeya revive en la hora del mediodía, consagrada a los espíritus, y que, de este modo, es la propia Gradiva, resucitada, la que, pasando ante él, ha entrado en la casa que habitó hasta el fatal día de agosto del año 79, en que el Vesubio sepultó a la ciudad entre lava y cenizas. Por la imaginación de Norbert Hanold cruzan rápidamente las más sutiles hipótesis sobre la personalidad del dueño de aquella casa y el parentesco que Gradiva pudiera tener con él, probándonos que su ciencia arqueológica se ha colocado ya por completo al servicio de su fantasía. Al penetrar, a su vez, en la casa, halla de nuevo ante sí a la singular aparición, sentada en una pequeña gradería entre dos columnas. "Sobre sus rodillas mantenía extendido algo muy blanco, cuya naturaleza no pudo Hanold determinar a primera vista, pero que le pareció ser una hoja de papiro". Habiendo atribuido a Gradiva en una de sus imaginaciones un origen griego, la interpela en esta lengua, lleno de ansiedad por averiguar si la aparición posee en su ficticia vida el don de la palabra. Luego, al no obtener respuesta, comienza a interrogarla en latín. Y he aquí que el bello fantasma sonríe dulcemente y exclama: "Si quiere que le comprenda, hábleme en alemán".

¡Qué vergüenza para nosotros los lectores! Resulta que el poeta se ha burlado de nosotros, y para obligarnos a juzgar con una mayor benevolencia a su héroe, nos ha hecho caer en un pequeño delirio, como si sobre nuestras facultades intelectuales hubiese actuado un reflejo de aquel ardiente sol del mediodía pompeyano, que cae a plomo sobre la frente del infeliz Norbert. Mas, curado ya de nuestro momentáneo desvarío, vemos ahora que la Gradiva, que creíamos fantasmal aparición, no es sino una muchacha alemana de carne y hueso, hipótesis que antes rechazamos como la más inverosímil. Podemos ya, por lo tanto, esperar con toda calma y serenidad que el poeta nos muestre, en primer lugar, la relación existente entre esta muchacha y su imagen en piedra, y, en segundo, cómo el joven arqueólogo ha podido llegar a las fantasías que atribuían, no sin cierta razón por lo que vemos, una existencia real a dicha imagen.

En cambio, el delirio de Hanold no queda tan rápidamente disipado como el nuestro, pues la dicha que al encontrar realizada su fantasía le produce, le hace admitir las más inverosímiles circunstancias, y, además, su delirio posee seguramente raíces íntimas, de las que nada sabemos y que al nuestro faltan por completo. Para hacerlo volver a la realidad ha de ser necesario un penetrante duradero tratamiento, y de este modo, lo único que por el momento podrá hacer es adaptar a su delirio su nueva y maravillosa aventura. Gradiva, muerta entre la ceniza que sepultó a Pompeya, no puede ser para él más que un fantasma que sale de su tumba a la hora meridiana, consagrada a los espíritus. Mas, entonces, ¿por qué al oír las palabras que la muchacha pronuncia en alemán exclama, sin un instante de vacilación: "Ya sabía yo que tu voz resonaba así"? Es esta una interrogante que, como nosotros, hubo de presentar la muchacha, y Hanold se ve obligado a conceder que no oyó nunca antes su voz, pero que esperó oírla cuando en su sueño le habló, mientras ella, silenciosa, se reclinaba para dormir y morir sobre las gradas de la escalinata del templo. Norbert le pide ahora que repita aquella escena; mas, al oírle, se levanta la muchacha y, mirándole con extrañeza, se aleja, desapareciendo a poco entre las columnas del patio, sin contestar a la pregunta que él le hace de si volverá allí a la misma hora del siguiente día. Poco antes había revoloteado en torno de ella una bella mariposa en la que Hanold ve después un emisario de Hades, el dios infernal, comisionado para advertir a Gradiva el próximo final del breve plazo concedido a los espíritus para vagar fuera de sus tumbas. Pero nosotros podemos ya permitirnos interpretaciones menos fantásticas y nos quiere parecer como si la muchacha, desconociendo el sueño del joven arqueólogo, hubiese hallado algo incorrecto en la proposición del mismo y se retirara ofendida. Quizá su sensibilidad percibiera la naturaleza erótica del deseo de Hanold, que para este resultaba únicamente motivado por una relación con su sueño.

Tras de la desaparición de Gradiva, pasa Norbert revista a los huéspedes del Hotel Diomede y del Hotel Suisse, las dos únicas hospederías que le son conocidas en Pompeya, y en ninguna de las dos encuentra muchacha alguna que presente semejanza, siquiera lejana, con su bello fantasma, resultado que se conforma en todo a sus esperanzas, pues desde el primer momento había rechazado como inverosímil e insensata la hipótesis contraria. El vino fermentado en los cálidos lagares del suelo vesubiano hace luego más intenso el desvarío en que Hanold pasa aquella tarde.

Al día siguiente, dando tiempo a que llegase la hora meridiana, en la que de nuevo debe hallarse en la casa de Meleagro, entra Hanold en las ruinas, a despecho de todos los reglamentos, por una brecha del viejo murallón de la ciudad. A su paso halla una florida rama de asfódelo, y recordando que los antiguos decían ser esta la flor que crecía en el Averno, la corta y lleva consigo como la más apropiada a las circunstancias. Mientras, impaciente, recorre las ruinas, piensa en que la Arqueología es ya para él lo más inútil e indiferente del mundo, pues otro distinto interés se ha apoderado por completo de sus facultades intelectuales. Trátase de hallar "de qué sustancia puede ser la aparición corpórea de un ser tal como Gradiva, que simultáneamente está muerto y, aunque tan sólo durante la hora meridiana, vivo". Al mismo tiempo que da vuelta a estos pensamientos, teme no hallar a la esperada aparición, suponiendo que quizá sólo con largos intervalos le es permitido retornar al mundo, y cuando vuelve a encontrarla en el mismo lugar e idéntica actitud que la víspera, la cree primero una alucinación de su acalorada fantasía y exclama dolorosamente: "¡Oh, si fuese verdad y vivieras!" Pero esta vez ha dudado con exceso del testimonio de sus sentidos, pues la aparición deja de nuevo oír su voz preguntándole si aquellas flores que en la mano trae las ha cogido para ella, y entabla luego con él, nuevamente desconcertado, un largo coloquio. Para nosotros, los lectores, a los que nos interesa ya Gradiva como una viva personalidad, observa el poeta que el disgusto y la repulsa que se leían el día anterior en sus ojos se ha trocado en una expresión de curioso interés. Efectivamente, la bella desconocida somete a Hanold a un minucioso interrogatorio, encaminado a lograr una explicación de su extraña demanda del día anterior. Norbert le revela su sueño y toda la historia de la atracción que su elástico paso ejerció sobre él desde el primer instante. A ruegos del joven, consiente luego ella en andar unos pasos ante él y camina, realmente, del mismo gracioso modo que mostraba la escultura. Sólo una diferencia halla el arqueólogo: a las sandalias que la figura del bajorrelieve calzaba se sustituían ahora unas finas botas de cuero amarillento, sustitución que ella explica por la necesidad de adaptarse a los nuevos usos. En todo este diálogo observamos que la muchacha sigue dócilmente el delirio de Hanold, y sin contradecirle nunca logra que el joven vaya descubriéndole su fantasía en toda su amplitud. Una sola vez parece que un sentimiento propio va a apartarla de su papel, cuando él, pensando en la figura del bajorrelieve, dice que en cuanto la vio entre las ruinas de Pompeya la reconoció sin vacilar un solo instante. Como en este lugar del diálogo no ha hablado aún Hanold para nada de la escultura del museo romano, tiene ella un movimiento de sorpresa, pero se repone en seguida, y desde este momento nos quiere parecer que algunas de sus frases presentan un doble sentido; esto es, que además de su conexión con el delirio de Norbert se refieren ocultamente a algo real y presente; por ejemplo, cuando, lamentando el fracaso del arqueólogo al querer comprobar la existencia real de los andares de la escultura, exclama: "¡Qué lástima; quizá hubieras podido ahorrarte el largo viaje hasta Pompeya!" Hanold la revela después el nombre de 'Gradiva' que dio a su imagen escultórica, y ella le dice que el suyo verdadero es el de Zoe. "Es un bello nombre —objeta Hanold—; mas a mis oídos suena como una amarga burla, pues significa *vida*". "Hay que aceptar lo irremediable y ya hace largo tiempo que me he acostumbrado a estar muerta", replica ella, y con la promesa de retornar a igual hora del día siguiente, se despide, después de pedirle la rama de asfódelo que todavía conserva él en su mano. "A las mujeres que aún alientan sobre la tierra es costumbre ofrecer rosas en primavera; para mí es más apropiado recibir de tus manos la flor del olvido".

Comenzamos ahora a comprender y una esperanza surge, aún vacilante, en nosotros. Si la muchacha en cuya figura ha encarnado Hanold a su Gradiva se adapta tan de buen grado al delirio del joven arqueólogo es, probablemente, para librarle de él. No existe otro camino para ello, y la contradicción alejaría esta única posibilidad de cura. El mismo tratamiento médico de una tal dolencia psíquica no tendría tampoco más remedio que situarse, al principio, en el plano de la fantástica construcción mental del sujeto para poder investigarla lo más completamente posible. Si Zoe se hallaba capacitada para tal empresa, la continuación de la novela nos mostrará en qué forma se lleva a cabo la curación de un delirio como el de nuestro héroe. Mas también quisiéramos saber en qué condiciones se verifica la génesis de tal perturbación. Sería singular —aunque no sin precedentes— que el tratamiento y la investigación de un delirio de este género coincidieran y que la explicación de la génesis del mismo surgiera de su propio análisis. Sospechamos, ciertamente, que nuestro caso patológico podrá entonces resolverse en una "vulgar" historia amorosa; pero, de todos modos, no debe despreciarse el amor como poder curativo de los delirios y debemos tener en cuenta que la atracción ejercida sobre nuestro héroe por la figura escultórica de Gradiva no es, en definitiva, sino un enamoramiento, aunque sea de algo pretérito e inanimado.

Al desaparecer Gradiva tras de esta última entrevista se oye en la lejanía algo como una aguda risa, el grito quizá de un pájaro que vuela sobre las ruinas. Norbert ve en el suelo un objeto blanco que la Gradiva ha dejado olvidado, el mismo que ayer creyó un papiro y que, en realidad, no es sino un libro de apuntes con algunos dibujos a lápiz de diversos rincones de Pompeya. Nosotros, psicoanalíticos, diríamos que este olvido de Gradiva constituye una prenda de su retorno, pues sabemos que nada se olvida sin una secreta razón o un oculto motivo.

El resto del día proporciona a Hanold multitud de revelaciones y conclusiones, que, sin embargo, desdeña rehuir formando una totalidad. En el muro del pórtico por el que Gradiva ha desaparecido descubre hoy Norberto una hendidura que, aunque estrecha, puede dar paso perfectamente a una persona de extraordinaria delgadez. De este modo reconoce nuestro héroe que Zoe-Gradiva no necesitó para desaparecer, sumirse en las entrañas de la tierra, cosa que ahora le parece tan irracional, que se avergüenza de haberlo antes creído, sino que podría utilizar aquel camino para volver a su tumba, situada quizá al final de una larga calle, frente a la llamada Villa de

Diomedes, lugar por el que cree luego Norbert ver alejarse una fugacísima sombra.

Entregado por completo a su delirio, recorrió aquella tarde el arqueólogo los alrededores de Pompeya, dando vueltas en su imaginación al mismo problema que el día anterior; esto es, cuál pudiera ser la constitución física de Zoe-Gradiva y si se experimentaría o no alguna sensación táctil al tocar su mano. Un singular impulso le inducía a intentar este experimento; mas al mismo tiempo, la sola idea de realizarlo le producía espanto. En la soleada vertiente de una colina encontró a un señor ya maduro, que por los trebejos que iba armado tenía que ser un zoólogo o botanista, y se hallaba, al parecer, ocupado en la busca de algún ejemplar interesante. Al sentir los pasos de Hanold volvió la cabeza y, como reconociéndole, le dijo: "¿Se interesa usted también por los *faraglionesis*? No creí yo que pudieran encontrarse fuera de la isla de Capri, pero ahora me parece muy probable que también existan en el continente. El medio que mí colega Eimer ha inventado para cazarlos es excelente. Yo lo he experimentado ya varias veces con éxito satisfactorio. Estése usted quieto un momento". Interrumpióse aquí el zoólogo y mantuvo sobre una grieta del suelo, por la que asomaba la verdosa cabeza de una lagartija, un lazo formado por un largo tallo de hierba. Hanold aprovechó esta ocasión de alejarse y prosiguió su paseo pensando con burlona crítica en la increíble necedad de las gentes que por tan absurdos motivos como el de cazar un lagarto emprenden el largo y fatigoso viaje hasta Pompeya. Mas en esta crítica no se incluye a sí mismo, olvidando que lo que hasta la muerta ciudad le ha traído a él es algo aún más singular: el propósito de buscar en las cenizas de Pompeya las huellas de la Gradiva. Al mismo tiempo, la fisonomía del cazador de lagartos, que se había dirigido a él como a persona de su trato, le parecía conocida, quizá por haberle visto de pasada en uno de los dos hoteles que había visitado. Continuando su paseo, llega luego Norbert, por un camino lateral, a una hospedería cuya existencia no sospechaba: el Albergo del Sole. El posadero, ocioso a aquella hora, aprovecha la ocasión para recomendarle su casa y los tesoros que, a su decir, contiene. Entre otras cosas, afirma haberse hallado presente cuando en las proximidades del Foro fueron descubiertos los cuerpos de unos jóvenes amantes que, al sentir cercana su última hora en la catástrofe que aniquiló la ciudad, se abrazaron estrechamente y esperaron así la muerte. Hanold conocía ya esta historia y la había considerado siempre como una mentirosa fábula; pero hoy hallaron en él las palabras del hotelero una total credulidad, que se hizo aún mayor cuando el avispado comerciante le enseñó una fíbula de bronce recubierta de verdosa pátina, pretendiendo haber presenciado su descubrimiento entre las cenizas que cubrían los cuerpos de los amantes. Hanold compró la fíbula sin la menor vacilación crítica, y cuando al abandonar el "albergo" vio en el pretil de una abierta ventana una florida rama de asfódelo, le pareció que la presencia de la funeraria flor en aquellos lugares constituía una confirmación de la legitimidad de la joya adquirida.

Pero con esta adquisición se apoderó de él un nuevo delirio, o más bien, realizó el antiguo un progreso, síntoma nada favorable al éxito de la terapia iniciada. La amante pareja había sido descubierta cerca del Foro, y en estos mismos lugares se hallaba el templo de Apolo, en cuya escalinata había él visto reclinarse a Gradiva en su sueño. ¿No sería posible qué, en realidad, hubiese ella seguido andando hasta reunirse a alguien con el que luego hubiese muerto? Un atormentador sentimiento, que quizá podemos hacer equivalente a los celos, surgió de esta sospecha para Hanold; pero, pensando en lo improbable de su hipótesis, logró dominar su agitación y entró a cenar en el Hotel Diomede. Dos nuevos huéspedes, que le parecieron hermanos por cierta semejanza que entre ellos creyó hallar, a pesar del diferente color de sus cabellos —rubio él y morena ella—, atrajeron en primer lugar su atención. Era esta, de todas las parejas que en su viaje había hallado, la primera que le producía una impresión simpática. Una rosa de Sorrento que la joven llevaba en el pecho despertó en él un indefinible recuerdo; pero por más que meditó, le fue imposible precisarlo. Por último, se acostó rendido, y tuvo un sueño singularmente desatinado, aunque constituido por la reunión de sus aventuras de aquel día. "Gradiva se hallaba sentada al sol, y mientras fabricaba con un largo tallo de hierba un lazo para cazar una lagartija, decía: Estate quieto un momento. Mi colega tiene razón. Este medio es realmente eficaz, y ella lo ha empleado con éxito". Aún dormido, criticó Hanold la insensatez de este sueño y luchó por despertarse, consiguiéndolo al fin al oír el grito, semejante a una risotada, de un pájaro, que, lanzándose sobre el lagarto, se lo llevó en el pico.

A pesar de todos estos fantasmas oníricos, despertó con una sensación de claridad intelectual y fortaleza física. Un rosal, de rosas iguales a la que la tarde anterior adornaba el pecho de su nueva compañera de hospedaje, le recordó haber oído en la noche una voz que le decía: "en la primavera se ofrecen rosas". Sin reflexionar, cogió unas cuantas, y, al hacerlo, sintió calmarse su agitación como por una oculta virtud de las aromáticas flores. Despojado de su misantropía, emprendió esta vez el camino general hacia Pompeya, llevando consigo las rosas, la fíbula y el libro de apuntes, y dando vueltas en su imaginación a diferentes problemas que todos giraban en torno a la Gradiva. El antiguo delirio había llegado a tomar proporciones gigantescas, haciéndole ya pensar si también a otras horas, y no únicamente a la del mediodía, le sería posible hallar a Gradiva entre las ruinas. El acento psicológico se había desplazado, yendo ahora a caer sobre la parte más reciente de su delirio, y los celos que la misma había traído consigo le atormentaban, tomando las más diversas formas. Casi deseaba que la aparición sólo para él resultase visible y escapase a la percepción de los demás, pues de este modo podría él considerarla como de su exclusiva propiedad. Durante sus paseos en espera de la hora meridiana tuvo un sorprendente encuentro. En la casa del Fauno topó con dos figuras que en un rincón, y creyéndose sin duda al abrigo de toda mirada indiscreta, estaban abrazadas, besándose largamente en los labios. Lleno de sorpresa, reconoció Norbert a la simpática pareja llegada la tarde anterior. Mas, para ser fraternales, le resultaban aquel abrazo y aquellos besos demasiado sostenidos. Tratábase, pues, de una nueva pareja amorosa; seguramente, un joven matrimonio como los que antes le habían causado tan grave irritación. Sin embargo, esta nueva pareja no despertó en él sino agradables sentimientos, y, temeroso de perturbar su ternura, se retiró en silencio como si no quisiera interrumpir un devoto culto. Un respeto de que antes carecía volvía ahora a surgir en él.

Llegado ante la casa de Meleagro, se apoderó de él nuevamente, y con tal violencia, el temor de hallar a Gradiva acompañada, que cuando la misma apareció ante sus ojos, su primera frase fue para preguntarle si se hallaba sola. Con gran dificultad consigue luego la muchacha hacer percatarse a Norbert de que ha cogido las rosas para ella, y logra que le confiese la última imaginación de su delirio, en la que supone que fue ella la joven que las excavaciones del Foro descubrieron abrazada a su amante y a la que perteneció la fíbula por él adquirida. No sin burla, le pregunta ella entonces si ha encontrado la joya al sol, cuya fuerza produce en los países mediterráneos graves trastornos cerebrales. A continuación, y para curarle de un mareo que Hanold dice experimentar, le propone Gradiva partir con ella su colación y le ofrece la mitad de un tierno panecillo que lleva envuelto en un papel de seda, comiendo ella la otra mitad con visible apetito. Entre sus rojos, carnales labios, puede entonces

Hanold observar una hilera de blancos y pequeños dientes que al hincarse en la corteza del panecillo producen un ligero crujido. Gradiva reanuda luego el diálogo, diciendo: "Me parece como si ya otra vez, hace dos mil años, hubiéramos partido de este modo el alimento. ¿No te acuerdas?", pero Norbert no supo qué contestar, pues todos aquellos signos que de una realidad presente le iba ella demostrando actuaban con fuerza sobre él. La razón comenzaba a imponerse en su pensamiento haciéndole ya dudar de que, como su delirio afirmaba, no fuera Gradiva sino un incorpóreo fantasma. Pero entonces, ¿cómo explicarse las palabras que la muchacha acababa de pronunciar, pretendiendo haber partido ya otra vez su comida con él dos mil años antes? En este conflicto se le ofreció un medio para salir de dudas, y, sin vacilar ya, lo puso en práctica, hábil y decididamente. Gradiva tenía apoyada en la rodilla su mano izquierda, y una mosca, de aquellas cuyo descaro e inutilidad tanto habían antes irritado a Norbert, vino a posarse sobre uno de los largos y afilados dedos. Con rápido ademán golpeó Hanold, como para alejar al pegajoso insecto, aquella mano, y para su regocijada sorpresa halló bajo la suya algo vivo, cálido y totalmente real: una tierna manita femenina. Mas aún había de ser mayor su asombro, pues Gradiva, sorprendida por su inexplicable acción, se alzó de la gradería en que se hallaba sentada y exclamó con tono ofendido: "¿Estás loco, Norbert Hanold?" Es sabido que el mejor medio para despertar a un sonámbulo, o simplemente a una persona dormida, es llamarle por su nombre. Pero, desgraciadamente, no llegamos a observar qué consecuencia inmediata tuvo para Hanold el oír a Gradiva pronunciar su nombre, que a nadie había él aún comunicado en Pompeya, pues en este crítico momento aparece en escena la simpática pareja amorosa que antes halló en la casa de Fauno, y la joven señora exclamó con gozosa sorpresa: "¡Zoe! ¿También tú por aquí y también en viaje de novios? ¿Cómo no me has escrito?" Hanold, ante esta nueva prueba de la realidad viviente de su Gradiva, huye lleno de confusión.

Tampoco Zoe-Gradiva se muestra muy agradablemente sorprendida por la inesperada visita, que al parecer la interrumpe en una importante labor. Mas, recobrándose pronto, responde con amabilidad a su amiga, poniéndole al corriente de la situación —y también a nosotros, los lectores— y hallando en seguida un medio cortés de zafarse de la inoportuna compañía. Ante todo, deshace el error de suponerla también en viaje de novios. "El joven que se alejó al aparecer vosotros tiene un poco trastornada la cabeza, como si dentro de ella le anduviera zumbando una mosca. Bien es verdad que muy pocos son los que pueden alabarse de no tener algún insectillo perturbador que embrolle sus ideas. Afortunadamente, yo entiendo algo de entomología y puedo ser de alguna utilidad en estos casos. Mi padre y yo vivimos en el Albergo del Sole, pero venimos a Pompeya todos los días. Él se dedica a sus investigaciones, y yo le he prometido no distraerle de ellas y entretenerme por mi cuenta, pues suponía que siempre lograría desenterrar algo interesante de entre estas cenizas. Pero nunca supuse que encontraría lo que he encontrado...; esto es, a mi buena amiga Gisela". Dicho esto, se excusa, pretendiendo tener que llegar a tiempo para acompañar a su padre en el almuerzo, y se aleja después de habérsenos presentado como la hija del zoólogo cazador de lagartijas que Hanold halló el día anterior, y haber revelado, por el doble sentido de algunas de sus frases, además de su intención terapéutica, otros distintos propósitos que parecen con una menor transparencia. Mas, al alejarse, no lo hace en dirección del "albergo", en el que pretextó la esperaba su padre, sino que creyendo a su vez ver una sombra que en los alrededores de la Villa de Diomedes busca su túmulo y desaparece entre los monumentos *sepulcrales*, encamina sus pasos hacia aquellos lugares. En ellos había también buscado Hanold refugio y paseaba sin cesar de un lado a otro, concentrando todo su pensamiento en la solución de lo que aún permanece para él obscuro en el problema suscitado por la aparición de Gradiva. Veía ya, por lo menos, claramente su insensatez anterior al creer tener ante sí a una joven pompeyana rediviva y encarnada en una forma más o menos corpórea, reconocimiento de su pasada locura, que constituye un considerable progreso en su camino de retorno hacia la sana razón. Mas, por otra parte, aquella desconocida con la que otras personas trataban como con una criatura viva a ellas semejante, confesaba ser Gradiva, y, sin que él pudiera explicárselo, conocía su nombre. Eran estos dos misteriosos problemas que su razón, aún vacilante, no acertaba a desembrollar. Cierto es que tampoco sus agitados sentimientos le permitían hacer un gran esfuerzo de atención y que su más ardiente deseo era, por el momento, hallarse sepultado entre las cenizas de la Villa de Diomedes para estar seguro de no volverse a encontrar frente a frente con Zoe-Gradiva. Sin embargo, un violento anhelo de volverla a ver combatía en su interior con la tendencia a huir de ella.

Al doblar uno de los ángulos de la galería de columnas, retrocedió asustado. Sobre una piedra del derruido paredón se hallaba sentada una muchacha, quizá una de las que habían hallado la muerte en aquellos lugares. Pero fue este un último intento, en el acto dominado, de refugiarse de nuevo en el reino de la locura. Pronto vio Hanold que aquella figura no era otra que Gradiva, la cual acudía sin duda a poner en práctica la última parte de su tratamiento curativo. Interpretando con todo acierto el ademán que Hanold hizo al verla, frustró su intento de alejarse, indicándole que fuera había comenzado a diluviar. Luego, sin piedad ante la confusión del joven, comenzó de nuevo su examen, preguntándole qué se proponía antes al golpear su mano con el pretexto de ahuyentar a una mosca. Hanold no se atrevió ya en su respuesta a tutearla ni tampoco a tratarla de usted; pero, en cambio, sí halló valor suficiente para algo más importante; esto es, para plantear la interrogante decisiva: "Me hallaba —confiesa— un poco trastornado, como vulgarmente se dice, y ruego me perdone el haber golpeado su mano...; no sé cómo pude aturdirme hasta tal punto... Pero lo qué no llego a comprender es cómo la graciosa propietaria de aquella manita pudo luego, al reconvenirme, llamarme por mi nombre".

"Veo —replica Zoe-Gradiva— que sigue habiendo algo en que tu entendimiento no logra penetrar. Pero no me maravilla, pues me tienes acostumbrada a esa ceguedad. Para comprobarla una vez más hubiera podido ahorrarme el venir hasta Pompeya, y tú hubieras podido confirmármela mil leguas más cerca".

"Sí; mil leguas más cerca —añade después, dando, por fin, una explicación al atónito Hanold—. En la casa que, casi frontera a la tuya, hace esquina, se abre la ventana de mi cuarto y en ella hay colgada una jaula con un canario".

Estas últimas palabras despertaron en Norbert un lejano recuerdo. Era aquel pájaro enjaulado el que con su cántico había hecho surgir en él la decisión de partir para Italia.

"En esa casa —prosigue ella— habita mi padre, el profesor de Zoología Richard Bertgang".

Así, pues, Zoe conocía la persona y el nombre de Hanold por habitar en una casa vecina a la suya. De ser esta la total solución, prevemos que su vulgaridad ha de decepcionarnos, pareciéndonos indigna del interés que la historia había en nosotros despertado.

Norbert Hanold muestra en su respuesta que su pensamiento no ha conquistado todavía una total independencia, pues repite los últimos conceptos de la joven. "Entonces..., entonces, ¿es usted la señorita Zoe Bertgang? Pero aquella tenía un aspecto muy distinto..."

La réplica de Zoe Bertgang nos revela luego que entre ambos han existido en tiempos relaciones distintas de las de vecindad.

Con graciosas frases, y alegando pasados derechos, sale a la defensa de aquel "tú" que Hanold consideró natural al dirigirse a un fantasma, pero que luego sustituyó por el "usted", en cuanto la aparición se transformó en una persona de carne y hueso: "Si crees que entre nosotros es hoy más apropiado el "usted", también yo habré de emplearlo; pero el "tú" surgía más espontáneamente en mis labios. No sé si mi aspecto es ahora muy distinto del que tenía antes, cuando en nuestros juegos cotidianos andábamos a golpes o rodábamos por el suelo; lo que sí puedo decirle es que si en estos últimos años se hubiera usted dignado dirigirme una sola mirada, hubiera visto que hace mucho tiempo soy tal y como ahora me ve".

Así, pues, había existido entre ambos una amistad infantil y hasta quizá un infantil amor, que justificaba ahora el tuteo. Más, ¿acaso no es esta solución tan trivial como la que primero sospechábamos? A nuestro juicio, no; pues nos sugiere la idea de que tales relaciones infantiles esclarecen de un modo inesperado algunos de los detalles de lo que entre ellos ha sucedido ahora. Aquel golpe que Hanold dio en la mano de Zoe-Gradiva, motivándolo tan excelentemente por el deseo de solucionar de un modo experimental el problema de la corporeidad de Gradiva, se nos muestra ahora como un renacer del impulso infantil a los juegos violentos de que testimonian las palabras de Zoe. Y cuando Gradiva pregunta al arqueólogo si no recuerda que ya dos mil años antes partieron otras veces su comida ¿no se nos revela ahora esta pregunta, que antes hubo de parecernos incomprensible, como una alusión no a un remoto pasado histórico, sino a un pretérito estrictamente personal, a los tiempos infantiles de ambos, cuyo recuerdo se mantiene *vivo* en la muchacha mientras que en Hanold parece haberse perdido en absoluto? Por último, ¿no surge en nosotros de repente la idea de que las fantasías del joven sobre su Gradiva pudieran muy bien ser un eco de estos perdidos recuerdos infantiles? Siendo así, no serían arbitrarias producciones de su fantasía, sino que se hallarían determinadas, sin que Norbert tuviera conciencia de ello, por el acervo de impresiones infantiles, olvidadas, pero eficientes. Podríamos, pues, aunque sólo hipotéticamente, demostrar este origen para cada una de dichas fantasías. Así, cuando, por ejemplo, se obstina Hanold en que Gradiva tiene que ser de origen *griego* e hija de un elevado personaje, quizá un sacerdote de Ceres, no parece muy aventurado suponer que estas ideas deben su origen a un efecto del latente conocimiento de Hanold del nombre —Zoe— de la muchacha y de la pertenencia a esta a la familia de un profesor de Zoología. Mas si estas fantasías de Hanold no son sino recuerdos modificados, hemos de esperar que las palabras de Zoe Bertgang nos muestren las fuentes de que las mismas provienen. Escuchándola, veremos que, tras de habernos revelado su íntima amistad infantil con Hanold, nos descubrirá el subsiguiente desarrollo de esta relación en años posteriores:

"En aquellos tiempos a que antes me he referido era en mí habitual un singular apego a su persona, y creía que no habría de hallar en todo el mundo un mejor amigo. No tenía madre, hermanos ni hermanas, y para mí padre, una lagartija conservada en alcohol resultaba mucho más interesante que mi pequeña persona. Aun para una niña es necesario algo que ocupe su pensamiento y pueda atraer su interés. Y esto es lo que entonces fue usted para mí. Mas cuando la Arqueología se apoderó de usted por entero, descubrí que te habías —perdone usted, pero el tratamiento que ahora se le ha ocurrido introducir en nuestro trato, suena mal en mis oídos y no se adapta bien a lo que voy a decir—, descubrí que te habías transformado en un hombre insoportable, que, por lo menos para mí, parecía ciego y mudo, y se había olvidado de la amistad de toda nuestra infancia. Por esta razón me encuentras ahora muy distinta a la imagen que de mí recuerdas, pues cuando nos encontrábamos en sociedad —el invierno pasado, sin ir más lejos— no me mirabas ni me veías; ni siquiera me dejabas oír tu voz. Claro es que con esto no hacías en mi honor nada extraordinario, pues lo mismo te comportabas con todas las mujeres. Yo no era para ti sino una sombra, y tú, con tus rubios cabellos, de los que tantas veces yo te había tirado jugando, te mostrabas tan aburrido, seco y silencioso como una cacatúa disecada, y tan solemne e importante como..., como el *Archeopterix*, que así creo se llama el monstruoso pájaro antediluviano recién descubierto. Lo que nunca me hubiese imaginado es que tu cabeza albergase tan ardiente fantasía, que al hallarme aquí, en Pompeya, me tomases por un fantasma del pasado. Tanto es así, que cuando inesperadamente surgiste ante mi vista, me costó mucho trabajo conseguir explicarme la telaraña que tu imaginación había tejido en tu cerebro. Pero después llegó a interesarme y divertirme, a pesar de su locura, pues repito que no esperaba de ti cosa semejante".

Como puede verse, Zoe nos comunica con toda claridad la suerte que su amistad infantil con Hanold corrió en el transcurso de los años. En ella se intensificó hasta constituir un tierno enamoramiento, siendo Hanold aquel "algo" en que desde muchacha puso su corazón y su pensamiento. Zoe Bertgang, la bella mujer en la que vemos ahora la encarnación de la prudencia y la claridad espiritual, nos revela también transparentemente toda su vida anímica. Si es regla general que toda muchacha normalmente constituida dirija, antes que hacia otra persona, su inclinación hacia su propio padre[61],

---

[61] N. del Traductor. —Véase lo que sobre el llamado "complejo de Edipo" dice el autor en el tomo segundo de estas *Obras Completas*.

Zoe se hallaba en circunstancias especialmente favorables para ello por constituir él mismo toda su familia. Pero el padre no podía hacerle gran caso, abstraído en sus investigaciones científicas, y entonces buscó ella en torno suyo alguien a quien dedicar su afecto, hallándolo en la persona de su joven compañero de juegos. Más tarde, cuando Hanold no tuvo ya ojos para ella, su amor, en lugar de desaparecer, creció, pues con ello se igualaba Norbert a su padre, quedando como este absorbido por la ciencia y alejado por ella de la vida y de Zoe; circunstancias que permitían a la muchacha permanecer fiel aun dentro de la infidelidad, pues encontraba de nuevo a su padre en la persona amada, y le era posible comprender a los dos en el mismo sentimiento, o, como pudiéramos decir, identificar a ambos en su sentir.

La justificación del pequeño análisis psicológico que antecede, y que pudiera parecer arbitrario, nos la ofrece el mismo poeta en un único pero altamente característico detalle de su obra. Cuando Zoe describe la transformación —tan dolorosa para ella— que en su antiguo compañero de juego hubo de realizarse, le insulta burlonamente comparándole a un Archeopterix, alado monstruo antediluviano, perteneciente a lo que pudiéramos llamar Arqueología Zoológica. Ha hallado, pues, para la identificación de ambas personas una única expresión concreta, y su enfado hiere al amado y al padre simultáneamente con la misma palabra. El Archeopterix es, por decirlo así, la representación transaccional o media en la que coincide la idea de la necesidad del amado con la del análogo defecto del padre.

Muy distinto es el proceso que se verificó en el joven. La Arqueología se apoderó en todas sus facultades y apartó su interés de toda mujer distinta de las de piedra o bronce. De este modo, la amistad infantil naufragó en lugar de intensificarse hasta constituir una pasión, y sus recuerdos de aquel tiempo cayeron en tan profundo olvido, que no reconocía ya ni prestaba, por lo tanto, la menor atención a su compañera de juegos cuando la encontraba en sociedad. Sin embargo, teniendo en cuenta todo lo después ocurrido, podemos poner en duda que sea "olvido" la justa calificación psicológica de la suerte que tales recuerdos corrieron en la memoria de nuestro arqueólogo. Existe un género de olvido que se caracteriza por lo difícil que resulta, aun a los más enérgicos estímulos exteriores, despertar el recuerdo, como si una resistencia interna se opusiera a su resurgimiento. Este olvido ha recibido en la Psicopatología el nombre de *represión*, y el caso que el poeta nos presenta en su obra parece ser un ejemplo de este género. Ahora bien: no sabemos si el olvido de una impresión se halla ligado siempre a la desaparición de la correspondiente huella mnémica (*Erinnerungspur*) en la vida anímica; mas, en cambio, de la represión sí podemos asegurar con toda certeza que no coincide con la pérdida o extinción del recuerdo. Lo reprimido no puede, es cierto, surgir desde luego en calidad de recuerdo, pero conserva su capacidad funcional y eficiente, y provoca un día, bajo la influencia de un estímulo exterior, consecuencias que pueden considerarse como productos de la modificación de los recuerdos olvidados, y que de no interpretarlas en esta forma resultan incomprensibles. En las fantasías de Norbert Hanold sobre Gradiva creímos ver ya anteriormente ramificaciones de los recuerdos reprimidos de su amistad infantil con Zoe Bertgang. Un tal retorno de lo reprimido debe esperarse con especial regularidad cuando a las impresiones reprimidas se hallan adherido el sentir erótico del individuo; esto es, cuando lo que ha caído bajo el yugo de la represión es su vida amorosa. Estos casos dan la razón al viejo proverbio latino *naturam furca expellas, semper redibit*, que quizá en su origen se refería tan sólo a la expulsión por influencias exteriores y no a conflictos internos. Pero este proverbio no lo expresa todo, pues se limita a exponer el hecho del retorno de la parte de naturaleza expulsada, mas no describe la forma, harto singular, en que dicho retorno se verifica, como sirviéndose de una astuta traición. Precisamente aquello que es elegido como medio de la represión —como la *furca* del proverbio— se constituye luego en aportador de lo que retorna. En las fuerzas represivas y hasta en su misma íntima esencia, es donde se impone, al fin, victorioso lo reprimido. Un conocido aguafuerte de Félicien Rops ilustra este hecho, poco tenido en cuenta, y al que se debía conceder toda su verdadera importancia, más impresionantemente que pudiera hacerlo una minuciosa explicación. El artista ha escogido para su obra el caso típico de represión en la vida de los santos y penitentes. Un ascético monje se ha refugiado —huyendo seguramente de las tentaciones del mundo— a los pies del Redentor, crucificado. Pero la cruz va hundiéndose en sombras, y en su lugar aparece, radiante, la imagen de una bella mujer desnuda, también en actitud de crucificada. Otros pintores de menor agudeza psicológica han representado, en tales alegorías de la tentación, al pecado irguiéndose, con la expresión de triunfo, junto a la imagen del Crucificado. Únicamente Rops le ha hecho ocupar en la cruz el puesto mismo del Redentor, pareciendo saber que lo reprimido surge en su retorno del elemento represor mismo.

Resulta harto interesante observar en los casos patológicos la exquisita sensibilidad que en el estado de represión muestra la vida anímica del hombre para la percepción de la proximidad de lo reprimido, y ver cuán ligeras y sutiles analogías bastan para que detrás del factor represivo, y a través del mismo, adquieran efectividad tales elementos. Personalmente tuve una vez ocasión de observar en el ejercicio de mi actividad médica a un hombre joven, casi un adolescente, que tras una primera experiencia sexual indeseada huía de todos los deseos eróticos que en él surgían, y se servía para ello de diversos medios de la represión intensificando su amor al estudio, exagerando su infantil apego a su madre y adoptando, en general, una conducta pueril. No quiero exponer aquí con todo detalle cómo precisamente en su relación con su madre se abrió paso de nuevo la sexualidad reprimida; pero describiré, en cambio, un caso más extraño y original de otro individuo que vio destruidas sus obras de defensa contra el resurgimiento de lo reprimido por factores a los que jamás hubiera podido sospecharse capaces de tal efecto. Las matemáticas gozan de extendido renombre como disciplinas apropiadísimas para desviar la atención de lo sexual. Ya J. J. Rousseau recibió un día de una dama, a la que había disgustado, un consejo de este género, expresado con las palabras: *Lascia le donne e studia la matematica*. En igual forma, el individuo a que nos referimos se entregó con redoblado celo, huyendo de sus ideas sexuales, al estudio de estas ciencias, hasta que un día el dominio que sobre su pensamiento había logrado desapareció por completo ante los enunciados de algunos problemas, de apariencia en absoluto inocente. Dos de estos enunciados pudieron reconstruirse más tarde. Era uno: "Dos cuerpos chocan uno contra otro con una velocidad, etc.", y el otro: "En un cilindro de un diámetro dado, inscribir un cono, etcétera". Las alusiones sexuales contenidas en estos enunciados no hubieran seguramente sido descubiertas por ningún otro individuo; pero nuestro paciente, al hallarlas, se vio traicionado también por las matemáticas y abandonó su estudio.

Si Norberto Hanold fuese una persona extraída de la realidad, que hubiese de este modo alejado por medio del estudio de la Arqueología el amor y los recuerdos de su amistad infantil, estaría de conformidad con las leyes de la represión el que precisamente fuese un bajorrelieve antiguo lo que despertase en él el olvidado recuerdo de aquella a la que antes amó con infantil sentimiento, y sería su bien merecido destino el enamorarse luego de la estatua de Gradiva, tras la cual, merced a una semejanza aún no explicada, actúa la viviente Zoe, por él desdeñada.

La misma Zoe parece compartir nuestra interpretación del delirio del arqueólogo, pues la satisfacción que expresa al final de la larga reprimenda, "franca, extensa o instructiva", que a Norbert dirige, no estaría justificada sino por su comprensión del papel que sin que el mismo interesado tuviese la menor conciencia de ello ha desempeñado ella en el fantástico enamoramiento de Hanold. Esto es precisamente aquello de que no le creía capaz, y lo que reconoció en él, a pesar de todos los disfraces del delirio. Mas al llegar a este punto, el tratamiento psíquico a que Zoe había sometido a Hanold había ejercido ya su total efecto curativo, y el joven arqueólogo se sentía liberado por completo de su delirio, puesto que el mismo había sido sustituido por aquello, de lo cual no podía ser sino una disfrazada e insuficiente copia. Dándose perfecta cuenta de ello, no vacila ya el joven en evocar sus recuerdos y reconocer a Zoe como su buena, alegre y juiciosa compañera, que en el fondo en nada había cambiado. Pero había aún algo que le parecía altamente extraño...

"¿Que alguien tenga que morir para llegar a estar viva? —opinó la muchacha—. Pero eso es cosa exigida por tu actividad arqueológica". Como se ve, no le había perdonado aún el rodeo que Hanold había efectuado, intercalando la Arqueología entre su amistad infantil y sus nuevas recientes relaciones.

"No, no es eso —replica Norbert—; me refiero a tu nombre. Bertgang significa exactamente lo mismo que Gradiva; esto es, *la que esplende al avanzar*".

A esto sí que no nos hallamos preparados. Nuestro héroe comienza ahora a abandonar su humilde postura y a desempeñar un papel activo. Se halla, desde luego, por completo curado de su delirio; lo ha superado y nos lo demuestra rompiendo los últimos hilos del fantástico tejido. Exactamente del mismo modo se conducen aquellos enfermos a los que se ha liberado de la obsesión de sus pensamientos delirantes por medio del descubrimiento de lo reprimido que tras los mismos se ocultaba. En el instante en que comprenden esta relación, aportan, espontáneamente y por medio de ocurrencias que surgen con gran rapidez en ellos, las soluciones de los últimos y más importantes secretos de su singular estado. Ya hubimos de sospechar anteriormente que el origen griego de la fantástica Gradiva era un obscuro efecto del nombre griego Zoe; pero no nos habíamos atrevido a tocar al nombre de Gradiva, dejándolo pasar como una libre creación de la fantasía de Norbert Hanold. Y he aquí que precisamente este nombre se nos demuestra como una consecuencia y hasta, en realidad, como una traducción del reprimido apellido de la amada infantil, aparentemente olvidada.

La derivación y la solución del delirio quedan ya logradas por completo. Lo que a seguidas nos cuenta el poeta se encamina tan sólo a la armónica conclusión de la obra. Con relación a lo por venir ha de hacernos un agradable efecto el que la rehabilitación del hombre que tan lamentable papel de enfermo necesitado de curación desempeñó ante nosotros, continúa avanzando hasta hacer posible que surjan en él aquellos afectos de los que hasta entonces no ha sido sino pasivo objeto. Y así sucede, en efecto. Hanold, continuando el diálogo que surge al terminar Zoe su reprimenda, despierta los celos de la muchacha hablándole con elogio de la joven señora que antes, en la casa de Meleagro, perturbó su coloquio, y confesándole que ha sido aquella la primera mujer que en todo su viaje ha hallado bella y simpática. Zoe, celosa, quiere entonces despedirse fríamente de Hanold, exclamando: "Ahora que ya todo ha vuelto a ser razonable, incluso yo misma, puede ir en busca de Gisela Hartleben, o como ahora, de casada, se llame, y auxiliarla con sus conocimientos científicos durante su estancia en Pompeya. Yo tengo que ir al Albergo del Sole, donde papá me espera. Adiós, y hasta que nos veamos en alguna reunión en Alemania o en la luna". Pero Hanold, tomando de nuevo como pretexto una mosca que dice haberse posado en el rostro de Zoe, la besa en la mejilla y luego en los labios, poniendo en práctica la agresión sexual, obligado deber del hombre en los juegos de amor. Una sola vez parece caer aún una sombra sobre su felicidad: cuando Zoe le dice que tiene realmente que ir a reunirse con su padre que estará esperándola, muerto de hambre, en el hotel. "Y tu padre, ¿qué va a decir...?" Mas la inteligente muchacha sabe desvanecer en seguida la preocupación de Hanold. "Mi padre no hará ni dirá, probablemente, nada. No soy ningún ejemplar indispensable en su colección zoológica; si lo fuese, quizá mi corazón no se hubiese unido al tuyo imprudentemente". Mas si el padre fuera de la opinión contraria, habría aún un medio seguro de arrancarle el consentimiento. No necesitaba Hanold más que ir a la isla de Capri, cazar allí un *lacerta faraglionensis* por el medio que ella le enseñaría, soltar al pequeño animal en los alrededores de Pompeya, cazarlo luego de nuevo ante los ojos del zoólogo y darle a elegir entre él y Zoe. Esta proposición de la muchacha, en la que se transparenta una burlona ironía mezclada con cierta amargura, contiene una advertencia para Hanold: la de no copiar con excesiva fidelidad al modelo por el que Zoe le ha elegido. Pero Norbert tranquiliza las dudas que aún pudiéramos abrigar respecto a este punto, pues manifiesta claramente la gran transformación que en él se ha realizado, llegando incluso a expresar el deseo de hacer con su Zoe el viaje de novios por Italia y Pompeya, como si jamás se hubiese indignado ante las parejas de recién casados que emprendían la misma excursión. De su memoria ha desaparecido por completo todo lo que contra tales felices parejas pensaba días antes y lo necio que le parecía el venir a pasear su ternura a más de cien leguas de sus patrias de origen. El presentarnos esta debilitación de la memoria como el más valioso signo de una transformación anímica constituye un nuevo acierto del poeta. Al proyecto de Hanold, *su amigo de la niñez, desenterrado como la misma Pompeya de entre las cenizas que lo sepultaban*, responde Zoe que para tales decisiones geográficas no se siente aún lo suficientemente viva.

La bella realidad ha vencido, pues, por completo al delirio; mas antes de abandonar Pompeya quieren los amantes honrar por última vez a la pasada fantasía. Llegados a la puerta de Hércules, donde al comienzo de la *Strada consolare* atraviesa la calle una hilera de gruesas piedras, se queda Hanold atrás y ruega a la muchacha que pase precediéndole. Comprende ella su pensamiento, y "alzando un poco su vestido con la mano izquierda, la Gradiva rediviva —Zoe Bertgang—, seguida por la mirada ensoñadora de su enamorado, cruzó la calle con aquel su dulce paso sereno, bajo la vibrante luz del claro sol meridional". Con el triunfo del erotismo reconocemos y damos su justo valor a lo que en el delirio era bello y digno de estimación.

En la última metáfora citada: "el amigo de la infancia desenterrado de entre las cenizas que lo sepultaban", nos ha dado el poeta la clave del simbolismo que el delirio del protagonista utilizó para disfrazar el recuerdo reprimido. No existe, en realidad, analogía mejor para la represión que el sepultamiento, pues hace inaccesible algo anímico, pero al mismo tiempo lo conserva, lo mismo que a Pompeya las cenizas que la sepultaron y de entre las cuales resurgió en las excavaciones. Por esta razón era obligado que el joven arqueólogo situase imaginativamente en esta ciudad el modelo del bajorrelieve que le recordaba, aunque inconscientemente, a su olvidada amada infantil. Mas el poeta obra muy justificadamente no penetrando en esta profunda causalidad interna y limitándose a permanecer en la valiosa semejanza que su sutil sensibilidad le hacía percibir entre un trozo de vida psíquica individual y un aislado suceso de la historia de la humanidad.

II

Al emprender el presente estudio dijimos que nuestro propósito se limitaba a investigar, con ayuda de ciertos métodos analíticos, los dos o tres sueños incluidos en la obra de Jensen. Parece, pues, que al llevar a cabo, como lo venimos haciendo, el análisis de la totalidad del novelesco relato y el de los procesos psíquicos de sus dos protagonistas, rebasamos los límites a que pensábamos concretar nuestra labor. Pero es necesario tener en cuenta que tales análisis constituyen una ineludible investigación preliminar y que también cuando queremos llegar a comprender los sueños efectivos de una persona real tenemos que conceder gran atención al carácter y a los destinos de dicha persona, penetrando no sólo en aquellos sucesos de su vida próximos a la fecha del sueño, sino asimismo, en su más lejano pasado. Por lo tanto, antes de entrar en lo que constituye el nódulo de nuestro presente estudio, deberemos todavía dar fin al análisis de conjunto iniciado en el capítulo precedente y llevar a cabo otros trabajos preliminares.

Sin duda, habrá sorprendido a nuestros lectores ver que, hasta ahora, hemos considerado las manifestaciones y actividades psíquicas de Norbert Hanold y de Zoe Bertgang como si estos fuesen individuos reales y no ficciones poéticas, o como si el entendimiento del poeta fuera un medio totalmente neutro, incapaz de ejercer acción ninguna deformadora. Este nuevo proceder ha de resultar tanto más extraño cuanto que Jensen renuncia desde un principio a toda pretensión de verosimilitud al dar a su obra el título de "fantasía". Pero a pesar de esto, nos parece constituir el poético relato una tan fidelísima copia de la realidad, que no presentaríamos la menor objeción si, en lugar de titularlo de dicho modo, lo hubiese calificado de estudio psiquiátrico. Únicamente en dos ocasiones ha hecho uso el poeta de su indiscutible derecho a apartarse de las normas reales. Es la primera, cuando hace hallar al joven arqueólogo un bajorrelieve que, a pesar de ser auténticamente antiguo, reproduce no sólo la singular posición del pie en la marcha, sino también los rasgos fisonómicos y las formas corporales de una persona que vive muchos siglos después, llegando esta semejanza hasta el punto de que al hallarse Hanold ante tal persona la puede tomar por la escultura misma a la que se hubiera infundido vida. La segunda de tales libertades es la de hacerle encontrar a Zoe precisamente en Pompeya, lugar en el que su fantasía había situado a la muerta Gradiva, siendo así que al trasladarse a Italia lo que hacía era alejarse de la Gradiva viva, a la que había visto pasar por las calles de la ciudad en la que tenía establecida su residencia. Mas esta segunda libertad del autor no parece, de todos modos, alejarse excesivamente de las posibilidades reales, pues puede muy bien justificarse por la intervención de la casualidad, que innegablemente desempeña un importantísimo papel en los destinos de muchos hombres. Además, en este caso, adquiere el azar un bello sentido poético no muy apartado de lo efectivo, pues refleja aquella fatalidad singular, pero frecuente en la vida humana, que convierte nuestra huida en el medio más seguro de tropezar con aquello que deseábamos eludir. Así, pues, lo único que en la obra de Jensen nos parece constituir algo por completo fantástico y arbitrario es el dato que le sirve de punto de partida, o sea, la amplia semejanza de la escultura con la muchacha viva; semejanza que quizá encontrásemos más verosímil si el autor la hubiese limitado exclusivamente a la posición del pie en la marcha. Siendo así, lograríamos quizá, poniendo en juego nuestra propia fantasía, constituir un enlace de tal coincidencia con la realidad. Primeramente, el apellido Bertgang podía deber su origen al hecho de haberse singularizado en los tiempos antiguos las ascendientes femeninas de Zoe por su bello modo de andar, y, en segundo lugar, la rama germánica de los Bertgang podía descender de una estirpe romana a la que perteneciera la mujer que había inspirado al artista la idea de fijar en mármol aquel gracioso paso. Dado que las variaciones de la forma humana no son independientes unas de otras y que el resurgimiento, en épocas modernas, de los tipos antiguos tal y como los hallamos en los museos constituye un hecho efectivo y probado, no sería totalmente imposible que una Bertgang moderna mostrase un minucioso parecido con una antigua ascendiente suya. Claro es que más prudente que abandonarse a estas especulaciones sería interrogar al autor mismo sobre las fuentes de que surgió esta parte de su creación, pues de este modo lograríamos hacer más profunda nuestra inteligencia de la misma y fijar nuevamente como determinadas y regulares muchas de las cosas que aún nos parecen en ella por completo arbitrarias. Mas no siéndonos permitido el acceso a las fuentes de la vida anímica del poeta, dejaremos intacto su derecho a fundar un desarrollo totalmente verosímil en una hipótesis inverosímil, derecho del que, por ejemplo, hizo también uso Shakespeare en su *Rey Lear*.

Excepción hecha de estos detalles, insistimos en que la obra de Jensen constituye un estudio psiquiátrico en el que se nos muestra hasta qué punto puede llegar nuestra comprensión de la vida psíquica, y, al mismo tiempo, una especie de historial clínico que parece destinado a la demostración de determinadas teorías fundamentales de la psicología médica. Pero no dejaría de ser muy extraño que hubiese sido esta la intención del poeta; lo más probable es que, interrogado el mismo sobre esta cuestión, negara haber concebido siquiera tal propósito, y en este caso resultaría que siendo, a veces, fácil establecer analogías inexistentes y colocar sin fundamento alguno una obra bajo una determinada etiqueta, seríamos nosotros los que, erróneamente, habríamos atribuido a la bella fábula poética un sentido en el que jamás pensó el autor. No deja esto de ser posible, pero ya volveremos sobre ello más adelante. Por ahora nos limitaremos a hacer constar que para guardarnos de caer en una tal interpretación tendenciosa hemos cuidado de reproducir en nuestra síntesis, siempre que podíamos hacerlo, el texto mismo del original, y cuando esto no era factible, nos hemos ceñido en todo momento y con toda fidelidad al relato del poeta. Aquellos que quieran comparar nuestro resumen con el original de Jensen no tendrán más remedio que ratificar estas afirmaciones.

Seguramente estarán en mayoría los que opinen que calificando de estudio psiquiátrico la obra de que aquí nos ocupamos, hacemos a su autor un flaco servicio. El poeta —oímos decir— debe evitar todo contacto con la Psiquiatría y dejar al médico el cuidado de describir los estados patológicos. Mas, en realidad, todos los poetas dignos de tal nombre han transgredido este precepto y han considerado como su misión verdadera la descripción de la vida psíquica de los hombres, llegando a ser, no pocas veces, precursores de la ciencia psicológica. Por otro lado, el límite entre los estados anímicos normales y los considerados como patológicos es tan convencional y variable, que seguramente todos y cada uno de nosotros lo traspasamos varias veces en el curso de cada día.

Volviendo ahora nuestros ojos al campo de la Psiquiatría, observamos que constituiría un error de la misma el concretarse con exclusividad al estudio de las graves enfermedades originadas por considerables trastornos del delicado aparato anímico. Así, pues, aquellas otras anormalidades más ligeras y más susceptibles de compensación, a las que por ahora tenemos que considerar como debidas a una perturbación del funcionamiento de las energías psíquicas, constituyen también objeto de estudio para dicha ciencia y forman precisamente el punto de referencia que facilita la comprensión, tanto de lo normal como de los síntomas de perturbaciones graves. Todo esto nos demuestra que el poeta no puede por menos de ser algo psiquíatra, así como el psiquíatra algo poeta, y, además, que puede muy bien tratarse poéticamente un tema de Psiquiatría y poseer la obra resultante un pleno valor estético y literario.

Esto es, en efecto, lo que sucede en la obra que nos ocupa, y que no es sino la exposición poética de la historia de una enfermedad y de su acertado tratamiento.

Una vez terminada la síntesis que del relato de Jensen hemos efectuado y satisfecho el interés que su trama despierta en el lector, podemos examinarlo con mayor atención y analizarlo cuidadosamente, empleando el tecnicismo de nuestra disciplina, labor en la que necesariamente hemos de incurrir en repeticiones.

El estado de Norbert Hanold es calificado repetidas veces de "delirio" por el propio autor del relato poético, y nosotros no tenemos motivo ninguno para rechazar esta calificación. Dos caracteres principales, aunque no únicos, distinguen al "delirio" de otras perturbaciones. En primer lugar, pertenece a aquel grupo de estados patológicos que no ejercen una inmediata influencia sobre el soma, sino que se manifiesta tan sólo por síntomas anímicos; en segundo, se caracteriza por el hecho de que en él adquieren las "fantasías" el supremo dominio; esto es, encuentran fe en el sujeto e influyen sobre sus actos. Así, el viaje de Norbert a Pompeya en busca de las peculiares huellas de Gradiva constituye un excelente ejemplo de un acto ejecutado bajo el dominio del delirio. El psiquíatra incluiría quizá la perturbación de Hanold en el amplio grupo de las paranoias y la calificaría de *erotomanía fetichista*, por hallar su rasgo más saliente en el enamoramiento inspirado por la figura escultórica al arqueólogo y parecerle sospechoso de "fetichismo" el interés que muestra por los pies y el pisar de las personas femeninas. Mas no hay que olvidar que todas estas calificaciones y divisiones del delirio, basadas en el contenido del mismo, son harto inseguras e inútiles[62].

El severo psiquiatra marcaría después a nuestro héroe con el estigma de "degenerado", fundándose en la facilidad con la que su singular enamoramiento se convierte en avasallador delirio, y se dedicaría en seguida a investigar las taras hereditarias que habrían llevado a Hanold a un tal estado patológico. Pero aquí —y con razón— no le sigue el poeta. Lo que este desea es aproximar a nosotros al protagonista de su relato, facilitando así nuestra *proyección simpática*[63] (*Einfühlung*), y con el diagnóstico de "degeneración", justificado o no, científicamente habría de producirse un efecto contrario, quedando el joven arqueólogo separado por completo del núcleo de los hombres normales, y, por lo tanto, de los lectores. Tampoco las condiciones preliminares, hereditarias y constitucionales del estado de Hanold preocupan mucho al poeta, que, en cambio, ahonda en el estado de ánimo personal que puede dar origen a un tal delirio.

Una cuestión muy importante es la conducta de Hanold en absoluto diferente de la de los hombres normales. Las mujeres de carne y hueso no presentan para él interés ninguno, pues la ciencia, a cuyo servicio se ha colocado por entero, se ha apoderado de tal interés y lo ha desplazado sobre las mujeres de piedra o de bronce, circunstancia que no debemos considerar como una singularidad indiferente, dado que constituye el dato fundamental que sirve de punto de partida a todo el relato. En efecto, sucede que una de aquellas muertas figuras femeninas atrae a sí todo aquel interés erótico al que sólo una mujer viva hubiera tenido derecho, y de este modo aparece el delirio.

---

[62] Realmente, el caso de Norbert Hanold debería ser calificado de delirio histérico y no paranoico, pues faltan en él los signos característicos de la paranoia.

[63] Véase lo que al respecto de la "proyección simpática" menciona el traductor en las notas al pie en *El chiste y su relación con lo inconsciente*, presente en este tomo.

Ante nuestros ojos se desarrolla luego el proceso por el que, merced a una feliz coincidencia, queda curada esta perturbación, desplazándose de nuevo, pero inversamente, el interés; o sea, desde la piedra hasta la mujer viva. Lo que no nos deja ver el poeta es por qué influencias ha llegado nuestro héroe al estado de apartamiento de la mujer en que desde el primer instante nos lo muestra, y sólo nos indica que tal conducta no queda explicada por su idiosincrasia, que, por el contrario, entraña una gran parte de necesidad fantástica y —nos atreveríamos nosotros a añadir— erótica. También vemos, más tarde, que en su niñez no huía de otros niños y mantenía una estrecha amistad infantil con una muchachita, mostrándose inseparable de ella, partiendo con ella sus meriendas, forcejeando con ella en sus juegos y dejando que le golpeara y tirara de los pelos. En este apego y esta reunión de la ternura con la tendencia agresiva se exterioriza el inmaturo erotismo de la vida infantil, que durante esta época sólo el médico o el poeta suelen reconocer como tal y cuyos efectos se manifiestan muy posteriormente, pero entonces con fuerza irreductible. Nuestro autor nos da claramente a entender que esta y no otra es su propia interpretación de la infantil amistad de Hanold y Zoe, pues hace luego surgir en su héroe, en ocasión apropiada, un repentino interés vivísimo por el andar y la posición de los pies femeninos, interés que tanto la ciencia como las mujeres de la ciudad en que Norbert vive tienen que interpretar como una manifestación de "fetichismo", pero que para nosotros se deriva necesariamente del recuerdo de la infantil compañera. Zoe mostraba ya, seguramente, de niña, aquel paso peculiar en que el pie que quedaba atrás aparecía perpendicular al suelo y apoyado tan sólo en las puntas de los dedos, y precisamente por la representación plástica de este andar es por lo que un antiguo bajorrelieve adquiere para Norbert Hanold la inmensa importancia que conocemos. En toda esta derivación del singular fetichismo de Hanold se nos muestra el poeta de completo acuerdo con las opiniones científicas, pues desde A. Binet todos los investigadores de estas materias atribuimos la génesis del fetichismo a impresiones eróticas de la infancia.

El apartamiento duradero de la mujer produce en el sujeto la aptitud personal para la formación de un delirio, o, como diríamos técnicamente, la disposición al mismo. Dada esta disposición, el desarrollo de la perturbación anímica comenzará en el mismo momento en que una impresión casual despierte aquellos sucesos infantiles olvidados, que, aunque mínima, posean una huella de erotismo. Mas, al usar el término "despertar", cometemos una impropiedad, pues el proceso que se verifica realmente en estos casos posee un carácter muy distinto, como hemos de ver al traducir el relato del poeta a la terminología científica de nuestra disciplina psicológica. Norbert Hanold no recuerda, al contemplar la figura del bajorrelieve, haber visto ya en su infantil amiga aquel gracioso andar; no recuerda nada de esto, y, sin embargo, todo el efecto que el bajorrelieve ejerce sobre él reposa en su enlace con aquella impresión infantil. Así, pues, esta impresión deviene activa y comienza, incluso, a motivar efectos, pero no llega a la conciencia; esto es, permanece *inconsciente*, como acostumbramos a decir usando un término ya imprescindible en la psicopatología. Este término y el concepto a que corresponde quisiéramos verlos libres de las acostumbradas discusiones que todo neologismo y su significado suscitan, tanto entre los filósofos como entre los naturalistas, y que no suelen tener con frecuencia otra significación que la puramente etimológica. Haremos, pues, constar que con este calificativo de 'inconsciente' nos referimos con exclusividad a aquellos procesos psíquicos que, comportándose activamente, no llegan, sin embargo, a la conciencia del sujeto. Si algunos pensadores quisieran negar como paradójica la existencia de tal inconsciente, tendríamos que suponer que no habiéndose ocupado jamás de los fenómenos anímicos de este género seguían aferrados a la errónea creencia de que todo lo anímico que deviene activo e intenso se hace al mismo tiempo consciente. Tendrían, pues, que aprender lo que nuestro poeta sabe ya a maravilla; esto es, que existen procesos anímicos que, a pesar de ser muy intensos y provocar enérgicos efectos, permanecen alejados de la conciencia.

Indicamos antes que los recuerdos de su infantil camaradería con Zoe se hallan en Hanold en estado de "represión", y ahora los calificamos de recuerdos "inconscientes". Habremos, pues, de aclarar esta relación entre tales dos tecnicismos que, al parecer, hemos empleado como sinónimos. La explicación es harto sencilla. *Inconsciente* es el concepto amplio o general, y *reprimido*, el especial o restringido. Todo lo que se halla reprimido es inconsciente, pero no de todo lo inconsciente podemos afirmar que se halla en estado de represión. Si al ver el bajorrelieve hubiera recordado Hanold el andar de su amiga Zoe, hubiera devenido en él, simultáneamente, activo y consciente, un recuerdo antes inconsciente, que, de este modo, hubiese demostrado que no se hallaba reprimido. *Inconsciente* es, por lo tanto, un término puramente descriptivo y en diversos aspectos indeterminado; pudiéramos decir que es un término "estático". En cambio, *reprimido* es una expresión "dinámica" que tiene en cuenta el juego de las fuerzas psíquicas y afirma la existencia de un impulso a exteriorizar todos los efectos psíquicos, entre ellos también los del devenir consciente; pero asimismo la de una fuerza contraria, una resistencia capaz de impedir una parte de estos efectos psíquicos, incluyendo nuevamente los de la percatación por la conciencia. La característica de lo reprimido es, precisamente, que, a pesar de su intensidad, no logra abrirse camino hasta la conciencia. En el caso de Hanold se trata, por lo tanto, desde el momento en que ve el bajorrelieve, de un inconsciente reprimido, o sea, simplemente de algo reprimido.

En este estado de represión se hallan en Norbert Hanold los recuerdos de su trato infantil con la muchachita del bello andar, pero no es esta aún la justa interpretación de la situación psicológica. Mientras no tratemos sino de recuerdos y representaciones, no habremos pasado de la superficie de la cuestión. Lo único que en la vida anímica tiene un valor son los sentimientos, y toda la importancia de las fuerzas psíquicas reside en su capacidad de hacerlos surgir. Si las ideas sucumben también a la represión, ello es tan sólo por su enlace con la producción de sentimientos, que deben ser evitados, o, más precisamente dicho, la represión recae sobre los sentimientos; pero estos no nos son perceptibles sino en su enlace con las representaciones. Así, pues, al quedar reprimidos en Norbert Hanold los sentimientos eróticos, y dado que su erotismo no conoce o ha conocido otro objeto en su niñez que Zoe Bertgang, quedan simultáneamente olvidados todos los recuerdos a la misma referentes. El antiguo bajorrelieve despierta luego este dormido erotismo y hace devenir activos a los recuerdos infantiles; mas a causa de una resistencia existente en Hanold contra el erotismo no pueden los mismos adquirir eficiencia sino en calidad de inconscientes. Lo que a continuación se desarrolla en su intimidad psíquica no es sino una lucha entre el poder del erotismo y las fuerzas represoras, y aquello que de esta lucha surge al exterior es un delirio.

Nuestro poeta ha omitido fijar las causas que motivan la represión de la vida amorosa en su héroe, pues la continua abstracción del mismo en su disciplina científica es tan sólo el medio del que la represión se sirve para lograr sus fines. El médico tendría que profundizar más en este punto, aunque quizá no consiguiese mayores resultados. Lo que, en cambio, no ha dejado Jensen de exponer con todo acierto —y ya hemos acentuado antes la importancia de este hecho y la admiración que nos producía— es cómo el erotismo reprimido surge de nuevo precisamente de entre los mismos medios puestos al servicio de la represión. Como era debido, es una obra del arte antiguo, una figura escultórica femenina, lo que arranca a nuestro arqueólogo de su apartamiento del amor y le advierte la obligación de satisfacer a la vida la deuda que desde nuestro nacimiento pesa sobre nosotros.

Las primeras manifestaciones del proceso estimulado en Hanold por la contemplación del bajorrelieve son fantasías que giran en derredor de la persona en él representada, la cual se le muestra como algo "actual" en el sentido de haber reproducido el artista, "del natural", la viva figura de una mujer a la que hubiera visto a su paso por la calle. Continuando luego sus imaginaciones, da a la muchacha de la escultura el nombre de 'Gradiva', formándolo a semejanza del apelativo que designaba al dios de la guerra dirigiéndose al combate —*Mars Gradivus*—, y poco a poco va dotándola de una detallada personalidad. Tiene que ser hija de un hombre considerable, quizá de un *patricio* que desempeñase un cargo religioso ligado al *culto* de una divinidad; su rostro posee rasgos que revelan su origen *griego*, y, por último, su apacible serenidad la hace incompatible con el bullicio de la populosa metrópoli romana. De este modo llega el arqueólogo a completar la imagen de la muchacha que sirvió de modelo al bajorrelieve y la sitúa en la tranquila Pompeya, en donde se la figura cruzando las calles con su paso singular por encima de las grandes hiladas de piedras destinadas a facilitar el tránsito de los peatones. Estos rendimientos de la fantasía de Hanold se nos muestran harto arbitrarios, pero, al mismo tiempo, inocentes y nada equívocos. Todavía, más adelante, cuando de estas imaginaciones surge por vez primera un impulso a la acción; esto es, cuando el arqueólogo, obsesionado por el problema de si aquel gracioso andar puede o no hallarse en la realidad, comienza a observar a las mujeres que en su camino encuentra, mirando con toda atención el movimiento de los pies femeninos; todavía —repetimos— queda encubierta esta actividad por motivos científicos en él conscientes, como si todo su interés por la figura estatuaria de Gradiva se fundara en sus estudios profesionales de Arqueología. Claro es que las mujeres que con él se cruzan y a las que toma como objetos de su investigación tienen que interpretar de un modo muy distinto, groseramente erótico, su singular conducta, y nosotros no podemos por menos de concederles la razón. Mas para nosotros no cabe duda de que Hanold ignora tan en absoluto los motivos de su investigación como el origen de sus fantasías sobre la Gradiva. Estas últimas son, como después descubrimos, reminiscencias de sus recuerdos y transformaciones y deformaciones adoptadas por los mismos, después de haber intentado sin éxito abrirse paso, en forma no modificada, basta la conciencia. El supuesto juicio crítico concebido por Norbert de que la estatua representaba algo "actual" no es sino una sustitución de su conocimiento de que aquel paso tan lleno de graciosa elegancia era la característica de una contemporánea suya a la que conocía hace largos años y que en la época "presente" andaba así por las calles. Tras de la impresión de que la figura estaba copiada "del natural" y la fantasía del origen heleno de Gradiva se esconde el recuerdo del nombre Zoe, que en griego significa 'vida'. Gradiva es —como el mismo Hanold nos lo dice al alcanzar su total curación— una buena traducción latina del germánico apellido Bertgang, que significa algo como 'la que esplende al avanzar'. Los detalles fantásticos sobre la personalidad del padre de Gradiva proceden del conocimiento de que Zoe Bertgang es hija de un reputado profesor de la Universidad, empleo que puede sin gran violencia traducirse a lo antiguo por el desempeño de un elevado cargo religioso. Por último, si la fantasía de Hanold sitúa a Gradiva en Pompeya no es porque, como él cree, "lo exige así su apacible y sereno continente", sino porque no halla dentro de algo que tenga una relación con su ciencia arqueológica ninguna mejor analogía con aquel su singular estado en el que por un obscuro atisbo percibe vagamente los recuerdos de su amistad infantil. Habiéndose servido del pasado clásico para encubrir algo tan próximo a él como su propia infancia, el sepultamiento de Pompeya, en el que las cenizas del Vesubio hacen desaparecer todo un pasado, pero al mismo tiempo lo conservan, constituye una excelente analogía con la "represión", de la que Hanold tiene conocimiento por una percepción que pudiéramos calificar de "endopsíquica".

"Me decía a mí misma que no dejaría de desenterrar aquí, por mi cuenta, algo interesante. Pero lo cierto es que el descubrimiento que en realidad he hecho... ni siquiera había cruzado por mi pensamiento". Y más adelante habla Zoe de "su amigo de la infancia, al que podía decirse que había desenterrado de entre las cenizas de Pompeya".

De este modo hallamos ya en los primeros rendimientos de las fantasías y de los actos que el delirio inspira a Hanold una doble determinación, pues podemos derivarlos de dos distintas fuentes. Una de estas determinaciones es la que Hanold supone y de la que tiene perfecta conciencia. La otra, inconsciente en él, es la que se nos revela al examinar sus procesos psíquicos. Derívase la primera, en su totalidad, del círculo de representaciones de la ciencia arqueológica, y, en cambio, la segunda procede de los recuerdos infantiles reprimidos puestos en actividad en Hanold y de los impulsos sentimentales con ellos enlazados. Por último, la determinación consciente es como superficial y encubre por completo a la otra, que se esconde tras de ella. Pudiera decirse que la motivación científica sirve de pretexto a la erótica inconsciente, y que la ciencia se ha puesto por entero al servicio del delirio. Pero no debe olvidarse que la determinación inconsciente no puede llevar a cabo más que lo que, simultáneamente, consienta la científica. Los síntomas del delirio —fantasías y actos— no son otra cosa que transacciones entre las dos corrientes anímicas opuestas, y en una transacción se satisface siempre una parte de las exigencias de cada uno de los correspondientes, pero también cada uno de ellos tiene que renunciar a parte de lo que quería conseguir. Allí donde llega a constituirse una transacción es que ha habido una lucha, que en este caso es el conflicto que ya descubrimos entre el erotismo reprimido y los poderes que en tal estado lo mantienen. Una vez surgido el delirio, este conflicto puede muy bien no terminar jamás. Ataque y resistencia se renovarán tras de cada formación transaccional, y ninguna de estas llegará a ser considerada suficiente. Esto lo sabe también nuestro poeta y por ello deja que en su héroe domine siempre durante este estadio de la perturbación un sentimiento de insatisfacción y un singular desasosiego, que son garantías y anticipaciones de nuevos síntomas del delirio.

Estas importantes singularidades, o sea, la doble determinación de fantasías y decisiones y la formación de pretextos conscientes para la ejecución de actos cuya motivación depende, en su mayor parte, de lo reprimido, nos saldrán al paso en páginas más avanzadas de este estudio, con mayor frecuencia y quizá mayor claridad que hasta ahora, pues el poeta se sirve de ellas con todo acierto para exponer el carácter principal y constante de los procesos anímicos patológicos.

El delirio de Norbert Hanold recibe un nuevo impulso con un sueño que, no hallándose motivado por ningún nuevo suceso, parece proceder en su totalidad de su vida anímica, en pleno conflicto. Mas antes de examinar si el poeta muestra, como esperamos, una profunda comprensión de los sueños en la construcción de aquellos que atribuye al protagonista de su obra, debemos preguntarnos qué es lo que la ciencia opina de su hipótesis sobre la génesis de un delirio y cuál es la posición que la misma adopta frente al papel desempeñado por la represión y por lo inconsciente, y frente al conflicto psíquico y la formación de transacciones. Queremos, pues, averiguar en concreto si la exposición poética de la génesis de un delirio puede ser aprobada por la crítica científica.

La respuesta, quizá inesperada, a estas interrogantes es la de que, desgraciadamente, sucede todo lo contrario: la ciencia es la que queda vencida por la creación del poeta. Entre las condiciones preliminares, hereditarias y constitucionales, y las creaciones del delirio, que aparecen ya como algo totalmente acabado, deja la ciencia una considerable solución de continuidad, que en la concepción poética no existe. La ciencia no sospecha siquiera la importancia de la represión, no reconoce que para el esclarecimiento de los fenómenos psicopatológicos se precisa en absoluto de lo inconsciente y no busca el fundamento del delirio en un conflicto psíquico, ni tampoco considera los síntomas del mismo como una formación de transacciones. Así, pues, el poeta ¿se hallará aislado frente a toda la ciencia? No, por cierto; las cosas no llegan hasta tal punto, siempre que se permita al autor de estas líneas contar sus propios trabajos entre los de orden científico, pues desde hace largos años —y hasta la última época casi solitariamente[64] defiende todas aquellas teorías que aquí ha extraído de la obra de Jensen y ha expuesto en términos de su tecnicismo profesional. Con particular minuciosidad hemos señalado, como condición individual de la

---

[64] Véase la obra de Bleuler titulada: *Affektivität; Suggestibilität, Paranoia*, y los *Diagnostische Assoziationstudien*, de C. G. Jung, Zurich, 1906. (En la fecha de esta segunda edición de nuestro estudio sobre la Jensen —1912— debemos rectificar los conceptos supradichos. El "movimiento psicoanalítico" por nosotros estimado ha alcanzado ya una extraordinaria difusión y su importancia crece aún de día en día).

perturbación psíquica en aquellos estados conocidos con el nombre de histeria y obsesión, la represión de una parte de la vida instintiva y de las representaciones correspondientes al instinto reprimido, teoría que luego hemos aplicado asimismo a algunas formas del delirio. El problema de si los instintos que deben ser tenidos en cuenta en esta causación son siempre componentes del instinto sexual o pueden también ser de diferente género no atañe para nada al análisis de la *Gradiva*, pues en el caso elegido por el poeta es seguro que no se trata sino de la represión del sentimiento erótico. Los puntos de vista del conflicto psíquico y de la formación de síntomas por transacciones entre las dos corrientes anímicas en lucha han sido deducidos por nosotros de la observación directa y él tratamiento médico de casos patológicos, observación a la que lo mismo hubiéramos podido someter al personaje creado por Jensen. La atribución de los rendimientos pato-lógicos de las enfermedades nerviosas, y especialmente de las histéricas, al poder de pensamientos inconscientes fue efectuada, antes que por nosotros, por P. Janet, discípulo del gran Charcot, y luego, con nuestra colaboración, por el doctor J. Breuer, de Viena[65].

Cuando, en los años siguientes al de 1893, nos entregamos a tales investigaciones sobre la génesis de las perturbaciones anímicas, no se nos había ocurrido, ciertamente, buscar en la obra de los poetas una confirmación de los resultados que obteníamos, y, por lo tanto, fue muy grande nuestra sorpresa cuando al leer la *Gradiva*, publicada en 1903, vimos que el autor basaba su creación en aquellos mismos datos que noso-tros suponíamos alumbrar por vez primera de las fuentes de la experiencia médica. ¿Cómo pudo entonces el poeta llegar

---

[65] *Cf.* Breuer y Freud: *Estudios sobre la histeria*, 1895.

a idéntico conocimiento que el médico o, por lo menos, a conducirse como si dicha identidad existiera?

Dijimos antes que el delirio de Norbert Hanold recibía un nuevo impulso merced a un sueño que tiene una noche, en la época en que se halla dedicado a buscar por las calles de su ciudad una mujer cuyo paso semeje el de su Gradiva. El contenido de este sueño puede exponerse en pocas palabras. El durmiente se encuentra en Pompeya el día preciso en que la ciudad es sepultada por las cenizas y lavas del Vesubio. Comparte las angustias de los aterrorizados habitantes, pero no corre por sí mismo peligro alguno. De repente ve pasar a Gradiva y se da cuenta, hallándolo por completo natural, de que siendo Gradiva pompeyana, vive en su ciudad natal y, "sin que él lo hubiese sospechado, en la misma época que él". Sintiendo el peligro que la amenaza, le grita como para prevenirla y ella vuelve por un instante su rostro. Pero sin parar mientes en Hanold, sigue adelante, reclinándose sobre la escalinata del templo de Apolo y siendo enterrada allí por la lluvia de cenizas, después que su rostro ha palidecido como si se convirtiera en mármol, hasta parecer por completo el de una estatua. Al despertar Norbert de su sueño, supone que el ruido de la populosa calle a la que da su alcoba es lo que él ha creído en su alucinación onírica los gritos de auxilio de los habitantes de Pompeya y el rugir del mar embravecido. Largo tiempo después de despertar le obsesiona aún el sentimiento de haber vivido realmente aquello que ha soñado, y la convicción de que Gradiva vivió en Pompeya y murió en el día funesto de la catástrofe permanece como un resto de aquel sueño, en calidad de nuevo agregado de su delirio.

Menos fácil es averiguar lo que el poeta se proponía con este sueño y lo que le ha llevado a ligar precisamente con un fenómeno onírico el desarrollo del delirio. Laboriosos investigadores han reunido ejemplos bastantes de cómo la perturbación mental se enlaza a los sueños y surge de ellos[66], y también en las vidas de hombres sobresalientes se nos relata que sueños que tuvieron crearon en ellos impulsos a hechos importantes y motivaron enérgicas decisiones. Pero nuestra comprensión no avanza grandemente por tales analogías. Permanezcamos, pues, en nuestro caso, limitándonos al sueño atribuido por el poeta al arqueólogo Norbert Hanold y busquemos los puntos de contacto que el mismo habrá de tener con la totalidad del relato, si es que no lo hemos de considerar como un innecesario adorno de la trama novelesca.

Quizá al llegar a este punto afirmen nuestros lectores que tal sueño es fácilmente explicable, pues se trata simplemente de una pesadilla motivada por el ruido que hasta la alcoba llega y que el arqueólogo, obsesionado por su Gradiva pompeyana, transforma nada menos que en el clamor de la catástrofe que sepultó a la antigua ciudad. Dado el general desprecio en que se tienen los rendimientos del sueño, se suele limitar el intento de explicarlos a buscar un estímulo exterior que pueda haber provocado una parte de su contenido. Así, pues, en nuestro caso, el estímulo externo provocador del sueño sería aquel mismo ruido que luego despierta al durmiente. Con esto quedaría resuelto lo referente al sueño de Hanold y satisfecha la curiosidad que en nosotros hubiese hecho surgir. Únicamente nos hace falta una razón para suponer que la ciudad se mostraba más ruidosa aquella mañana que de costumbre. Pero no tenemos dato alguno para sospecharlo, ni tampoco el poeta nos facilita el camino comunicándonos, por ejemplo, que Hanold había dormido aquella noche, contra su costumbre, con la ventana abierta; no existiendo ninguno de estos datos y no siendo una pesadilla cosa tan fácilmente

---

[66] Sante de Sanctis: *Los sueños*, 1901.

explicable, no podemos dar por satisfecha nuestra curiosidad con la solución que precede.

La relación con un estímulo sensorial exterior no es nada esencial para la formación de un sueño. El durmiente puede no tener en cuenta para nada tal estímulo, puede ser despertado por él sin antes haber formado con él ningún sueño y puede también entretejerlo en un sueño, como sucede en el caso que ahora examinamos cuando, por otros motivos cualesquiera, lo cree conveniente. Además, existen numerosos sueños en los que no es posible hallar tal determinación por un estímulo exterior que llega hasta los sentidos del durmiente. Veamos, pues, que debemos buscar el esclarecimiento del sueño por otros caminos.

Quizá hallemos esta explicación en la huella que el sueño deja en la vida despierta de Hanold. Hasta aquel momento, su idea de que Gradiva era natural de Pompeya no había pasado de ser una fantasía suya. Pero después de su sueño se convierte tal hipótesis en una convicción, a la que se añade la certeza de que la bella muchacha fue víctima de la catástrofe que en el año 79 sepultó la ciudad. Este progreso del delirio aparece acompañado de melancólicos sentimientos, que constituyen algo como un eco de la angustia de la pesadilla. Tal nuevo dolor por la Gradiva no acaba de parecernos comprensible, pues, aunque se hubiera salvado de la catástrofe de Pompeya, no por eso dejaría de haber pagado, hace muchos siglos, su tributo a la muerte. Así, pues, tampoco aquí hallamos camino alguno que nos pueda llevar a un esclarecimiento. De todos modos, haremos constar el hecho de que con el impulso que el delirio extrae de este sueño se enlaza una acentuación sentimental intensamente dolorosa.

Mas nuestras dudas no se aclaran con esto lo más mínimo. Este sueño no se explica, pues, por sí mismo, y tendremos que decidirnos a recurrir a nuestra *Interpretación de los sueños* y aplicar al que ahora nos ocupa las reglas que en esta obra se prescriben para hallar el sentido de los fenómenos oníricos.

Una de tales reglas es la de que todo sueño se halla enlazado a las actividades que el sujeto desarrolló durante el día inmediatamente anterior. El poeta parece indicar que ha seguido esta norma al enlazar directamente el sueño con las investigaciones de Hanold sobre el andar femenino. Mas tales investigaciones no significan en el fondo otra cosa que la busca de la Gradiva, a la que habrá de reconocer en su característico paso. De este modo, el sueño contendría una indicación del lugar en el que podrá Norbert hallar a su Gradiva. Y, en realidad, contiene tal indicación, pues se la muestra en Pompeya; pero esto no es ninguna novedad para nosotros.

Otra regla de la interpretación de los sueños nos dice que, cuando después de alguno de ellos se mantiene viva por un tiempo desacostumbrado nuestra creencia en las imágenes oníricas, de modo que no podemos llegar a arrancarnos por completo del sueño, no debemos considerar este fenómeno como un error de juicio provocado por la intensidad de tales imágenes, sino como un acto psíquico independiente, equivalente a la afirmación de que una parte del contenido de nuestro sueño constituye un fiel reflejo de la realidad, y que, por lo tanto, obraremos con cordura prestándole completa fe. Si estas dos reglas son ciertas, el sueño de Hanold habrá de contener una indicación real y verdadera sobre la residencia de la buscada Gradiva. Veamos ahora si aplicando a dichos sueños tales reglas interpretativas obtenemos un resultado que presente un sentido admisible.

Así es, en efecto. Lo que sucede es que este sentido se halla de tal manera disfrazado, que a primera vista resulta difícil de reconocer. Hanold averigua en su sueño que Gradiva habita en una ciudad y vive en la misma época que él, cosas ambas que resultan verdaderas aplicadas a Zoe Bertgang, salvo que en el sueño no es tal ciudad aquella en que ella y Hanold viven, sino Pompeya, y que la época no es el presente, sino el año 79 de nuestra era. Los datos reales han sufrido, pues, una desfiguración por desplazamiento. En lugar de situar a la Gradiva en el "presente", traslada el sueño a Hanold a un lejano pretérito. Mas lo que de esencial y nuevo indica el fenómeno onírico es que *Hanold vive en el mismo lugar y en la misma época de la mujer a la que busca.* ¿Para qué, entonces, la desfiguración y el disfraz que han de engañar sobre el sentido real del sueño y sobre su verdadero contenido, tanto al sujeto del sueño como a nosotros mismos? Afortunadamente poseemos ya los medios de dar a esta interrogante una satisfactoria respuesta.

Recordemos todo aquello que sobre la naturaleza y el orden de las fantasías, en su calidad de precursoras del delirio, hemos dicho hasta aquí; o sea, que son sustituciones y ramificaciones de recuerdos reprimidos a los que una resistencia impide llegar intactos a la conciencia, pero que consiguen abrirse paso hasta ella eludiendo la censura por medio de modificaciones y deformaciones que los hacen irreconocibles. Una vez llevada a cabo esta transacción, quedan convertidos dichos recuerdos en fantasías, cuyo sentido interpretará erróneamente el sujeto, dejándose llevar por la influencia de la corriente psíquica dominante. Representémonos ahora a las imágenes oníricas como creaciones delirantes fisiológicas del hombre; o sea, como los resultados transaccionales de aquella lucha entre lo reprimido y lo dominante que existe con seguridad en todo individuo, aun en los de mayor salud anímica. Siendo así, deberemos considerar a dichas imágenes como algo desfigurado, tras de lo cual ha de buscarse algo no desfigurado, pero repulsivo en cierto sentido, del mismo modo que detrás de las fantasías de Hanold buscamos y hallamos sus recuerdos reprimidos. La dualidad que de este modo descubrimos quedará expresada diferenciando aquello que del sueño recuerda el sujeto al despertar de lo que constituía el fundamento del mismo antes de la desfiguración por la censura, y dando a lo primero el nombre de *contenido manifiesto* y a lo segundo el de *ideas latentes* del fenómeno onírico. Interpretar un sueño equivaldría, por lo tanto, a sustituir el contenido manifiesto por las ideas latentes, deshaciendo la desfiguración a que dichas ideas han tenido que someterse ante la censura de la resistencia. Aplicando estas reglas al sueño que nos ocupa, hallamos que la idea latente del mismo tiene que ser como sigue: "La muchacha que posee aquel bello andar que buscas vive realmente en la misma ciudad que tú". Pero en esta forma no podía esta idea hacerse consciente, pues tropezaba con el obstáculo de que una fantasía había establecido, como resultado de una anterior transacción, que Gradiva habitaba en Pompeya. Por lo tanto, si el hecho real de la simultaneidad de lugar y tiempo había de ser expresado, no quedaba otro camino que admitir la desfiguración siguiente: "Tú vives en Pompeya en la misma época que Gradiva", y esta es entonces la idea que el contenido manifiesto del sueño dramatiza y muestra como una realidad vivida en presente.

Sólo en muy raros casos es un sueño la exposición o, como pudiéramos decir, la escenificación de una única idea; la mayor parte de ellos exponen toda una serie de las mismas en complicada trama. De este modo podemos extraer aún del sueño de Hanold otro de los componentes de su contenido, fácilmente reconocible a través de su desfiguración y que, por lo tanto, nos revela la idea latente a la que representa. Es este un fragmento del sueño que refleja fielmente la realidad. Antes de quedar enterrada bajo la lluvia de cenizas va convirtiéndose Gradiv, poco a poco en estatua ante los ojos de Hanold; metamorfosis que no es sino una significativa y poética exposición del proceso verdadero. Hanold había trasladado su interés desde la mujer viva a la estatua; esto es, la mujer amada se le había convertido en la pétrea figura de un bajorrelieve. Las ideas latentes de este fragmento del sueño, que tienen que permanecer inconscientes, desean llevar a cabo la transformación inversa de esta figura en la mujer viviente, y su sentido aproximado será como sigue: "Si te interesas por el relieve de la Gradiva es tan sólo porque te recuerda a Zoe, presente y viva en tu misma ciudad". Pero si esta idea se hiciese consciente, traería consigo el término del delirio.

Vistos los resultados que anteceden, ¿habremos de continuar sustituyendo en igual forma, para alcanzar la interpretación deseada, cada uno de los fragmentos del contenido manifiesto del sueño por ideas inconscientes? Creemos que sí, pues en la interpretación de un sueño verdaderamente soñado no deberíamos eludir esta labor si queríamos obtener un satisfactorio resultado. Además, en tal caso tendría el sujeto que coadyuvar a nuestros análisis comunicándonos todas sus asociaciones a cada uno de los elementos de su sueño. Claro está que tales requisitos no pueden ser cumplidos en un ente de ficción creado por el poeta; pero, de todos modos, no podemos contentarnos con la labor verificada hasta aquí, pues nos queda todavía por someter a la interpretación el contenido principal del sueño de Hanold.

Este sueño es, desde luego, una pesadilla o sueño de angustia. De contenido temeroso, hace experimentar al sujeto sensaciones de angustia y deja tras de sí, como resto, dolorosos sentimientos. Esta circunstancia complica considerablemente nuestra labor aclaratoria y nos obliga a recurrir más de lo que esperábamos a nuestra teoría sobre la interpretación de los sueños, la cual nos advierte ante todo que no debemos caer en el error de derivar la angustia que en un sueño sentimos del contenido del mismo, dando a este equivocadamente igual categoría que a un contenido de representaciones de la vida despierta. En segundo lugar, nuestro arte interpretativo nos llama la atención sobre las muchas veces que soñamos cosas espontáneas sin experimentar por ello la menor sensación de angustia. Lo que sucede es que la verdadera esencia de estos sueños es muy distinta de lo que generalmente se supone. La angustia de la pesadilla corresponde a un afecto sexual, a una sensación libidinosa, como, en general, toda angustia nerviosa, y surge de la libido por el proceso de la represión. En la interpretación del sueño habrá, pues, que sustituir la angustia por la excitación sexual. La angustia surgida de este modo ejerce —no siempre, mas sí con gran frecuencia— una acción seleccionadora sobre el contenido del sueño, y lleva a este elementos que la interpretación consciente y equivocada del sueño considera apropiados para producir la sensación angustiosa. Mas, como ya antes hemos advertido, no es esto lo que siempre sucede, pues existen muchas pesadillas cuyo contenido no es nada temeroso, y en las que, por lo tanto, no puede explicarse la sensación de angustia por la percatación de algo horrorizante.

Sé que esta explicación de la angustia en el sueño parece harto extraña y no encuentra fácil aceptación; pero creo es la única acertada, y, por lo tanto, he de aconsejar a mis lectores que traten de familiarizarse con ella. No dejaría de ser curioso que ya el sueño de Hanold aquí examinado pudiese esclarecerse aplicando a él esta hipótesis sobre la angustia onírica. Diríamos entonces que el anhelo erótico del joven arqueólogo entraba en actividad en él nocturnamente, realizando un enérgico esfuerzo para llevar a su conciencia el recuerdo de la amada y arrancarle así del delirio, pero al experimentar una nueva repulsa se transforma en angustia, la cual a su vez llevaba al contenido del sueño las terribles imágenes que le suministraba la erudición histórica del durmiente. De este modo quedaba el real contenido inconsciente del sueño —la amorosa añoranza de la olvidada Zoe— transformado en el contenido manifiesto, que hace presenciar al durmiente la catástrofe de Pompeya y la muerte de Gradiva.

Creemos que hasta aquí resulta admisible nuestra interpretación. Pero pudiera pretenderse que si las ideas latentes de este sueño poseen el carácter de deseos eróticos, habrá de ser posible señalar también en el contenido manifiesto del mismo algún indicio de dicho carácter. Quizá un detalle posterior de la poética narración pueda suministrarnos claramente tal indicio. En el primer encuentro de Hanold con la supuesta Gradiva recuerda el arqueólogo su sueño y dirige a la aparición el ruego de que se recline en la escalinata como entonces la había visto hacer[67]. Mas al oír la extraña demanda, se levanta indignada la joven y se aleja de su singular interlocutor, a través de cuyas palabras, inspiradas por el delirio, ha adivinado un incorrecto deseo erótico. A mi juicio, debemos hacer nuestra esta interpretación de Zoe-Gradiva y considerarnos satisfechos con la indicación que nos proporciona sobre el carácter erótico de uno de los componentes del sueño manifiesto de Hanold, pues creemos que tampoco en su sueño real podríamos exigir una exposición más precisa de los deseos eróticos latentes.

Por todo lo que antecede vemos que aplicando al primero de los sueños de Hanold nuestras reglas interpretativas hemos conseguido llegar a la perfecta comprensión de los principales rasgos del mismo y hallar su enlace lógico con el resto del novelesco relato. Habremos, pues, de suponer que el poeta ha creado el sueño de su protagonista ciñéndose a tales reglas, y sólo podremos ya preguntarnos por qué razón introduce en su obra tal sueño como motivación de un nuevo desarrollo del delirio del arqueólogo. A nuestro juicio, también esto constituye un ingenioso acierto de Jensen y un fiel reflejo de la realidad, pues sabemos que en los casos patológicos reales se enlaza frecuentemente la formación de un delirio con un sueño del sujeto. Además, después de nuestro esclarecimiento de la esencia de los sueños, no necesitamos ver un nuevo problema en esta circunstancia. El sueño y el delirio proceden de la misma fuente; esto es, de lo reprimido, y el sueño es, por decirlo así, el delirio

---

[67] *Gradiva*, pág. 70: "No; hablando, no. Pero te llamé cuando te echaste a dormir y estuve a tu lado —tu rostro era tan serenamente bello como si fuese de mármol—. Te lo ruego. Reclínate de nuevo sobre la gradería".

fisiológico del hombre normal. Antes que lo reprimido haya devenido lo suficientemente fuerte para imponerse en la vida despierta en calidad de delirio, puede haber logrado su primera victoria aprovechando las más favorables condiciones, ofrecidas por el reposo nocturno, para surgir en forma de sueño de duradero efecto. Durante el reposo nocturno, la depresión de la actividad psíquica trae consigo la de la energía de la resistencia que los poderes psíquicos dominantes oponen a lo reprimido. Esta depresión es la que hace posible la formación de sueños, los cuales constituyen para nosotros el mejor acceso al conocimiento de lo anímico inconsciente. Al volver a constituirse las cargas psíquicas de la vida despierta y desaparecer, por lo tanto, el fenómeno onírico, lo inconsciente pierde de nuevo el terreno conquistado durante el reposo.

III

La obra de Jensen nos ofrece todavía otro sueño, cuya interpretación, encaminada a mostrar su incoherencia con el conjunto de procesos que constituyen la vida anímica del protagonista, presenta un interés aún mayor que la del anteriormente analizado. Pero adelantaríamos muy poco abandonando el hilo de la poética narración para entrar directamente en el examen de dicho sueño, pues todo aquel que quiera interpretar lo soñado por otra persona no puede por menos de ocuparse con el mayor detalle posible de los sucesos vividos por la misma, tanto en su vida interior como en la de relación social. Será, por lo tanto, mejor continuar como hasta ahora, ciñéndonos al desarrollo del relato y comentándolo con nuestras glosas. La nueva creación del delirio, referente a la muerte de Gradiva en el sepultamiento de Pompeya, el año 79, no es la única consecuencia del primer sueño por nosotros analizado. Inmediatamente después del mismo decide Hanold emprender un viaje a Italia, y llevando a la práctica su decisión, se encuentra a los pocos días en Pompeya. Pero antes de que esta resolución se le imponga tiene una singular aventura. Hallándose asomado a la ventana de su cuarto, cree ver pasar por la calle una figura femenina semejante en un todo a la Gradiva. Sin darse cuenta de que se halla a medio vestir, sale de su casa en pos de ella, pero el asombro y la burla de los transeúntes le obligan a retornar sin haber conseguido su propósito. De nuevo en su habitación, los trinos de un canario, cuya jaula cuelga en una ventana de la casa frontera, le sugieren la idea singular de que también él es un prisionero ansioso de libertad, y el viaje a Italia queda decidido y es emprendido inmediatamente.

El poeta ha cuidado de arrojar una clara luz sobre este viaje de su héroe, llegando hasta hacer que el mismo Hanold se dé cuenta parcialmente de los íntimos procesos que lo motivan. Claro es que en un principio intenta justificar ante sí mismo su decisión con un pretexto científico, pero no logra engañarse por mucho tiempo. Sabe muy bien "que el impulso a emprender aquel viaje había sido determinado en él por una sensación indefinible". Un singular desasosiego hace que nada le satisfaga, y le lleva de Roma a Nápoles, y de aquí a Pompeya, sin que tampoco en este último lugar logre encontrarse a gusto. La necedad de los jóvenes matrimonios en viaje de novios le irrita sobre manera, y las moscas que pueblan los hoteles de Pompeya exacerban con su pegajosa obstinación su constante malhumor. Finalmente, acaba por comprender que "su disgusto no depende tan sólo de circunstancias exteriores, sino que tiene en parte un origen íntimo". Se da cuenta de su sobreexcitación y siente "que se halla malhumorado porque le falta algo, sin que pueda precisar el qué. Y este malhumor lo va llevando él consigo a todas partes". En tal estado de ánimo llega a rebelarse incluso contra la ciencia arqueológica, su dueña y señora. Durante su primer paseo, bajo el ardiente sol del mediodía, por entre las ruinas de Pompeya, siente que "no sólo ha huido de él toda su ciencia, sino que no tiene el menor deseo de volverla a hallar, pues su recuerdo de ella es lejanísimo, como pudiera ser el de una de esas viejas parientes, momificadas y tediosas, a las que se considera como los seres más inútiles y coriáceos de la Tierra".

Dando vueltas a estos desasosegados y confusos pensamientos, halla de pronto, en el momento en que por vez primera ve andar a Gradiva entre las ruinas de la antigua ciudad, la solución de uno de los problemas referentes a su viaje. En este instante llega a darse cuenta "de algo de que hasta el momento no había tenido conciencia". Si aun ignorando el impulso interior que le había decidido a emprender el viaje había partido para Italia, y sin detenerse en Roma ni en Nápoles había llegado hasta Pompeya, era con el propósito de buscar en esta ciudad las huellas de su Gradiva. Y precisamente las huellas en el propio y estricto sentido de la palabra, pues el característico paso de la fantástica beldad debía de haber dejado una impronta inconfundible en la ceniza de las calles pompeyanas.

La minuciosidad con que el poeta expone todo lo referente a este viaje ha de invitarnos a esclarecer su relación con el delirio del protagonista y a precisar su significado e importancia dentro del conjunto de sucesos que la poética narración nos ofrece. El tal viaje obedece a motivos que el sujeto mismo desconoce al principio y sólo más tarde logra hallar, motivos que el poeta califica directamente de "inconscientes". Estas circunstancias constituyen un fiel reflejo de la realidad, pues ni siquiera es necesario hallarse presa de un delirio para obrar de tal modo. Constituye, en efecto, un hecho muy corriente, aun en personas de salud normal, el engañarse sobre los motivos de los propios actos y no percatarse de los mismos sino *a posteriori*, en aquellos casos en que un conflicto entre varias corrientes sentimentales facilita tal confusión. Así, pues, el viaje de Hanold no obedece desde el primer momento sino a una tendencia favorecedora de su delirio, que le lleva a Pompeya para continuar allí su apasionada busca de Gradiva. Ya hemos visto y recordamos ahora que antes, e inmediatamente después del sueño, se hallaba el arqueólogo entregado por completo a tal actividad inquisitiva, y que el sueño mismo no era sino una respuesta, ahogada por su conciencia, a la interrogante de cuál pudiera ser el paradero de Gradiva. Mas un indeterminado poder, cuya naturaleza ignoramos por el momento, impide al principio el acceso a la conciencia del propósito inspirado por el delirio, de manera que la motivación consciente del viaje se ve forzada a basarse en insuficientes pretextos que de tiempo en tiempo tienen que ser renovados. El poeta nos plantea aquí un nuevo problema, haciendo sucederse como casualidades, faltas de toda íntima conexión, el sueño, el paso de la supuesta Gradiva ante la casa de Hanold y la decisión al viaje por la influencia ejercida sobre el ánimo del arqueólogo por el canto del canario.

Con ayuda de las aclaraciones que hallamos después en las palabras de Zoe Bertgang llegamos a la comprensión de esta obscura parte del relato. La mujer que Hanold vio pasar desde su ventana, y a la que hubiera podido alcanzar en seguida, era verdaderamente el vivo original de la Gradiva escultórica, la propia Zoe, su vecina. El dato contenido en el sueño —"ella vive actualmente, y en la misma ciudad que tú"— hubiera, pues, podido recibir una evidente confirmación que habría acabado con la interior resistencia del joven. Por otra parte, el canario, cuyo canto inspira a Hanold la idea de partir, pertenecía a Zoe, y su jaula se hallaba colgada en su ventana, frente a la casa de nuestro héroe. Este, que, según la dolida acusación de la muchacha, poseía el don de la "alucinación negativa", o sea, el arte de no ver ni reconocer a las personas que ante él se hallaban, tiene desde un principio que poseer el conocimiento inconsciente de todas estas circunstancias, que a nosotros nos son reveladas mucho después. Los signos de la proximidad de Zoe, o sea, su paso por la calle y el canto de su canario tan cerca de la ventana del arqueólogo, refuerzan el efecto de sueño de Hanold, el cual, ante esta situación tan peligrosa para su resistencia contra el erotismo, emprende la fuga. El viaje corresponde, pues, a una enérgica movilización de tal resistencia contra el ataque que el anhelo erótico lleva a cabo en el sueño y a un intento de fuga ante la amada, corpórea y presente. Prácticamente significa una victoria de la represión, que esta vez predomina en el delirio, como antes predominaba el erotismo en la actividad investigadora de Hanold sobre el andar femenino, inspirada también por la delirante perturbación. Pero a través de todas estas oscilaciones de la lucha se conserva siempre la naturaleza transaccional de los resultados. La huida a Pompeya, que ha de apartar a Hanold de Zoe, la Gradiva viviente, le conduce por lo menos a su sustitución: la Gradiva muerta. El viaje es emprendido ciertamente en contra de las ideas latentes, pero en cambio sigue el itinerario marcado por el contenido manifiesto del sueño. De este modo triunfa siempre el delirio en cada nueva lucha entre el erotismo y la resistencia.

Esta interpretación del viaje de Hanold como una fuga ante el amoroso anhelo que hacia la amada —tan cercana— va despertando en él es la única que se armoniza con sus estados de alma durante su estancia en Italia. La repulsa del erotismo, dominándole por completo, se manifiesta en su horror a los jóvenes matrimonios en viaje de novios. Un corto sueño que tiene durante su estancia en un "albergo" de Roma y que es motivado por el tierno diálogo nocturno de una de estas parejas, oído a través del delgado tabique de su habitación, arroja *a posteriori* una viva luz sobre las tendencias eróticas de su primer sueño. En este otro se ve trasladado de nuevo a Pompeya, y también en el día de la erupción vesubiana, circunstancias que nos revelan su enlace con aquel primero, que ha continuado ejerciendo sobre el sujeto sus efectos durante todo el viaje. Mas entre las personas cuya vida amenaza la catástrofe, no se encuentra ya Gradiva ni tampoco él mismo, sino tan sólo el Apolo del Belvedere y la Venus capitolina, seguramente una irónica alusión a la amorosa pareja del cuarto vecino. El Apolo coge en sus brazos a la Venus y se aleja con ella, depositándola sobre un objeto situado en la obscuridad y que debe de ser un coche o un carro, pues a poco suena un "sordo chirrido" que va perdiéndose en la lejanía. Este sueño no necesita arte ninguno para ser interpretado.

Nuestro poeta, del que ya hace tiempo sabemos que no incluye en su narración ningún rasgo ocioso o inútil, nos da aún otro testimonio de la corriente asexual que domina a Hanold en todo su viaje. Durante su largo vagar entre las ruinas pompeyanas no recuerda ni una sola vez "haber soñado pocos días antes presenciar la erupción del Vesubio que sepultó a la ciudad el año 79". Sólo cuando ve por primera vez a Gradiva recuerda de repente su sueño, y, al mismo tiempo, se percata del misterioso motivo de su viaje, inspirado por el delirio. Este olvido del sueño y la muralla alzada por las fuerzas represoras entre el mismo y los estados de alma de Hanold durante el viaje han de interpretarse como una clara indicación de que este último no ha sido emprendido obedeciendo a un estímulo directo del sueño, sino que, por el contrario, constituye una rebelión contra el mismo; esto es, una manifestación de un poder anímico que no quiere saber nada del secreto sentido del sueño.

Mas, por otro lado, Hanold no halla alegría ninguna en esta victoria sobre su erotismo. El sentimiento reprimido conserva energía suficiente para vengarse de las fuerzas represoras, provocando sensaciones de displacer y estableciendo nuevas coerciones en el sujeto. De este modo, el deseo amoroso de Norbert es convertido en un atormentador desasosiego que le hace reputar insensato su viaje, y la verdadera motivación del mismo queda vedada a su percatación consciente, al mismo tiempo que su personalidad científica parece anularse en circunstancias en las que todo lo que le rodea debiera imponer un efecto contrario. Así, pues, el poeta nos muestra a su héroe, tras de su huida del amor, en un estado de confusión y desconcierto semejante al que suele aparecer en el período álgido de los estados patológicos, cuando ninguno de los poderes combatientes es lo suficientemente superior al otro para que la diferencia de sus energías pueda establecer un riguroso régimen anímico. Mas una vez que ha llevado la situación hasta este punto culminante, interviene para mitigar su tensión y resolverla, haciendo entrar en escena a Gradiva, la cual emprende la curación del delirio. Con su poder de dirigir a un feliz desenlace los destinos de las criaturas por él creadas, traslada el autor a Zoe a la misma ciudad en la que —precisamente huyendo de ella— se ha refugiado Hanold y corrige así la simpleza que el delirio inspiró a este, haciéndole dejar la residencia de su amada viva por el sepulcro de la que en su fantasía la ha sustituido.

Con la aparición de Zoe Bertgang, que señala el punto culminante del relato, toma nuestro interés un distinto curso. Hasta este momento hemos asistido al desarrollo de un delirio; ahora vamos a ser testigos de su curación. Lo primero que se nos ocurre preguntarnos ante esta nueva fase del relato es si el autor procederá con absoluta libertad al exponernos la historia de la curación de Hanold, o, por el contrario, se ajustará a las posibilidades reales. Las palabras de Zoe en su diálogo con su amiga no dejan lugar a dudas sobre sus propósitos curativos. Pero, ¿cómo logrará llevarlos a cabo? Después de dominar la indignación que hubo de producirle el deseo expresado por Hanold de verla reclinarse para dormir "como entonces" sobre la escalinata del templo, retorna a la hora meridiana del siguiente día al mismo sitio y arranca al arqueólogo todos aquellos secretos de su delirante fantasía, cuyo desconocimiento le impidió explicarse su conducta del día anterior. Norbert le habla de su sueño, del bajorrelieve con la figura de Gradiva y del singularísimo modo de andar en que con ella coincide. Zoe acepta el papel de fantasma meridiano, que comprende ser el que el delirio de Hanold le atribuye, y usando frases de doble sentido, señala discretamente al joven una nueva situación con respecto a ella, aceptando de sus manos la funeraria flor que él ha cortado sin propósito consciente y expresando su melancólico sentimiento por no ser rosas lo que Hanold la ofrece, como lo haría a una mujer viva.

Nuestro interés por la conducta de la prudente y juiciosa muchacha, que después de descubrir tras del delirio de Hanold, y como fuerza impulsora del mismo, el amor que ella le inspira, decide curarle de su trastorno mental y hacer su esposo al hombre en que desde pequeña puso su corazón, queda, en esta parte del relato, un tanto debilitado por la extrañeza que nos produce el grado a que el delirio del arqueólogo llega. La última creación de este delirio, o sea, la creencia de que Gradiva, muerta el año 79 de nuestra era, surge cotidianamente de su tumba para dialogar con él durante una hora, transcurrida la cual vuelve a la tierra; esta fantástica imaginación, que no se detiene ante la vista de calzado moderno de Zoe-Gradiva, ni ante su ignorancia del latín y del griego, y, en cambio, su conocimiento del alemán, idioma que no existía aún en la época del sepultamiento de Pompeya, parece justificar la denominación de "fantasía pompeyana" que Jensen da a su obra y excluir por completo toda posible verdad clínica. Mas, a nuestro juicio, esta aparente inverosimilitud del delirio desaparece en cuanto reflexionamos un poco sobre las causas a que es debida nuestra impresión. Una gran parte de la culpa la ha tomado sobre sí el poeta, al presentar como punto de partida de su relato la total semejanza de Zoe Bertgang con la figura del bajorrelieve. Debemos, pues, cuidarnos de no desplazar la inverosimilitud de este antecedente sobre su consecuencia, o sea, el hecho de que Norbert tome a la muchacha por la propia Gradiva resucitada, error singular que necesariamente hemos de atribuir a la influencia perturbadora del delirio que a Hanold domina, pues el poeta no nos proporciona para él explicación racional alguna. Únicamente, y en calidad de circunstancias atenuantes de las extravagancias de su héroe, hace contribuir a ellas la influencia del ardiente sol de la Campania y la del fuerte vino del Vesubio. Pero el más importante de los factores que disculpan el estado de Hanold sigue siendo la facilidad con la que nuestro pensamiento se decide a aceptar un absurdo cuando tal aceptación satisface a sentimientos saturados de afecto. Es sorprendente, aunque en general no se le dé toda la importancia que posee, la facilidad con la que incluso personas de gran inteligencia muestran, bajo tales constelaciones psicológicas, reacciones propias de una parcial debilidad mental. Todo aquel que no posea una idea excesivamente alta de sí mismo podrá observar esto en su propia persona, sobre todo cuando una parte de los procesos mentales que someta a tal observación dependan de motivos inconscientes o reprimidos. Citaré aquí lo que sobre esta cuestión me escribió un filósofo: "También yo he comenzado a anotar los errores en que personalmente incurro, actos irreflexivos que motiva uno *a posteriori* y por cierto harto irracionalmente. Es asombrosa, pero típica, la cantidad de tontería que de este modo descubrimos en nosotros mismos". Añádase ahora a todo esto que la creencia en los espíritus, apariciones y fantasmas, que tanto apoyo encuentra en todas las religiones, a alguna de las cuales hemos pertenecido todos, por lo menos de niños, no ha desaparecido por completo, ni aun entre las clases cultivadas, muchos de cuyos miembros encuentran todavía posible conciliar el espiritismo con la razón. Por otro lado, hasta los más incrédulos en estas materias vuelven con gran facilidad a aceptar las más groseras supersticiones cuando en circunstancias emocionantes se hallan ante algo que les parece inexplicable. Sé de un médico que había perdido a una de sus pacientes, atacada de la enfermedad de Basedow, y no podía alejar de su ánimo la sospecha de que quizá por una imprudente medicación había él contribuido al funesto desenlace. Un día, varios años después, entró en su gabinete de consulta una muchacha en la que, a pesar de toda su resistencia a tales supersticiones, tuvo que reconocer a la enferma fallecida. Durante unos instantes se le impuso la idea de que era cierto que los muertos retornaban a la tierra, pero las primeras frases de la supuesta aparición desvanecieron su terror, dejándole avergonzado y confuso ante su pueril falta de reflexión. La visitante no era sino una hermana de la muerta y padecía igual dolencia. Sabido es que los atacados de la enfermedad de Basedow presentan todos un cierto parecido de sus rasgos fisonómicos, y en el caso presente, este parecido típico se agregaba al familiar. Diré ahora que el médico de esta historia soy yo mismo, y que, por lo tanto, no me es posible rechazar la posibilidad clínica del delirio en que Norbert Hanold cree ver en Zoe a Gradiva resucitada. Por último, todo psiquíatra sabe perfectamente que en los casos graves de delirio crónico (paranoia) construyen los enfermos con sorprendente ingeniosidad y sutileza los mayores absurdos.

Después de su primer encuentro con Gradiva visitó Hanold los dos hoteles que en Pompeya le eran conocidos y bebió vino en ellos mientras los demás huéspedes almorzaban. "Naturalmente, no le pasó por la imaginación ni un solo momento la insensata sospecha" de que obraba así para averiguar en qué hotel vivía Gradiva; pero claro es que, aunque él se lo oculte a sí mismo, es este el sentido de su conducta. El día en que por segunda vez pasa la hora del mediodía dialogando con Gradiva en la Casa de Meleagro, le suceden infinidad de cosas aparentemente sin conexión alguna entre sí: halla una estrecha hendidura en el muro del pórtico por donde desapareció

Gradiva, tropieza con el extravagante cazador de lagartijas, que le dirige la palabra como a persona conocida, descubre una tercera hospedería, el Albergo del Sole, cuyo huésped le hace comprar como legítima una fíbula que dice haber hallado en las excavaciones, junto a los restos de una muchacha pompeyana, y, por último encuentra en su hotel a una joven pareja, que supone hermano y hermana, y que despierta su simpatía. Todas estas impresiones se entretejen para formar el siguiente sueño, "singularmente desatinado":

"Gradiva se hallaba sentada al sol, y mientras fabricaba, con un largo tallo de hierba, un lazo para cazar una lagartija, decía: Estate quieto un momento. Mi colega tiene razón. Este medio es realmente eficaz, y *ella* lo ha empleado con éxito".

Contra este sueño se rebela Hanold aun antes de despertar, pensando que constituye un completo desatino y esforzándose en liberarse de él, cosa que al fin consigue con el auxilio de un invisible pájaro que, lanzando un grito semejante a una risotada, se apodera de la lagartija y se la lleva en el pico.

Intentaremos también llevar a cabo la interpretación de este sueño, o sea, sustituirlo por las ideas latentes de cuya deformación tiene que haber surgido. Ante todo, observamos que constituye un completo absurdo, carácter casi general en los sueños y en el que se apoya la teoría que les niega la cualidad de actos psíquicos independientes y los hace surgir de una arbitraria excitación de los elementos psíquicos.

Podemos aplicar a este sueño la técnica regular de la interpretación onírica, consistente en no ocuparse de la aparente conexión de los elementos del sueño manifiesto, sino investigar por separado cada uno de ellos y buscar su origen latente por medio de los datos que nos proporcionen las impresiones, recuerdos y ocurrencias libres del sujeto. Mas como no podemos someter a Hanold a un tal examen, tendremos que contentarnos con inquirir la relación de los elementos del sueño manifiesto con sus impresiones y sustituir tímidamente nuestras propias ocurrencias a las suyas.

Gradiva se halla sentada al sol, cazando lagartijas, y dice... ¿A qué impresión de las recibidas por Hanold aquella tarde alude esta parte de su sueño? Indudablemente, a su encuentro con el cazador de lacértidos, el cual se hallará, pues, en el sueño, sustituido por Gradiva. Hanold lo halló sentado o tumbado en la "soleada" vertiente de una colina, y fue también interpelado por él. Las frases que el sueño pone en boca de Gradiva son, asimismo, copia de las que dicho individuo dirigió a Norbert: "El medio que mi colega Eimer ha inventado para cazarlos es excelente. Yo lo he experimentado ya varias veces con éxito satisfactorio. Estése usted quieto un momento". Estas mismas palabras son las que luego pronuncia Gradiva en el sueño, sustituyendo al colega Eimer por una "colega" suya, a la que no nombra, omitiendo el "varias veces" de la segunda frase y alterando ligeramente el orden del discurso. Parece, pues, que esta aventura de la tarde anterior ha sido transformada en sueño por medio de algunas modificaciones y deformaciones. Mas, ¿por qué precisamente esta? ¿Y qué significan las deformaciones, la sustitución del viejo señor de las lagartijas por la Gradiva y la introducción de un nuevo personaje: la misteriosa "colega"?

Es regla general de la interpretación onírica que las palabras incluidas en el sueño proceden siempre de frases oídas o pronunciadas por el sujeto en la vida despierta. Esta regla parece haber sido observada en el caso que nos ocupa, pues las palabras de Gradiva no son sino una modificación de las que Hanold oyó por la tarde al zoólogo. Otra regla de dicha interpretación expresa que la sustitución de una persona por otra o la mezcla de dos distintas, colocando a una de ellas en una situación de la que la otra ha sido sujeto, significa una equiparación de ambas y equivale a la expresión de una coincidencia existente entre ellas. Aplicando este nuevo precepto a nuestro caso, tendríamos la siguiente interpretación: "Gradiva caza lagartijas como aquel viejo zoólogo, y como él, sabe el medio de aprisionarlas". Pero esto no nos resulta todavía comprensible. Volvámonos, pues, hacia otro de los problemas que el sueño plantea. ¿A qué impresión de Hanold durante el día anterior debemos referir aquella "colega" de Gradiva que sustituye al "colega Eimer", del que habló el zoólogo? El campo en que escoger se halla aquí harto limitado, afortunadamente. Gradiva no puede referirse, al hablar de una "colega" suya —esto es, de otra muchacha—, más que a aquella simpática recién casada que Norbert creyó hermana del joven que con ella viajaba. "Llevaba en el pecho una roja rosa de Sorrento que despertó en él un indefinible recuerdo, pero, por más que meditó, le fue imposible precisarlo". Esta observación del poeta nos da derecho a suponer que la "colega" a que Gradiva alude en el sueño es, en efecto, la joven recién casada, pues aquello que Hanold no lograba recordar no era seguramente otra cosa que las palabras de la supuesta Gradiva, cuando al pedirle la blanca rama de asfódelo, añadió que otras mujeres más dichosas que ella se les ofrecían rosas. Pero en estas palabras se transparenta claramente una amorosa solicitación. ¿Qué "caza" será, pues, la que con tanto éxito ha llevado a cabo aquella más feliz colega?

Al día siguiente sorprende Hanold a los supuestos hermanos fundidos en tierno abrazo y se ve obligado a rectificar su error. Como más adelante vemos confirmado, cuando la pareja interrumpe con su aparición la tercera entrevista de Hanold y Zoe, se trata, nuevamente, de unos recién casados en viaje de novios. Admitiendo que Hanold, creyéndolos, conscientemente, hermanos, descubriera desde un principio, en su inconsciente, la verdadera relación que entre ellos existía y que al día siguiente se le revela de un modo inequívoco, encontramos un excelente sentido para las palabras de Gradiva en el sueño. La roja rosa se convierte entonces en un símbolo de la relación erótica, y

Hanold comprende que aquel hombre y aquella mujer son uno para el otro, lo que él y Gradiva han de llegar a ser; la caza de lagartijas adquiere la significación de la caza del hombre por la mujer, y las palabras de Gradiva querrán decir, aproximadamente: "Tú déjame hacer, y verás cómo yo sé, tan bien como esa otra muchacha, encontrar un marido".

Mas ¿por qué esta adivinación de los propósitos de Zoe tuvo que manifestarse en el sueño bajo la forma de las palabras del anciano zoólogo? ¿Y por qué la habilidad de la muchacha en la caza matrimonial hubo de ser representada por la del mismo en la caza de lagartijas? La respuesta a ambas interrogantes es sumamente sencilla. Hace ya largo tiempo hemos adivinado que el cazador de lacértidos no es otro que el profesor de Zoología, Richard Bertgang, padre de Zoe, al que Hanold tiene que conocer de antiguo, por lo cual nos explicamos que fuera interpelado por él, al encontrarlo, de una manera familiar. Habremos de admitir, asimismo, que Hanold, en su inconsciente, hubo de reconocer en seguida al zoólogo. "Le parecía recordar obscuramente haber visto ya alguna vez la fisonomía del cazador de lacértidos, probablemente en alguno de los dos hoteles". De este modo queda explicado el singular disfraz del propósito que el sueño atribuye a Zoe. Es la hija del cazador de lagartijas y ha heredado de él su habilidad.

La sustitución del zoólogo por Gradiva en el contenido del sueño es, por lo tanto, la exposición del parentesco de ambos, reconocida por Hanold en su inconsciente; y la introducción de la "colega", en lugar del "colega Eimer", permite al sueño expresar la amorosa solicitación de la muchacha. El sueño ha fundido —o, como decimos técnicamente, condensado— en una sola situación dos diferentes sucesos del día inmediatamente anterior, con objeto de procurar una expresión —aunque harto irreconocible— a dos representaciones que no deben hacerse conscientes. Pero aún podemos proseguir nuestra labor interpretadora, aminorando la singularidad del sueño y descubriendo la influencia de los restantes sucesos del día sobre la formación del contenido manifiesto.

Podríamos declarar que no llegaba a satisfacernos la explicación dada hasta ahora al hecho de que la escena de la caza de lagartijas pase precisamente a constituir el nódulo del sueño, y sospechar que otros elementos más de las ideas latentes habían influido en la importancia que la "lagartija" adquiere en el contenido manifiesto. Y realmente pudiera muy bien suceder así. Recordemos que Hanold había descubierto en el muro del pórtico por donde Gradiva desapareció una hendidura que, aunque estrecha, "podía dejar paso a una persona de extraordinaria delgadez". Este descubrimiento provoca una modificación en el delirio de Hanold. Gradiva no se hunde ya en la tierra al desaparecer de su vista, sino que busca por aquella hendidura el camino hasta su tumba. En su pensamiento inconsciente tiene ahora Hanold que decirse que ha hallado la natural explicación de la sorprendente desaparición de la muchacha. Mas este introducirse y desaparecer por una estrecha hendidura, ¿no tiene acaso que recordar necesariamente las costumbres de los lacértidos? En efecto, Gradiva se comporta aquí como la más ágil y flexible lagartija. Opinamos, por lo tanto, que el descubrimiento de aquella hendidura coadyuvó a determinar la elección del elemento "lagartija" para su inclusión en el contenido manifiesto del sueño. La escena de la caza representaría, pues, tanto a esta impresión del día como al encuentro con el zoólogo, padre de Zoe.

Los resultados anteriores nos animan a buscar todavía en el contenido del sueño la representación de otra de las impresiones del día anterior que aún no hemos incluido en nuestra labor interpretadora: el descubrimiento del Albergo del Sole. El poeta ha expuesto tan minuciosamente este episodio y ha hecho depender de él tantas cosas, que nos admiraría que fuese el único que hubiese contribuido a la formación del sueño. Hanold entra en este "albergo", ignorado antes por su apartado emplazamiento y la distancia a que de la estación se halla, para tomar una botella de gaseosa que mitigue su estado congestivo. El dueño del "albergo" aprovecha la ocasión para ponderarle las antigüedades que tiene en venta, y le muestra una fíbula perteneciente —según dice— a aquella muchacha cuyo cuerpo fue hallado en las inmediaciones del Foro, unido en estrecho abrazo al de su amado. Hanold, que conocía esta historia y nunca le había prestado fe, se ve ahora impelido por una inexplicable fuerza a aceptar su verdad y la autenticidad de la fíbula; adquiere esta última y abandona el "albergo". Al salir, ve en una ventana un florero con una blanca y florida rama de asfódelo e interpreta la presencia en aquel lugar de la funeraria flor como una prueba de la autenticidad de su adquisición. Al mismo tiempo se le impone la convicción de que la fíbula perteneció a Gradiva y que esta es la muchacha cuyo cuerpo fue descubierto junto al de su amado. Este pensamiento hace surgir en su ánimo atormentadores celos, que logra, por último, dominar, proponiéndose mostrar a Gradiva su fíbula al día siguiente y confirmar o desvanecer así sus sospechas. Todo esto constituye un singular nuevo desarrollo del delirio, del que necesariamente hemos de hallar alguna huella en el sueño de Hanold.

Ha de sernos muy útil para nuestra labor interpretativa llegar a la clara comprensión de este progreso del delirio, investigando las ideas inconscientes a las que el nuevo agregado delirante sustituye. Este agregado surge bajo la influencia del dueño del "albergo", cuyas palabras encuentran en Hanold una credulidad sólo comparable a la que se obtiene por sugestión. El avispado comerciante le muestra como auténtica y perteneciente a la muchacha, cuyos restos fueron hallados, confundidos con los de su amante en las excavaciones practicadas cerca del Foro, una fíbula de metal, y Hanold, cuya erudición en estas materias le permitía más que a cualquier otra persona poner en cuarentena la autenticidad, tanto de la fíbula como de la amorosa historia, cree ambas cosas a pies juntillas y adquiere sin la menor vacilación la más que dudosa antigüedad. Esta conducta del arqueólogo resulta un tanto incomprensible y nada nos puede llevar a suponer que la personalidad del dueño del "albergo" puede darnos la clave de este misterio. Pero en este episodio se nos muestra aún otro problema, y es sabido que, a veces, dos misterios suelen aclararse recíprocamente. Al salir del "albergo" ve Hanold una rama de asfódelo colocada en un florero sobre el pretil de una ventana e interpreta el encuentro de la blanca flor como una confirmación de la autenticidad de la fíbula. ¿Por qué? Afortunadamente, este último detalle resulta fácil de explicar. La florida rama es, sin duda alguna, la misma que al mediodía ofreció él a Gradiva, y es perfectamente natural que su presencia en la ventana del "albergo" constituya una confirmación de algo. Pero este algo no es, ciertamente, la autenticidad de la fíbula, sino otra cosa muy distinta que ya Hanold ha descubierto al hallar el "albergo", cuya existencia desconocía hasta el momento. El día anterior había visitado los dos hoteles que en Pompeya conocía, buscando, aunque sin confesárselo, en cuál de ellos viviría la mujer a la que había tomado por la resucitada Gradiva. Ahora, al tropezar tan inesperadamente con un tercer hotel, cuya existencia ignoraba, tiene que decirse, en su inconsciente, que allí es donde vive la mujer que él busca, y luego, al ver la florida rama, tiene que sentir confirmada aquella idea y ver en aquella ventana la del cuarto en que la misma habita. Este sería, pues, el descubrimiento que, no debiendo hacerse consciente, es sustituido por el nuevo agregado delirante, pues implica que Gradiva es una persona real a la que conoció en época nada lejana, idea que no debe hallar paso hasta su conciencia.

Mas, ¿en qué forma se ha realizado la sustitución del nuevo conocimiento por el delirio? A mi juicio, afirmándose y conservándose el sentimiento de convicción inherente al nuevo dato, mientras que en el lugar de este —incapaz de conciencia— aparecía otro contenido de representaciones, ligado, sin embargo, a él por asociación mental. De esta manera entró en contacto el sentimiento de convicción con un contenido extraño a él, y este último logró, en calidad de delirio, una aceptación que no le correspondía. Hanold traslada su convencimiento de que Gradiva vive en aquella casa a otras impresiones que, hallándose en la misma, recibe, mostrándose de este modo crédulo a las palabras del huésped sobre la autenticidad de la fíbula y de la anécdota de los amantes pompeyanos, pero tal credulidad no se debe más que a la conexión que establece entre aquello que en el "albergo" oye y su amada Gradiva. Los celos, dispuestos a surgir en él ante el menor estímulo, se apoderan de este material y provocan, aun en contradicción con su primer sueño, el delirio de que Gradiva era aquella muchacha muerta en brazos de su amante y a la que la fíbula perteneció en vida.

Advertimos ahora que el último diálogo con Gradiva y la discreta solicitación amorosa de esta por medio de su alusión a las flores que a otras mujeres se ofrecen, han provocado importantes modificaciones en Hanold. En él han despertado ya elementos de deseo viril, componentes de la libido, pero que no pueden aún prescindir de ocultarse tras de pretextos conscientes. Mas el problema de la constitución física de Gradiva, que le persigue durante todo este día, no puede negar su procedencia de la curiosidad erótica del adolescente por el cuerpo femenino, aunque en este caso la acentuación consciente de la singular oscilación de Gradiva entre la muerte y la vida dé a tal curiosidad un carácter científico. Los celos de Hanold son también un signo del despertar de su actividad amorosa y los exterioriza con su primera frase de la siguiente entrevista con Gradiva, en la cual, y con ayuda de un nuevo pretexto, se atreve ya a tocar el cuerpo de la muchacha y, como en épocas pasadas, a golpearla.

Es ya tiempo de que nos preguntemos si el camino seguido por el delirio en su génesis y desarrollo, tal y como lo hemos deducido de la exposición del poeta, es el que suele seguir esta clase de perturbaciones, o, por el contrario, es totalmente imposible y caprichosa. Nuestra respuesta, fundada en el conocimiento médico de estas cuestiones, es la de que, en efecto, el camino indicado en la narración es acertado y hasta el único por el que el delirio puede llegar a aquella su firme aceptación por el sujeto, que constituye uno de sus caracteres clínicos. Esta fe que el enfermo presta a su delirio no depende de un trastorno de su capacidad de juicio ni procede tampoco de aquello que en el delirio es erróneo. Lo que sucede es que en todo delirio existe un grano de verdad, digno de completa fe, el cual constituye la fuente de la convicción del enfermo. Mas este elemento verdadero se halla ha largo tiempo reprimido, y si logra llegar a la conciencia es después de haber sufrido una deformación que le hace irreconocible. En cambio, como para compensar esta deformación, queda intensificado el sentimiento de convicción que le era inherente y que ahora viene a recaer sobre el sustitutivo deformado de lo verdadero reprimido, protegiendo a esto último contra todo ataque de la crítica. Así, pues, la convicción se desplaza desde lo verdadero inconsciente a lo erróneo consciente a ello ligado y queda fija en tal lugar a consecuencia de este desplazamiento. El caso de deformación del delirio resultante del primer sueño de Hanold es un ejemplo de un tal desplazamiento. Puede asimismo afirmarse que el proceso de génesis de la convicción en el delirio que acabamos de describir no es siquiera fundamentalmente distinto del que se realiza en los casos normales, cuando no entra en juego la represión. Todos adherimos nuestra convicción a contenidos mentales en los que se encuentra reunido lo verdadero con lo falso y dejamos que la misma se extienda de lo primero a lo segundo, difundiéndose de lo verdadero a lo falso con ello asociado y defendiendo a esto último —aunque no tan invariablemente como en el delirio— contra la merecida crítica.

Volviendo ahora al sueño cuyo análisis nos ocupa, haremos resaltar un rasgo interesante que establece un enlace entre dos de los elementos del mismo. Gradiva había opuesto en cierto modo la blanca flor de asfódelo a la roja rosa. El reencuentro del asfódelo en la ventana del Albergo del Sole constituye una importante prueba del conocimiento inconsciente de Hanold, que se manifiesta en el nuevo delirio, y a todo esto se agrega el que la roja rosa que adorna el vestido de la simpática amiga de Zoe auxilia a Hanold para reconocer la verdadera relación de la misma con su acompañante, permitiendo esto que luego, en el sueño, surja como "colega".

Lo que aún no hemos hallado es dónde se encuentra, en el contenido manifiesto del sueño, la huella y la representación del descubrimiento realizado por Hanold de que Gradiva y su padre vivían en un tercer hotel que hasta entonces le era desconocido, descubrimiento que hemos visto sustituido por el nuevo delirio. Esta circunstancia aparece, sin embargo, en dicho contenido y ni siquiera excesivamente deformada. Ahora que no me he atrevido hasta este momento a indicarla, pues sé que incluso aquellos lectores que hayan tenido paciencia para seguirme hasta aquí han de resistirse enérgicamente a aceptar estas mis tentativas de interpretación. Sin embargo, repetimos, el descubrimiento de Hanold nos es comunicado por el sueño en su totalidad, pero se halla tan hábilmente ocultado, que necesariamente pasa inadvertido, pues se esconde tras de un juego de palabras o un equívoco. El dato del contenido manifiesto que hemos expresado en la frase "Gradiva se hallaba sentada al sol" lo hemos referido, justificadamente, al lugar en que Hanold encontró al zoólogo, padre de Zoe. Pero, ¿no podrá significar que 'en el Sol', esto es, en el Albergo del Sole, vive Gradiva? Y la vaguedad en que se deja el lugar, del cual no se dice sino que está "al sol", siendo así que el sitio en que Hanold encontró al zoólogo podía haber aparecido perfectamente detallado en el sueño, ¿no será una fingida imprecisión encaminada a ocultar la verdadera naturaleza de este elemento, o sea, la precisa fijación de la residencia de Gradiva? Mi larga experiencia en la interpretación de sueños reales me hace considerar innegable esta significación del equívoco, pero no hubiera expuesto a mis lectores esta parte de mi labor interpretadora si el poeta no viniera aquí en mi auxilio, ofreciéndome su poderosa ayuda. En efecto, al día siguiente a este sueño, pone Jensen en boca de Zoe el mismo juego de palabras, dándole idéntico sentido al que nosotros le prestamos para la interpretación del elemento correspondiente del contenido manifiesto del sueño. Al enseñarle Hanold la fíbula, le pregunta Zoe si la ha encontrado "al sol" (o "en el Sol" —*im Sonne*), y añade que este produce en aquellas tierras los más curiosos efectos cerebrales. Luego, al ver que Hanold no comprende sus palabras, le explica que se refiere al Albergo del Sole, cuyo dueño hubo de mostrarle también a ella la fíbula que luego adquirió el arqueólogo.

Quisiéramos ahora intentar la empresa de sustituir el sueño de Hanold, "singularmente desatinado", por las ideas inconscientes tras él ocultas y que al pasar al contenido manifiesto han sufrido una deformación que las hace irreconocibles. Tales ideas latentes serían, aproximadamente, las que siguen: "Ella vive en el 'Sol' con su padre. ¿Por qué juega conmigo de esta manera? ¿Querrá tan sólo burlarse de mí? ¿O será posible que me ame y quiera hacerme su esposo?" Esta última posibilidad es rechazada dentro del mismo sueño por el juicio en que el durmiente declara insensato todo aquello, juicio que en apariencia se extiende sobre el total contenido manifiesto de la alucinación onírica.

Nuestros lectores tendrán derecho a ejercitar su crítica preguntándonos ahora por la procedencia de la sospecha que aparece entre las ideas latentes de que Gradiva quiere quizá burlarse del durmiente, sospecha que hasta ahora no hemos fundamentado. A esto nos responde *La interpretación de los sueños* expresando que cuando en las ideas del sueño exista burla, desprecio o ironía, quedan exteriorizadas estas circunstancias por la desatinada constitución del contenido manifiesto, o sea, por el absurdo de este. Esta insensatez del sueño no significa, pues, una paralización de la actividad psíquica, sino que es uno de los medios expositivos de que se sirve la elaboración onírica. Como ya en otras dificultades, acude aquí el poeta en nuestra ayuda. El desatinado sueño tiene un estrambote en el que un pájaro, lanzando un grito semejante a una aguda risa, se apodera de la lagartija y se la lleva en el pico. Pero este grito riente ya lo había oído Hanold en una ocasión al desaparecer Gradiva entre las ruinas. En realidad, fue Zoe la que rio al verse lejos de la presencia de Hanold y poder desprenderse de su grave y melancólico papel de aparición del otro mundo. Así, pues, Gradiva se había reído, efectivamente, de nuestro héroe. La escena del sueño en la que el pájaro se lleva al lagarto en el pico recuerda la de un sueño anterior en la que el Apolo del Belvedere se alejaba llevando en sus brazos a la Venus capitolina.

Quizá perdure en alguno de nuestros lectores la opinión de que la traducción de la caza de lacértidos por la idea de la solicitación amorosa no resulta suficientemente justificada. Mas en nuestro apoyo podemos citar aquí el hecho de que Zoe reconoce en su diálogo con su colega aquello mismo que de ella sospechan las ideas de Hanold, pues comunica a su amigo que estaba segura de "desenterrar" en Pompeya algo interesante.

Con esta idea, próxima a la de "excavaciones arqueológicas", entra Zoe en el círculo de representaciones de la ciencia de Norbert, así como él entra en el campo de la Zoología con su metáfora de la caza de lacértidos. De este modo parece como si ambos tendieran uno hacia otro queriendo adoptar cada uno las ideas peculiares del ser amado.

Así, pues, habríamos conseguido llegar también a la interpretación de este segundo sueño. Ambos se han hecho accesibles a nuestra comprensión partiendo de la hipótesis de que el sujeto sabe en su pensamiento inconsciente todo aquello que el consciente ignora y juzga con acierto en el primero lo que en el segundo equivoca delirantemente. En esta labor hemos tenido que sentar algunas afirmaciones que, siendo completamente nuevas para el lector, han tenido que parecerle harto extrañas y han despertado en él, sin duda alguna, la sospecha de que atribuimos a la obra del poeta un sentido que sólo en nuestra imaginación existe. Mas nos hallamos dispuestos a emplear todos los medios posibles para desvanecer esta sospecha, y con este propósito insistiremos con mayor minuciosidad en uno de los puntos más obscuros y delicados; esto es, en el empleo de palabras y frases de doble sentido, como en el ejemplo: "Gradiva se hallaba sentada al sol" (o "en el sol"—*im Sonne*).

Todo lector de la obra de Jensen tiene que observar con cuánta frecuencia coloca el autor en boca de los dos protagonistas frases de doble sentido. Hanold no tiene en cuenta al pronunciarlas más que uno solo de los sentidos en que las mismas pueden interpretarse, pero su interlocutora descubre el otro. Así, cuando la primera vez que la oye hablar, exclama: "¡Ya sabía yo que tu voz resonaba así!", y Zoe —ignorante aún del sueño anterior de Hanold— tiene que preguntarle cómo es eso posible, ya que nunca antes le había oído hablar. En la segunda entrevista interpreta Zoe equivocadamente por un momento el delirio de Hanold al oír asegurar que la ha reconocido en el acto. Zoe tiene que dar a estas palabras el sentido que realmente tienen en lo inconsciente de Hanold; esto es, el de un reconocimiento de su pasada amistad infantil, mientras que el arqueólogo ignora en absoluto este alcance de sus palabras y las funda exclusivamente en su relación con el delirio que le domina. En cambio, las palabras de Zoe, en las que encarna el poeta la perfecta claridad espiritual contrapuesta al delirio del arqueólogo, poseen un doble sentido voluntario. Uno de los dos sentidos se ciñe al delirio de Hanold para facilitar la comprensión consciente del mismo y el otro se eleva por encima de él y nos da realmente su traducción a la verdad consciente que representa. Constituye un triunfo del equívoco el poder expresar la verdad y el delirio por el medio de una sola forma expresiva.

Llenas de tales equívocos se hallan las frases en las que Zoe explica la situación a su amiga, al mismo tiempo que procura desembarazarse de su inoportuna presencia, frases que en realidad van dirigidas más a los lectores que a la feliz "colega" de la amorosa muchacha. En los diálogos con Hanold, el doble sentido se basa la mayor parte de las veces en que Zoe se sirve del simbolismo que ya encontramos en el primero de los sueños analizados, o sea, de la equivalencia de la represión con el sepultamiento y de Pompeya con la infantil amistad olvidada. De este modo puede Zoe conservar en sus palabras el papel que el delirio de Hanold le ha señalado y al mismo tiempo referirse a las circunstancias reales y despertar en lo inconsciente de Hanold la comprensión de las mismas.

"Hace largo tiempo que me he acostumbrado a estar muerta" y "para mí es más apropiado recibir de tus manos la flor del olvido" son frases en las que se transparenta discretamente el reproche que luego surge con toda claridad en la catilinaria que le dedica en su última entrevista y en la que le compara con el Archeopterix. En otra: "¿Que alguien tenga que morir para llegar a estar viva? Pero eso es cosa exigida por tu actividad arqueológica", nos da Zoe, después de conseguir la curación de Hanold, la clave de sus anteriores equívocos. Pero cuando con más fortuna emplea este simbolismo es cuando pregunta: "Me parece como si ya otra vez, hace dos mil años, hubiéramos partido de este modo el alimento. ¿No te acuerdas?", interrogante en la que se nos muestran patentes la sustitución de la infancia por el pasado histórico y el esfuerzo por despertar en Hanold el recuerdo de la primera.

No deja de extrañar a primera vista esta singular preferencia por las frases de doble sentido en la obra de Jensen y quisiéramos preguntarnos a que razón obedece. Lejos de mostrársenos como una circunstancia casual, aparece esta preferencia como consecuencia necesaria del desarrollo de la narración, y no es otra cosa que la forma correspondiente a la doble determinación de los síntomas, en tanto en cuanto las palabras lo son también y nacen, como ellos, de transacciones entre lo consciente y lo inconsciente. La única diferencia se halla en que este doble origen se muestra más claramente en las palabras que en los actos, y cuando se consigue —cosa que la maleabilidad del material verbal hace posible con frecuencia— procurar en la misma reunión de palabras una buena expresión para cada uno de los dos pensamientos que se desea exteriorizar, queda creado lo que llamamos un equívoco.

Durante el tratamiento psicoterapéutico de un delirio o de una perturbación análoga, produce el enfermo con gran frecuencia tales frases de doble sentido como nuevos síntomas fugitivos y puede a veces servirse el médico de ellas estimulando con el sentido consciente en que en el enfermo las pronuncia la comprensión de su verdadero sentido inconsciente. Sé por experiencia que este papel del equívoco suele ser rechazado con la mayor energía por los profanos en estas cuestiones y acostumbra provocar los más groseros errores, pero el poeta ha obrado acertadamente exponiendo en su obra este rasgo característico de la formación de los sueños y los delirios.

IV

Dijimos antes que la entrada en escena de Zoe y la realización de sus propósitos terapéuticos imprimían a nuestro interés un nuevo rumbo, despertando nuestra curiosidad por ver si el desarrollo de su tratamiento curativo se adaptaba o no a las posibilidades reales; esto es, si el poeta poseía de las condiciones de la curación del delirio un conocimiento tan justo y minucioso como el que había demostrado poseer de las correspondientes a la génesis del mismo.

Sin duda alguna se opondrá en este punto a nuestras opiniones una diferente teoría que niega tal interés al caso expuesto por el poeta y se resiste a ver en él problema ninguno necesitado de aclaración, alegando que Hanold tenía obligadamente que renunciar a su delirio después de ver desvanecidas todas las creaciones del mismo, por lo que constituía precisamente su objeto —la supuesta Gradiva— y explicados de un modo naturalísimo todos los misterios; por ejemplo, el de que la aparición conociera su nombre. Con esto quedaría desembrollada la novelesca trama; pero como uno de los elementos de la misma es el amor de Zoe al arqueólogo, el poeta, para satisfacción de sus lectoras, haría acabar en boda su relato. Mas si aceptamos las premisas que esta teoría intenta establecer, nos parecería más lógico e igualmente posible un desenlace opuesto; esto es, que el joven erudito se despidiera cortésmente de Zoe, una vez curado de su delirio y rechazara su amor, fundándose en que las antiguas esculturas femeninas de bronce o piedra, o las mujeres que para ellas sirvieron de modelo, despertaban en él un vivísimo interés cuando un maravilloso azar le permitía entrar en relaciones con ellas o siquiera imaginárselo; pero que, en cambio sus propias contemporáneas de carne y hueso lo dejaban por completo indiferente. Interpretando de este modo la obra de Jensen, e independientemente de que su desenlace fuera o no la boda de los protagonistas, siempre resultaría que el poeta había entretejido sin necesidad alguna, y con absoluta arbitrariedad, una historia de amor en una fantasía arqueológica.

Al rechazar, como imposible, tal interpretación, observamos que la transformación que se verifica en Hanold no depende exclusivamente del desvanecimiento de su delirio. Simultáneo y aun anterior a su vuelta a la normalidad es el resurgimiento de su instinto amoroso, que, como es natural, le encamina desde un principio a cortejar a la muchacha que lo ha curado de su perturbación. Ya hicimos resaltar con cuáles pretextos y disfraces se manifiestan en él, todavía en medio de su delirio, la curiosidad sexual por el cuerpo femenino, los celos y el brutal instinto de aprehensión masculino, después que su reprimido deseo amoroso le ha sugerido el primero de los sueños analizados. Podemos aún agregar, como nuevo testimonio favorable a nuestras opiniones, el hecho de que en la noche siguiente a la segunda entrevista con Gradiva es la primera vez que durante todo el relato despierta simpatía en Hanold una mujer viva, aunque todavía tenga que hacer a su pasado horror a los recién casados la concesión de suponer a aquella mujer hermana del hombre que la acompaña. Mas a la mañana siguiente la casualidad le hace testigo de las caricias de la joven pareja, y viendo su error se retira respetuosamente como si hubiera estado a punto de interrumpir una ceremonia religiosa. La burla que antes le inspiraban los recién casados se ha trocado ya en respeto ante el amor.

De este modo ha establecido el poeta una íntima conexión entre el desvanecimiento del delirio y la resurrección del deseo erótico, preparando así el obligado desenlace amoroso. Mas conocedor que sus críticos de la esencia del delirio, sabe que a la génesis del mismo han contribuido conjuntamente el deseo amoroso y la resistencia al mismo, y deja que la muchacha a la que encarga de la labor terapéutica se dé cuenta de aquellos componentes del delirio que han de serle gratos. Sólo el conocimiento de los mismos puede determinarla a consagrarse a dicha obra curativa, y únicamente la seguridad de que el arqueólogo puede moverla a confesar al mismo su recíproco amor. El tratamiento consistirá entonces en hacer llegar desde el exterior, a la conciencia de Hanold, aquellos recuerdos reprimidos que él no puede liberar en su interior. Mas este tratamiento fracasaría si la terapeuta no se apoyara en los sentimientos del enfermo y no pudiera encerrar la definitiva interpretación de su delirio en la siguiente frase: "Mira, todo eso no significa sino que me amas".

El procedimiento que el poeta hace adoptar a Zoe para la curación del delirio de Hanold muestra, más que una amplia analogía, una total identidad con el método terapéutico que el doctor J. Breuer y el autor de estas líneas introdujeron en la Medicina el año de 1895, y a cuyo perfeccionamiento he dedicado desde entonces todas mis actividades. Este tratamiento, denominado primero "catártico" por Breuer y calificado por mí preferentemente de "analítico", consiste en hacer llegar forzadamente, en cierto sentido, a la conciencia de los enfermos que padecen perturbaciones análogas a las de Hanold, lo inconsciente, a cuya represión se debe la enfermedad; técnica por completo igual a la que Gradiva aplica a los recuerdos, reprimidos en Hanold, de sus relaciones infantiles con ella. Cierto es que para Gradiva resulta este tratamiento harto más fácil que para el médico, pues su posición con respecto al enfermo es la más favorable al éxito terapéutico. El médico, que carece de todo anterior conocimiento del sujeto y no lleva en sí, como recuerdos conscientes, aquellos mismos elementos que inconscientemente se agitan en la intimidad psíquica del mismo, tiene que servirse de una complicada técnica para colocarse en igualdad de circunstancias. Deberá aprender, ante todo, a deducir con la mayor seguridad posible, de las manifestaciones y confesiones conscientes del enfermo lo que en él se halle en estado de represión, y a adivinar lo inconsciente por las indicaciones contenidas en las palabras y en los actos del sujeto. Realizará, pues, algo análogo a lo que Hanold efectúa en las últimas escenas del relato, cuando lleva a cabo por sí mismo la interpretación del nombre de 'Gradiva', y halla que no es sino una traducción del apellido mismo de Zoe. En este momento desaparecen ya los últimos restos del delirio al ser descubiertas por completo las circunstancias que le dieron origen. Así, pues, el análisis trae consigo la curación.

La analogía entre el procedimiento de Gradiva y el método analítico de la psicoterapia no se limita, sin embargo, a los dos puntos señalados, o sea, a la percatación de lo reprimido y a la coincidencia de esclarecimiento y curación. Se extiende también a aquello que demuestra ser lo esencial de toda la transformación del sujeto; esto es, al despertar de los sentimientos. Todas aquellas perturbaciones análogas al delirio de Hanold —a las cuales damos el nombre científico de psiconeurosis— tienen como antecedente la represión de un fragmento de la vida instintiva, y para decirlo ya, del instinto sexual, y toda tentativa de hacer llegar a la conciencia la causa inconsciente y reprimida de la enfermedad provoca necesariamente la renovación de la lucha entre dicho componente instintivo y los poderes que tienden a mantenerlo reprimido. El proceso de la curación se completa por un resurgimiento del amor, si es que podemos dar este nombre a la reunión de todos los heterogéneos componentes del instinto sexual, y esta recaída amorosa es indispensable, pues los síntomas a causa de los cuales se sometió al enfermo a tratamiento no son sino residuos de anteriores luchas de represión o de retorno a la conciencia, y sólo por una nueva crecida de las mismas pasiones que han provocado el combate pueden tales restos ser ahogados y removidos. Todo tratamiento psicoanalítico es, por lo tanto, una tentativa de liberar amor reprimido que había hallado en un síntoma un insuficiente exutorio transaccional. Mas cuando esta coincidencia de nuestro procedimiento con el descrito por el poeta en su *Gradiva* llega a su grado máximo, es al añadir que también en la psicoterapia analítica la pasión nuevamente despertada —sea amor u odio— elige siempre como objeto a la persona del médico.

Claro es que, como ya antes indicamos, el caso de Gradiva es un caso ideal que la técnica médica no puede jamás alcanzar. Gradiva puede corresponder al amor que ha logrado llevar desde lo inconsciente a la conciencia, cosa que al médico le está vedada. Además, es ella misma el objeto del anterior amor reprimido y su persona ofrece en el acto a la tendencia amorosa libertada un fin apetecible. En cambio, el médico ha sido hasta el momento de la cura un extraño para el enfermo y tiene que procurar volver a serlo una vez terminada su misión terapéutica, sin que muchas veces le sea posible aconsejar a su curado enfermo cómo puede emplear en la vida la recuperada capacidad de amar. Indicar siquiera los medios de que el médico tiene que auxiliarse para aproximarse con mayor o menor éxito al modelo de curación amorosa que el poeta nos ha expuesto nos alejaría mucho del propósito con que emprendimos este trabajo.

Planteemos todavía una última interrogante, que ya hemos tenido que eludir varias veces. Nuestras teorías sobre la represión, la génesis de los delirios y de otras análogas perturbaciones, la formación e interpretación de los sueños, el papel desempeñado por la vida erótica y la naturaleza de la curación de tales dolencias no son teorías generalmente admitidas por la ciencia y conocidas por la mayoría de los hombres cultos.

Será, pues, de un gran interés para nosotros el averiguar si lo que ha permitido crear al poeta la "fantasía" que hemos podido analizar como si de una historia clínica se tratase, ha sido el conocimiento de tales teorías. Con este objeto, una de las personas que constituían el amistoso círculo del que, como al principio indicamos, surgió la idea de interpretar los sueños incluidos en la obra de Jensen, se dirigió a este preguntándole si le eran conocidos los trabajos psicoanalíticos. El poeta respondió, como era de esperar, en sentido negativo, y hasta pareció un tanto molesto por aquella interrogante. Su obra —dijo— no tenía otra fuente que la de su propia fantasía creadora, y aquellos que no hallasen en ella un goce estético no tenían más que abandonar su lectura. No sospechaba Jensen el gran atractivo que aquellos mismos que sobre su creación le interrogaban habían hallado en la misma.

Es muy probable que si nos hubiera sido dado ampliar nuestra investigación cerca de la persona del poeta, no se hubiese este limitado a rechazar nuestras hipótesis con respecto a los puntos sobre los que fue interrogado, sino que hubiera negado igualmente conocer aquellas reglas a las que demostramos obedecía en su creación y haber abrigado alguna vez los propósitos que a la misma hemos atribuido. En este caso, harto verosímil, cabrían dos hipótesis sobre nuestra labor. La primera de ellas será la de que nuestra interpretación ha sido equivocada y hemos atribuido a una inocente obra de arte tendencias de las que su autor no tenía la menor idea, demostrando una vez más cuán fácil es encontrar en todas partes aquello que llevamos en nosotros mismos, facilidad que en la Historia de la Literatura ha sido causa de los más singulares errores. El lector juzgará si es esta la crítica que merece nuestro estudio. Por nuestra parte preferimos, como es natural, acogernos a la posibilidad restante, que exponemos seguidamente. A nuestro juicio, el poeta no necesita saber nada de tales reglas e intenciones, de manera que puede negarlas de buena fe, sin que por esto hayamos nosotros encontrado en su obra nada que en la misma no exista. Lo que sucede es que tanto él como nosotros hemos laborado con un mismo material, aunque empleando métodos diferentes, y la coincidencia de los resultados es prenda de que los dos hemos trabajado con acierto. Nuestro procedimiento consiste en la observación consciente de los procesos psíquicos anormales de los demás, con objeto de adivinar y exponer las reglas a que aquellos obedecen. El poeta procede de manera muy distinta; dirige su atención a lo inconsciente de su propio psiquismo, espía las posibilidades de desarrollo de tales elementos y les permite llegar a la expresión estética en lugar de reprimirlos por medio de la crítica consciente. De este modo descubre en sí mismo lo que nosotros aprendemos en otros; esto es, las leyes a las que la actividad de lo inconsciente tiene que obedecer; pero no necesita exponer estas leyes, ni siquiera darse perfecta cuenta de ellas, sino que por efecto de la tolerancia de su pensamiento pasan las mismas a formar parte de su creación estética. Nosotros desarrollamos luego estas leyes extrayéndolas de su obra por medio del análisis, como las extraemos también de los casos de enfermedad real, pero la conclusión es innegable: o ambos, el poeta y el médico, han interpretado con igual error lo inconsciente o ambos lo han comprendido con igual acierto. Esta conclusión es en extremo valiosa para nosotros y sólo por llegar a ella valía la pena de investigar con los métodos del psicoanálisis médico, tanto los sueños incluidos en la obra de Jensen como la exposición que en la misma se hace de la génesis y la curación de un delirio.

Con esto, llegamos al término de nuestro estudio. Mas aquellos lectores que nos hayan seguido con atención en nuestra labor pudieran aún advertirnos que, habiendo indicado al comienzo de la misma que los sueños eran deseos presentados como realizados, nada habíamos hecho para justificar o demostrar tal afirmación. Claro es que, como ha podido verse en los análisis oníricos verificados en el curso de este trabajo, las aclaraciones que sobre la esencia de los sueños habríamos de dar deberían ir mucho más allá de la fórmula que los reduce a realizaciones de deseos. Pero no siendo este lugar apropiado para entrar en tan espinosa cuestión, nos limitaremos a señalar este carácter del fenómeno onírico en los sueños contenidos en la *Gradiva*, en los que, por cierto, resulta fácilmente demostrable. Las ideas latentes del sueño pueden ser de la más diversa naturaleza.

En la *Gradiva* son "restos diurnos", o sea, pensamientos que la actividad psíquica despierta ha dejado flotantes y sin una determinada solución en el día anterior al sueño. Mas para que de ellos surja un sueño es necesaria la cooperación de un deseo —inconsciente la mayor parte de las veces—. Este deseo representa entonces la fuerza impulsora de la elaboración del sueño y los restos diurnos proporcionan el material que ha de ser elaborado. En el primer sueño de Norbert Hanold concurren dos deseos para formar el sueño: uno, capaz de conciencia, y otro, inconsciente y reprimido. El primero sería el deseo, comprensible en un arqueólogo, de haber sido testigo presencial de la catástrofe que sepultó a Pompeya. ¡Que no daría cualquier arqueólogo porque este deseo pudiera convertirse en realidad por un camino distinto del del sueño! El otro deseo de Norbert es de naturaleza erótica, y podríamos expresarlo grosera e incompletamente diciendo que era el de hallarse presente cuando la amada se acostase para dormir. Este deseo es precisamente aquel cuya repulsa convierte al sueño en sueño de angustia o pesadilla. Menos evidentes son, quizá, los deseos del segundo sueño; pero, recordando nuestra interpretación del mismo, no podemos vacilar en atribuirles también la calidad de eróticos. El deseo de ser aprisionado por la amada y someterse a ella —deseo que descubrimos tras de la escena de la caza de lagartijas— es de carácter pasivo y masoquista. En cambio, al día siguiente golpea el sujeto a la amada como si se hallara dominado por la corriente erótica contraria. Pero debemos detenernos aquí, pues nos hallamos ya a punto de olvidar que Hanold y Gradiva no son sino entes de ficción creados por el poeta[68].

---

[68] *Apéndice a la segunda edición (1912)*. En los cinco años que han transcurrido des de la publicación de esta obra, los progresos de la investigación psicoanalítica la han capacitado para someter las creaciones de los poetas a un estudio diferentemente orientado. No busca ya en ellas una confirmación de los descubrimientos realizados en los sujetos reales, enfermos de neurosis, sino que intenta también averiguar qué material de impresiones y recuerdos del poeta ha contribuido a la formación de la obra y por medio de qué procesos ha sido trasladado a la misma dicho material. Estos problemas han hallado más fácil solución en las obras de aquellos poetas que, como Jensen (m. 1911), acostumbran a entregarse por completo a los impulsos de su fantasía creadora. Poco después de la aparición de mi estudio sobre la *Gradiva* intenté interesar a su anciano autor por estos nuevos fines de la investigación psicoanalítica, pero rehusó en absoluto su colaboración.

Posteriormente, me ha llamado la atención uno de mis amigos sobre otras novelas del mismo escritor que parecen hallarse en relación con la aquí analizada, viniendo a ser como estudios preliminares de la misma o tentativas anteriores de resolver poéticamente, de una manera satisfactoria, el mismo problema de la vida erótica. La primera de estas novelas, titulada *La sombrilla roja*, recuerda a la *Gradiva* por el retorno de numerosos motivos, tales como, la blanca flor funeraria, el objeto olvidado (el libro de apuntes de Gradiva) y la significación concedida a pequeños seres del mundo animal (la mariposa y la lagartija, en la *Gradiva*); pero, sobre todo, por la repetición de la situación principal, o sea, la aparición de una muchacha muerta, o a la que se supone muerta, en la ardiente hora meridiana. El lugar de esta aparición es en *La sombrilla roja* las ruinas de un viejo castillo, como en la *Gradiva* las de Pompeya. La otra novela, *En la casa gótica*, no presenta tales coincidencias de contenido con la *Gradiva*, ni tampoco con *La sombrilla roja*; pero el hecho de hallarse unida a esta última por un título común (*Los poderes superiores*. Dos novelas de W. Jensen, Berlín, Emil Felber, 1892) nos revela que ambas poseen un común sentido latente. No es difícil observar que las tres narraciones citadas tienen un tema común: el desarrollo de una amorosa pasión por el efecto *a posteriori* de una primitiva intimidad infantil de naturaleza fraternal. En un trabajo de Eva Baudissin, publicado en el diario vienés *Die Zeit* (11 de febrero de 1912), he leído después que la última novela de Jensen (*Extranjeros entre los hombres*) contiene numerosos datos autobiográficos de la juventud del poeta y describe la vida de un hombre que "halla una hermana en la mujer a la que ama". En las dos novelas anteriores a la *Gradiva* no encontramos nada análogo al motivo principal de esta; o sea, el singular andar de la protagonista. El relieve a que Jensen atribuye un origen romano y en el que se halla la figura a la que da el nombre de 'Gradiva' pertenece, en realidad, a la época del florecimiento del arte griego y se halla en el museo Chiaramonti, catalogado con el número 644. F. Hauser ("Disiecta membra neuattischer" Relief., en *Jahreshefre der österr, archäol. Institut*, Bdo. VI, Heft 1) lo ha interpretado y restaurado con gran acierto. Uniendo este relieve de la figura de Gradiva con otros fragmentos existentes en Florencia y en Munich, resultan dos relieves completos con tres figuras cada uno, que representan a las diosas de la vegetación acompañadas de las divinidades del rocío fertilizador.

ÍNDICE

Obras Completas de Sigmund Freud
Tomo III

Impreso en los talleres de
DocuMaster
(Master Copy, S. A. de C.V.)
Plásticos #84, Local 2, ala sur,
Fracc. Industrial Alce Blanco,
Naucalpan de Juárez, C. P. 53370.

www.ingramcontent.com/pod-product-compliance
Lightning Source LLC
LaVergne TN
LVHW041450170726
843492LV00005B/1168